新
택
리
지

신
정
일
의

신정일의 신 택리지

경기

2019년 10월 20일 초판 1쇄 발행
지은이 · 신정일
펴낸이 · 김상현, 최세현 | 경영고문 · 박시형

책임편집 · 최세현
마케팅 · 권금숙, 양봉호, 임지윤, 최의범, 조히라, 유미정
경영지원 · 김현우, 강신우 | 해외기획 · 우정민, 배혜림 | 디지털콘텐츠 · 김명래
펴낸곳 · (주)쌤앤파커스 | 출판신고 · 2006년 9월 25일 제406-2006-000210호
주소 · 서울시 마포구 월드컵북로 396 누리꿈스퀘어 비즈니스타워 18층
전화 · 02-6712-9800 | 팩스 · 02-6712-9810 | 이메일 · info@smpk.kr

ISBN 979-89-6570-870-4 04910
ISBN 979-89-6570-880-3 (세트)

쌤앤파커스(Sam&Parkers)는 독자 여러분의 책에 관한 아이디어와 원고 투고를 설레는 마음으로 기다리고 있습니다.
책으로 엮기를 원하는 아이디어가 있으신 분은 이메일 book@smpk.kr로 간단한 개요와 취지, 연락처 등을 보내주세요. 머뭇거리지 말고 문을 두드리세요. 길이 열립니다.

신정일의 新
택리지 경기

신정일

쌤앤파커스

강과 길에 대한 국토 인문서

"필드field가 선생이다." "현장에 비밀이 숨겨져 있다!" 책상과 도서관에서 자료를 뒤적거리기보다는 현장에서 직접 발로 뛸 때 새로운 사실을 발견할 수 있다는 말이다. 이 말은 문화답사 전문가들이 가슴에 품은 신념이기도 하다. 그 현장정신의 계보를 추적하다 보면 만나게 되는 인물이 있다. 18세기 중반을 살았던 사람, 이중환이다. 이중환은 집도 절도 없이 떠돌아다니면서 마음 편하게 살 곳을 물색하였고, 환갑 무렵에 내놓은 그 결과물이 《택리지》이다. 그가 쓴 《택리지》는 무려 20년의 현장답사 끝에 나온 책이다. 좋게 말해서 현장답사지 정확하게 표현한다면 정처 없는 강호유랑이었다. 현장답사, 즉 강호유랑은 아무나 하는 게 아니다. 등 따습고 배부르면 못하는 일이다. '끈 떨어진 연'이 되었을 때 가능한 일이다. 고금을 막론하고 인생은 끈이 떨어져봐야 비로소 산천이 눈에 들어오는 법이다.

《택리지》는 《정감록》과 함께 조선 후기에 가장 많이 필사된 베스트셀러였다. 현장에서 건져 올린 생생한 정보가 많이 담겨 있었기 때문이다. 장사하는 사람들은 각 지역의 특산물과 물류의 흐름을 파악할 수 있었고, 풍수를 연구하는 사람들은 전국의 지세와 명당이 어디인지를 알 수 있었으며, 산수 유람가에게는 여행가이드북이 되었다.

그러한 《택리지》의 현장정신을 계승한 책이 이번에 다시 나오는 《신정일의 신 택리지》다. 이 책의 저자인 신정일 선생은 30년 넘게 전국의 산천을 답사한 전문가이다. 아마 이중환보다 더 다녔으면 다녔지 못 다닌 것 같지가 않다. 우리나라 방방곡곡 안 가본 산천이 없다. 80년대 중반부터 각 지역 문화유적은 물론이거니와, 400곳 이상의 산을 올랐다. 강은 어떤가. 한강, 낙동강, 금강, 섬진강, 영산강, 만경강, 동진강, 한탄강을 발원지에서부터 하구까지 두 발로 걸어 다녔다. 어디 강뿐인가. 영남대로, 관동대로, 삼남대로를 비롯한 우리나라의 옛길을 걸었고, 부산 오륙도에서 통일전망대까지 동해 바닷길을 걸은 뒤 문광부에 최장거리 도보답사코스로 제안해 '해파랑길'이 조성되었다. 그의 원대한 꿈은 그것으로 그치지 않고 원산의 명사십리를 거쳐 두만강의 녹둔도에 이르고 블라디보스토크를 지나서 러시아를 돌아 아프리카의 케이프타운까지 걸어가겠다는 것이다. 낭인팔자가 아니면 불가능한 성취(?)이다.

신정일 선생의 주특기는 '맨땅에 헤딩'이다. 이마에 피가 흘러도 이를 인생수업으로 생각하는 끈기와 집념의 소유자다. "아픈 몸이 아프지 않을 때까지 가자"라는 김수영 시인의 시를 곧잘 외우는 그는 길 위에 모든 것이 있다고 설파한다. 두 갈래 길을 만날 때마다 그가 선택한 길은 남들이 가지 않는 길이었다. 왜냐하면 스스로를 강호江湖 낭인이라고 생각하였기 때문이다. 강호파는 가지 않는 길에 들어가보는 사람이다.

《주역周易》에 보면 '이섭대천利涉大川'이라는 표현이 여러 번 나온다. '큰 내를 건너면 이롭다'라는 이 말은, 인생의 곤경을 넘는 것이 큰 강을 건너는 것만큼이나 힘들다는 뜻이다. 그런데 신정일 선생은 이 강을 무서워하지 않았다. 높은 재를 넘는 것도 두려워하지 않았다. 인생의 수많은 산과 강과 먼 길을 건너고 넘고 걸었으니 무슨 두려움이 남아 있겠는가. 그는 자기 앞에 놓인 인생의 강과 산을 넘은 것이다. '이섭대천'이라 했으니 큰 강을 건넌 신정일 선생에게 행운이 깃들기를 바란다.

조용헌(강호동양학자)

나라의 중앙에 위치한 사통팔달의 살기 좋은 고장

고구려 땅에서 내려온 비류와 온조가 경기도 땅에 나라를 세웠습니다. 두 사람이 나라를 세운 경기도 지역은 삼국시대에는 고구려·백제·신라의 각축장이 되었다가 삼국을 통일한 고려에 귀속되었습니다.

경기라는 말은 고려 현종 9년(1018)부터 통용되었기 때문에 2018년은 '경기'라는 지명이 만들어진 지 1000년이 되는 해입니다. 고려가 망하고 서울이 나라의 수도가 된 뒤 서울을 둘러싼 경기도에서는 수많은 역사적 사건들이 일어났습니다. 임진왜란 당시에는 경기도 일대에서 크고 작은 싸움이 연이어 벌어졌고, 정묘호란과 병자호란이 발발하면서 남한산성과 강화도 일대가 격전지로 변해서 수많은 사람들이 희생되기도 했습니다.

조선 후기에 이르면서 경기도는 외세 침략을 가장 많이 받은 곳 중 하나가 되었고 급기야 화성 마산포에서는 흥선대원군이 청의 원세개에게 납치되어 끌려가는 비극이 벌어지기도 했습니다.

동쪽이 높고 서쪽이 낮은 경기도에는 크고 작은 산들이 많습니다. 북한산·용문산·소요산·칠현산·수리산 등의 산들이 하늘의 별처럼 솟아 있고, 나라 중앙을 흐르는 한강의 지류인 임진강과 한탄강, 그리고 안성천·청미천 등의 크고 작은 강들이 경기도의 젖줄이 되고 있습니다.

조선 말 서구 열강이 앞다투어 밀고 들어온 제물포는 작은 포구에 지나지 않았는데, 개항이 된 뒤 서해의 관문 역할을 하며 급격한 변화의 물결에 휩쓸리게 됩니다. 개항 이후 경기도는 서울 못지않은 비약적인 발전을 이루어 지난 100여 년간 우리나라에서 새로운 도시가 가장 많이 만들어진 지역입니다.

서해안의 끝자락에 자리잡은 인천이 광역시가 되어 경기도에서 분리되어 나갔고, 사통팔달의 고장 수원, 고양을 비롯한 여러 도시가 인구 100만을 넘어선 거대 도시로 탈바꿈했습니다. 서울의 판잣집에 살던 사람들이 일군 도시 성남을 비롯하여, 동탄·위례 등 이름을 열거하기도 힘들 만큼 수많은 도시들이 새로 생겼고, 그 사이에 사라진 옛 고을 또한 셀 수 없이 많습니다.

인구 변동이 가장 많은 지역이라고 할 수 있는 경기도는 이런저런 이유로 고향을 떠나와 살아가는 사람들이 많습니다. 옛 사람들은 "타향에서 같은 고향 사람을 만나면 두 눈에 눈물부터 고인다"고 말했습니다. 미국 소설가 토마스 울프의 《그대 다시는 고향에 못 가리》에 나오는 한 대목은 고향을 떠나 새로운 지역에 뿌리를 내리고 살아가는 사람들에게 도움이 될 듯합니다.

"더 큰 지식을 얻기 위해서 네가 알고 있는 이 땅을 잃어버릴 것, 더 큰 삶을 갖기 위해서 네가 가진 삶을 잃어버릴 것, 더 큰 사랑을 찾아서 네가 사랑하는 친구들을 버릴 것, 고향보다도 더 정답고 이 지구보다 더 큰 사랑을 발견할 것."

울프는 자신만의 고향이 아니고 더 큰 우주적 고향과 더 큰 마음을 갖기를 권한 뒤 이어서 자신에게 다음과 같이 말하고 있습니다.

"나 자신을 최대한도로 사용할 것, 내가 가지고 있는 모든 것을 사용할 것, 젖을 짜되 아무것도 남지 않게끔 마지막 한 방울까지 짜낼 것."

조선시대 당쟁의 소용돌이 속에서 수많은 고난의 시절을 겪은 뒤 전국을 방랑하며 보고 느낀 것을 《택리지》에 담아낸 이중환도 다음과 같이 말했습니다.

"사대부들이 살 만한 곳을 찾아 수십여 년 동안 이 땅을 돌아다녔지만 살 만한 곳은 없었다. 그러므로 내가 살고 있는 곳을 살 만한 곳으로 만들어나가야 하지 않겠는가?"

그는 후세를 살아갈 사람들에게 완전한 땅은 아닐지라도 살 만한 땅이란 그 땅을 살고 있는 사람들이 스스로 만들어나가야 하는 것임을 천명한 겁니다.

경기도는 나라 안에서 빼어난 인물들이 많이 나고 자란 곳입니다. 벼슬에서 물러난 조선의 명정승 황희와 미수 허목이 임진강변에서 남은 생애를 보냈고, 이이와 성혼이 어린 시절을 보낸 곳도 임진강변의 화석정이었습니다. 한강의 하류인 김포에는 유학자 조헌이 살았고, 양주와 양평 여주 일대의 경기도에서 사대부로 유유자적한 삶을 살다가 생을 마감한 사람들이 많았습니다.

조선시대 이후 근현대사를 거치면서 나라 곳곳에서 새로운 삶터를 찾아와 일군 지역인 경기도는 평택이나 인천과 같은 서해의 관문 역할을 톡톡히 했습니다. 또한 세계적으로도 '초 일류공항'으로 명성이 높은 인천공항이 자리잡고 있는 명실상부한 세계의 요충지입니다.

　경기도와 인천광역시, 이 지역은 나라의 반쪽인 북한과 첨예하게 맞서고 있지만 통일의 그날에는 평화로 가는 길목이 될 겁니다. 그런 연유로 수많은 사람들이 휴전선에 조성된 '통일을 여는 길'을 걷고 또 걷는 그 역사의 현장이 경기도입니다. 지금 경기도의 이곳저곳을 답사하며 경기도의 속살을 제대로 알아야 할 시기가 되었습니다

2018년 5월

온전한 고을 전주에서 신정일

5   수원 화성에서 서해안까지

:   수원 · 안양 · 과천 · 부천 · 인천 · 김포

개요

나라의 으뜸 경기도

적현과 기현을 합쳐 경기가 되다

충주 서쪽이 경기도 죽산·여주의 경계이다. 죽산 칠장산이 경기도와 호남의 경계에 우뚝 솟았고, 그 산에서 나온 맥이 서남쪽으로 가다가 수유고개에서 크게 끊어져 평지가 된 다음, 다시 솟아나 용인의 부아산·석성산·광교산이 되었다. 광교산의 서북쪽이 관악산이고, 바로 서쪽은 수리산인데 맥이 서해에서 끝났다.

《택리지擇里志》에 실린 경기도 '팔도총론'의 머리 부분이다.

대한민국의 수도 서울과 인천 일대를 둘러싸고 있는 경기도는 백제의 시조 온조가 하남 위례성에 도읍을 정한 이래 정치·전략적으로 중요한 지역이었다. 5세기 중엽에 한강 유역이 고구려에 병합되었으며, 진흥왕 18년(557)에 신라의 영토가 되었다. 신라 경덕왕 때 지방행정이 개편되면서 경기 지역은 9개 행정구역의 하나인 한주漢州에 속하게 되었다.

이 지역의 역사적 중요성이 부각되기 시작한 것은 고려 건국 이후 수도 개성의 직할지가 되면서부터다. 고려 성종 14년(995) 때 수도를 개성부로 고치고 6개의 적현과 7개의 기현을 수도의 직할지로 삼아 중앙의 고위 관리가 다스리게 함으로써 경기 지역의 중요성이 강조되었다.

고려 현종 9년(1018) 경기는 개성을 둘러싼 주변 구역을 가리키는 것이었으며, 일반 행정구역과는 달랐다. 이때 행정구역을 개편하면서 그때까지 개성부가 관할하던 적현과 기현을 합쳐 경기라고 불렀다. 적현과 기현을 합쳤으므로 적기라고 불러야 옳았겠지만 당시 적현을 다른 말로 경현이라고도 불렀으므로 경기라고 부르게 된 것이다.

적현이란 원래 도읍지가 관할하는 현이고, 기현이란 수도 주변을 가리키는 말이다. 그것은 중국의 당나라에서부터 비롯된 것으로 당나라에서 적현은 대개 왕릉이나 행궁이 자리잡은 현을 가리켰다. 고려의 적현도 역대 왕릉이 있던 곳이고, 기현 역시 적현의 주변 지역을 이르는 곳이었다.

나라가 관리하는 토지인 공전이 집중되어 하나의 특수한 행정구역을 이루고 있던 경기는 문종 16년(1062)에 이르러서 일반 행정구역으로 개편된 뒤, 문종 23년(1069)에 수도 개성을 중심으로 한 평안남도, 황해도, 경기도 일부의 50여 개 현을 합쳐 '경기'라 칭한 뒤 왕실 직할지로 삼았다.

경기가 도道로 확립된 것은 공양왕 2년(1390) 황해도의 동부와 경기도의 내륙지방을 경기우도, 경기만 일대의 황해도 남부와 경기도 서부를 경기좌도로 나누고 지방행정을 담당하는 도관찰출척사를 각각 파견하면서부터다. 이는 위화도회군 이후 권력을 잡은 신진 사대부들에게 이 지역의 땅을 나누어 주기 위해서 실시한 조처였다.

경기를 좌우로 나누지 않고 하나의 도로 칭하게 된 것은 조선의 3대 임금 태종이 지방행정제도를 팔도제로 정비하면서부터였고, 세종 때에 이르러 개성 주변이던 경기도가 조선왕조의 새 서울인 한양을 중심으로 하는 경기도로 확립되었다.

저 동국東國은 조가朝家의 바깥 울타리인데, 서쪽은 압록강의 한계가 되고, 동쪽은 상돈桑暾에 닿았으며, 천지天池는 그 남쪽 문이 되고, 말갈鞨鞨은 그 북쪽 문이 되었다.

팔도가 별처럼 벌여 있는데, 경기가 홀로 으뜸이 되고, 충청·경상·황해·강원을 날개로 삼았으며, 동북쪽의 명칭을 영안永安(지금의 함경도)이라 한 것은, 그 뜻이 경계를 견고히 하는 데 있다. 평안은 땅이 조금 메마르고 전라는 물산이 가장 풍부하다.

조선 초기에 명나라의 사신으로 조선에 왔던 동월董越의《조선부朝鮮賦》에 실린 글이다. 동월이 팔도의 으뜸이라고 평한 경기도가《세종실록지리지世宗實錄地理志》에는 다음과 같이 실려 있다.

경기도의 동쪽은 강원도 춘천과 원주에 이르고, 서쪽은 황해도 강음과 배천에 이르며, 남쪽은 충청도 죽산과 직산에 이르고, 북쪽은 황해도의 토산과 강원도 이천에 이르러서, 동서가 264리요, 남북이 364리가 된다.

목牧이 1이요, 도호부가 8이요, 군이 6이요, 현이 26이다. 명산으로 말하면 삼각산은 도성의 진산이 되며, 백악 북쪽에 있고, 성거산은 옛 서울의 송악 동북쪽에 있으며, 화악은 가평현 북쪽에 있고, 겸악은 적성현(파주 적성면) 동쪽에 있으며, 용호산은 임강현(파주 진동면) 남쪽에 있고, 오관산은 임강현의 임내任內인 송림 북쪽에 있으며, 마니산은 강화부 남쪽에 있다.

조선 건국 후 개성 중심의 경기도는 새로운 수도 한양을 중심으로, 지금의 서울 부근은 중앙 직할의 한성부로 개편되었다. 별다른 변동 없이 이어져오던 경기도는 1950년 한국전쟁 이후 1953년 7월 27일 휴전협정이 체결된 뒤 38선 대신에 휴전선이 그어지면서 경기도 연천군과 포천시의 일부를 되찾는 대신 고려의 수도였던 개성시와 개풍군, 장단군을 북한에 넘겨주게 되었다. 경기도의 역사에서 중요한 역할을 담당했던 지역이 분단의 현실 속에서 마음대로 오가지 못하는 땅이 되고 만 것이다.

그러나 조선 후기까지 충청도에 속해 있던 평택은 1914년 행정구역 개편에 따라 경기도에 편입되었고, 인천은 광역시가 되어 경기도에서 떨어져 나갔다. 그 사이 남양도호부가 화성시로 개칭되었고, 진위는 평택에, 죽산은 안성에 통폐합되었다. 양성·적성·양지·지평을 비롯한 수많은 조선시대의 군현들이 통폐합되었고, 성남·하남·의왕·구리·군포·광명을 비롯한 새로운 도시들이 생겨났다.

그러한 경기도의 인구가 2017년 6월 말 기준 1200만 명을 넘어섰다. 17개 광역자치단체 가운데 인구가 가장 많은 경기도의 도청 소재지가 있는 수원은 인구 100만 명을 넘어선 지가 오래전인데 기초자치단체 중 인구가 가장 많다.

서울과 잇닿아 있어서 인구가 계속 유입되는 경기도가 조선시대에는 살림살이가 그리 넉넉하지 않았던지 조선 후기 학자 이익李瀷은《성호사

©유철상

수원 화성 전경

경기도 수원시는 정조가 아버지 사도세자를 기리기 위해 세운 우리나라 최초의 신도시로,
오늘날 기초자치단체 중 인구가 가장 많은 도시가 되었다.

설星湖僿說》에 다음과 같이 적고 있다.

경기는 토지가 메마른데도 인구가 밀집하였으며, 토지의 소출이 가장 낮은
데도 서울로 수송하기 때문에 이곳 백성들이 가장 가난하다.

경기 어느 고을에서는 호랑이에게 물려간 백성을 셀 수 없다 하니, 이것이
외적의 침입과 무엇이 다르겠는가. 호랑이를 제거하는 제도를 별도로 세우되,
군공과 같이 해서 변방을 관장하는 장수를 차례로 승진시켜야 한다. 그래서 호
랑이는 종자도 남기지 말아야 한다.

하지만 당시와 달리 그 많던 조선 호랑이는 이 땅에서 사라지고 말았으
며, 경기도의 인구는 그와 달리 기하급수적으로 늘어났으니 다시금 격동
의 세월을 실감하게 한다.

한반도의 중심부에 있으면서 동쪽에 자리한 강원도와는 또 다른 문화를
형성해온 경기도는 한북, 한남정맥의 울타리 안과 밖에 걸쳐 있다. 한강 이
북으로 양평·가평·양주·포천·연천·파주·고양·의정부·남양주·구리
시가 있고, 한강 이남에는 여주·이천·광주·성남·용인·의왕·군포·부
천·오산·안산·평택·안성·수원·화성 등의 시군이 있다. 한강 하류에
있는 인천은 인천광역시로 새로 태어났고 목장이 있던 영종도에 나라의
출입구인 인천국제공항이 자리잡고 있다.

남한산성을 중심으로 자리잡은 성남은 조선시대 사통팔달한 교통의
중심지였다. 이천은 임금께 진상하던 쌀로써 유명했으며, 광주는 조선시
대의 대표적인 백자 생산지이다. 여주는 세종대왕의 능이 자리잡고 있으

며, 명성황후가 태어난 지역으로 살기 좋은 길지를 품고 있다.

한편 경기 동쪽을 가로지르며 흐르는 남한강은 조신시대에 충청, 강원, 영남에서 거두어들인 세곡을 서울로 수송하는 가장 중요한 나라의 수로였다. 육지보다 더 빠르면서 더 많은 물산을 옮길 수 있었기에 남한강 일대에는 나루터들이 많았다. 나루터 주변은 즉석에서 시장이 서기도 했고, 한양으로 가려는 사람들의 발길이 끊이지 않았으나, 지금은 그처럼 번성했던 흔적을 찾을 수조차 없다.

경기도의 해안을 강화만이라고도 부르는데, 한강 하구를 중심으로 이루어져 있다. 북쪽으로는 개풍과 연안군을 거쳐 〈몽금포 타령〉으로 이름난 장산곶에 이르고, 남쪽으로는 평택을 지나 당진과 서산으로 이어진다. 굴곡이 심하고 대단히 복잡한 해안선의 길이는 육지 해안선만 528.4킬로미터에 이르는데, 해안선은 대체로 리아스식 해안이다.

경기도의 해안에는 크고 작은 여러 섬들이 흩어져 있기 때문에 이곳을 일컬어 '경기 다도해'라고 부른다. 우리나라에서 네 번째로 큰 섬인 강화도를 필두로 1914년까지만 해도 현이었던 교동도, 인천국제공항이 들어선 영종도와 영흥도, 덕적군도와 굴업도. 백령도와 대청도·연평도·무의도 등이 밤하늘의 별처럼 서해안을 수놓고 있다. 그러나 경기 해안의 이 섬들의 행정구역은 1995년 경기도에서 인천광역시 강화군과 옹진군으로 바뀌었다.

한강을 사이에 두고 한강 남쪽과 북쪽으로 나뉜 경기도는 조선시대만 하더라도 서울을 둘러싸고 있는 지형적 특색으로 인해 이름 있는 사대부들이 거처를 정하고 만년을 보낸 곳이 많았다. 한강변 중 임진강변의 파주와 연천 일대, 남한강변의 여주와 양평, 양주 그리고 한강 하류의 통진 (김포) 부근이 그런 곳이다.

현재는 어떠한가. 경기도 일대는 개발 바람에 몸살을 앓고 있으며, 지금도 나라 전 지역에서 서울·경기로 이주해 오는 과정에 포화 상태에 이르렀다고 아우성이며, 그래서 경기도를 북도와 남도로 나누어야 한다고 하지만 이주의 물결은 지금도 이어지고 있다. 이러다 서울·경기로 이 나라 사람들이 다 이주해 와서 KTX를 타고 논에 물을 보러 가기도 하고 콩밭을 매러가는 일도 있을 것이라는 말이 떠돌기도 한다.

이 책은 경기도의 어제와 오늘을 《택리지》를 교본으로 삼아 쓴 책이다. 변화의 물결 속에서 경기도가 앞으로 어떻게, 얼마나 변화할지 두렵기도 하고 설레기도 한다.

1

남한강에서 남한산성까지

여주·양평·광주·성남·하남

왕조를 100년 연장한 명당자리, 영릉

태백에서 발원한 남한강과 충주에서 속리산으로 내려오는 달천을 받아들이고 강원도 원주시 부론면에서 섬강을 흡수하여 넓고도 기름진 땅이 펼쳐진 곳이 여주다. 여주는 충청북도 음성, 경기도 안성과 이천의 경계에 있다. 여주를 흐르는 물줄기가 남한강이라면 여주의 합강 부근에서 거슬러 올라가는 강이 청미천이고, 그 청미천의 수원水源은 용인과 안성에 인접한 한남정맥이다.

한강의 남쪽을 형성하여 한남정맥이라는 이름을 얻은 산줄기는 백두대간의 한 지점인 속리산에서 한남금북정맥이라는 이름을 얻은 채 한강유역과 경기 서해안 지방을 내리닫는다.

안성 칠장산 근처 칠현산에서 시작된 한남정맥은 백운산과 성륜산, 그리고 보개산으로 이어진 뒤, 수원의 광교산, 안양의 수리산으로 연결된다. 산줄기는 다시 김포평야의 낮은 등성이와 들판을 누빈 뒤, 소래산과 성주산, 그리고 계양산과 가현산을 지나 1300리 한강의 물줄기가 서해로 유입되는 김포시 월곶면 보구곶리와 강화도의 접경인 문수산성에서 그 맥을 다한다.

안성 죽산면에서 또 한 가지가 갈라져 북쪽으로 가는데, 이천 장호원 읍의 설성산을 지나 여주에서 그쳤다. 설성산은 그리 높지 않으나 험준한 지형을 이루고 있는데, 신라 17대 내물왕이 왜구의 침입을 피하여 이곳에 와 성을 쌓는데 이상하게도 성이 놓일 자리로만 띠를 두른 듯 눈이 내려 있어 그대로 성을 쌓았다는 이야기가 전해진다.

한남정맥의 줄기에 속하는 여주 북성산 기슭에는 조선 4대 임금인 세종대왕과 부인 소현왕후의 무덤인 영릉(사적 제195호)이 있다. '꽃부리 영英' 자를 쓰는 영릉英陵은 이름 그대로 산과 물이 조화를 이룬 아름다운 땅에 피는 아름다운 꽃, 즉 명당 중의 명당이라 할 수 있다. 이곳을 개토開土할 때 옛 표석標石이 나왔는데 '마땅히 동방의 성인聖人을 장사할 곳이다'라는 말이 새겨져 있었다. 술사術士들은 이곳을 "돌아오는 용龍(산맥)이 자좌子坐이고 서북방 물이 정동방으로 흘러들어 오므로 여러 왕릉 중에서 으뜸이 된다"고 한다.

영릉은 본래 경기도 광주(현 서울시 서초구 내곡동)에 있었다. 효성이 극진한 세종이 부왕 태종의 능인 헌릉獻陵 옆에 있고자 해서 그곳 서쪽 산줄기에 조성했는데 길지가 아니었던지 세조 때부터 천장遷葬 문제가 거론되어 예종 때 옮기게 된다. 풍수가들은 "이 능의 덕으로 조선왕조가 100년 더 연장되었다"고 말하기도 한다.

©유철상

여주 영릉

영릉에 들어서면 먼저 좌측으로 해시계, 자격루 등 세종대왕 시대에 만들었던
각종 과학기구를 복원해놓았으며, 우측으로는 세종대왕 동상과 재실이 있다.

한강 뱃길의 상류에 위치한 여주

죽산 남쪽에 있는 구봉산은 산이 고리처럼 돌아서 산성을 만들 만하고, 경기와 충청 한복판에 있다. 물길은 충주에서 강을 따라 서쪽으로 내려오는데 원주·여주·양근을 지나고 광주 북편 회룡진에 이르러서 한양의 면수面水(바로 앞에 있는 물)가 된다. 여주는 강의 남쪽에 위치하여 한양과의 거리는 물길로나 육로로나 200리가 안 된다.

태백에서부터 발원한 남한강이 흘러내리며 만들어 내는 여러 물굽이 중에서 가장 아름다운 곳 하나가 신륵사 부근일 것이다. 한강 상류인 이 곳을 이 지역 사람들은 여강驪江이라 부르는데, 주변 풍경의 수려함이 뛰어나 예로부터 사람들의 발길이 끊이지 않았다.

조선 초기 학자인 김수온金守溫이 지은 《신륵사기神勒寺記》에 "여주는 국도國道의 상류 지역에 있으며, 산이 맑고 물이 아름다워 낙토라고 칭하여 오는데, 신륵사가 바로 이 형승의 복판에 있다"고 기록되어 있다. 국도는 바로 충북 충주에서부터 서울에 이르는 한강의 뱃길을 말한다. 신작로나 철길이 뚫리기 전까지는 경상도와 강원도, 충청도의 물산들이 한강의 뱃길을 타고 서울에 닿았으므로 한강 뱃길을 '나라의 길'로 불렀던 것이다. 정선 아우라지에서 띄운 뗏목이 물이 많은 장마철이면 서울까지 사흘이면 도착했었다. 그런데 1973년 팔당댐이 생기고 1978년부터 충주댐이 건설되기 시작하면서 '나라의 길'이라고 일컬어지던 뱃길은 아예 사라지고 말았다.

고려 말 문신 목은牧隱 이색李穡도 그의 시에서 여주를 "들은 평평하

신륵사 부근 남한강

태백에서부터 발원한 남한강이 흘러내리며 만드는 여러 물굽이 중에서
가장 아름다운 곳 하나가 신륵사 부근일 것이다.

고 산은 멀다"고 읊었고, 조선 세조 때 사람인 설문우薛文遇는 "긴 강은 서쪽으로 흘러가고 겹겹으로 된 구름은 북으로 와서 얕은 산을 둘렀네"라고 했으며, 조선 초기의 학자 서거정徐居正은 "강의 좌우로 펼쳐진 숲과 기름진 논밭이 멀리 몇백 리에 가득하여 벼가 잘되고, 기장과 수수가 잘되고, 나무하고 풀 베는 데에 적당하고, 사냥하고 물고기 잡는 데 적당하며, 모든 것이 다 넉넉하다"고 했다.

강물은 강원도 오대산에서 흘러나와 충주 월악산에서 흘러나온 강물과 합쳐져 수백 리를 흐른다. 고을 북쪽에 이르러, 깊고 맑으며, 매우 넓은 호수를 이룬다.

웅장한 모습으로 우뚝 솟아 동북쪽에 떡하니 버티고 있는 산은 바로 용문산이다. 우뚝 솟아 푸른빛을 띠며 치솟아 나는 듯 춤추는 듯 추녀와 기둥 사이로 고개를 내미는 듯 솟은 산은 바로 치악산 봉우리이다.

신륵사의 그림자가 강물 속에 거꾸로 비치고, 마암馬巖은 요충지로서 강물을 막아서니 정말로 나라의 상류를 제어하며, 경기 지역의 중심지가 되었다.

우리나라에서 땅 넓이가 여주와 비슷한 고을이 얼마나 되는지 모르지만, 상서롭고 복스러운 기운을 간직하여 나라의 근본이 되는 지역으로 여주처럼 융성한 곳은 없을 것이다.

조선 후기 각 읍에서 편찬한 읍지를 모아 책으로 엮은 《여지도서輿地圖書》에서는 여주에 대해 이처럼 전하고 있다.

여주는 산이 야트막하고 들은 넓다. 그래서 쌀 하면 여주·이천에서 나는 자채쌀이 일등미가 되었을 것이다.

남한강의 제일 절경 청심루

《택리지》에는 여주에 대한 다음과 같은 글이 있다.

여주읍의 서쪽에 백애촌白崖村이 있다. 긴 강줄기가 동남방에서 동북방으로 흘러들어, 마을 앞을 가로 흐르는데 이곳이 강가에서 제일가는 이름난 마을이다. 물의 입구가 막힌 듯하여서 강물이 어디로 흘러나가는지 도무지 알 수가 없다. 읍과 백애촌은 넓은 들로 통하여서 동남쪽으로 넓게 트였으며 기후는 맑고 서늘하다. 그런 이유로 두 곳에는 여러 대를 이어 사는 사대부 집과 큰 재산을 가진 여러 집이 있다. 한편 백애촌의 주민이 오로지 배로 장사하는 데 힘을 써서 농사를 대신하는 바, 그 이익이 농사일을 하는 집보다 낫다.

그런데 한글학회에서 나온 《한국지명총람韓國地名總覽》뿐만이 아니라 어떠한 기록에도 백애촌이 나오지 않는다. 여주문화원 관계자는 여주의 옛 지명을 조사하면서 백애촌을 찾고자 했으나 확인에 실패했다고 전했다. 다만 이포나루가 있는 금사면 이포리나 능서면 일대가 백애촌이 아닐까 추정한다고 한다. 그때나 다름없이 지금도 이 지역은 살 만한 곳으로 여겨져 서울 사람들이 삶터로 삼기 위해 자주 찾는다.

《여지도서》에서는 청심루淸心樓라는 누각에 대해 "아사衙舍(관아의 건물)의 동쪽에 있다. 강물 옆에 있으며, 우뚝 솟아 있어 시야가 탁 트였다. 예나 지금이나 경치가 아름답다"라고 소개하고 있다. 여주의 으뜸가는 경치를 내려다볼 수 있던 청심루는 이제 그 흔적마저 사라지고 말았다. 지금

청심루지 표석

청심루는 《택리지》 등 옛 기록에 자주 언급되는 이름난 누각이었으나
해방 직후 일어난 폭동 때 불에 타서 없어졌다. 사진은 청심루지에 건립된 표석.

이포나루

남한강에서 문전성시를 이룰 만큼 거대했던 이포나루.
한양으로 향하는 황포돛배와 나룻배를 타려는 사람들의 발길이 끊이지 않았다고 한다.

은 여주초등학교 뒤편에 옛 시절 청심루가 있었다는 표석이 세워져 있다.

청심루는 《동국여지승람東國與地勝覽》이나 《택리지》, 《연려실기술燃藜室記述》과 같은 옛 기록에도 나올 정도로 이름난 누각이었다. 고려시대 가정稼亭 이곡李穀, 목은 이색 또는 포은圃隱 정몽주鄭夢周, 도은陶隱 이숭인李崇仁과 조선시대 서거정, 신용개申用漑 등 숱한 문인들이 청심루를 찾아 시를 지어 현판에 걸었다. 또한 대들보가 하나인데 칡으로 되었다 하여 유명했다고 한다.

청심루에 올라서면 여주팔경(신륵사의 저녁 종소리, 입암의 아침, 팔대수의 너른 숲, 영릉과 영릉의 맑은 기운, 연탄燕灘의 돛단배, 마암의 어선 등불, 파사성의 지나가는 비, 양섬에 내려앉는 기러기)을 거의 다 볼 수 있었다. 그러나 안타깝게도 해방 직후 불에 타서 없어졌다. 우리나라를 강점했던 일본과 친일파들한테 시달렸던 이곳 사람들이 당시 여주군수였던 강진수가 지독한 일본의 앞잡이 노릇을 한 데 앙갚음으로 그의 사택에 불을 질렀는데 옆에 있던 청심루에 불이 옮겨 붙어 잿더미가 되었다.

청심루 동쪽에는 영빈관迎賓館이 있었다는데, 그 자취조차 남아 있지 않다. 영릉을 참배하고 이 영빈관에 들른 성종이 강을 마주한 경치가 아름답다며 빈선관賓仙館이라고 이름 붙였다고 한다. 그러나 영빈관은 임진왜란 때 불에 타 사라지고 말았다. 임진왜란이 끝난 뒤 목사 김억추가 조그만 정자를 다시 만들었는데. 세월이 오래되어 무너져버리고 옛터만 남아 있다.

여주시 상동에 있는 자안당自安堂 터에 얽힌 이야기가 재미있다. 철종 때 세도가인 김병기金炳冀가 이곳에 집을 짓고 살면서 자안당이라는 당호를 지었다. 그런데 흥선대원군이 집권하면서 이 집을 빼앗아 여주군청으로 삼았다. 그러자 김병기가 바로 그 옆에 똑같은 집을 짓고서 우안당又安堂이라는 당호를 붙이자 그 소식을 들은 대원군이 "자식을 낳거든 김병기 같은 놈을 낳아야 한다"라고 장탄식을 했다고 한다. 현재 자안당 터에는 여주교육지원청이 들어서 있다.

강 북쪽에는 신륵사가 있고 절 곁의 남한강변에는 강월헌江月軒이 있으며, 강에 임한 바윗돌이 아주 기이하다. 강 남쪽 기슭에 마암이 있고, 바위 밑에는 온몸이 검은 용이 산다는 말이 전해온다.

이색의 마지막을 지켜본 남한강

남한강은 충북 충주를 지나 여주시 점동면 삼합리에서 섬강과 청미천을 합하여 신륵사 부근으로 흐른다. 남한강에 대해 이중환은 《택리지》에서 "웅장하거나 급하지 않고 마치 호수처럼 잔잔하다"고 쓰고서 그 까닭을 "강의 상류에 마암과 신륵사의 바위가 있어서 그 흐름을 약하게 하는 데에 있다"고 했다.

여주읍에서 신륵사로 가는 길에서 여주대교 조금 못 미쳐 우측에는 푸른 숲으로 둘러싸인 고풍스런 누각 영월루(문화재자료 제37호)가 보인다. 영월루 바로 아래에는 커다란 괴암이 절벽을 이루는데 바위 면에 '마암馬岩'이란 글자가 크게 새겨져 있다. 마암은 물결이 치면 떴다 가라앉았다 하는 것 같은데 그곳에 큰 굴이 있다. 옛날에 그 굴에서 큰 가라말(털빛이 온

통 검은 말)이 나와서 하늘로 올라가 황려 黃驪(여주의 옛 이름)란 고을이 생겼다고 하며, 여흥 민씨의 시조가 이 굴에서 나왔다고 한다.

마암에는 목은 이색의 죽음에 얽힌 일화가 전해온다. 태조 이성계가 조선을 건국한 지 5년째 되던 5월 어느 날 여강에 한 척의 배가 떠 있었는데, 그 배에는 고려 말의 충신이었으며 포은 정몽주, 야은冶隱 길재吉再와 더불어 고려의 삼은三隱으로 알려진 목은 이색과 그를 따르는 젊은 선비들이 타고 있었다.

당시 이색은 태조가 내린 벼슬을 거절한 채 초야에 살고 있었고 이색의 제자들 역시 새 왕조에 참여하지 않았다. 여강에 띄운 배에서 어떠한 이야기가 오갔는지 몰라도 분위기가 무르익은 연후에 목은 이색은 술 한 병을 꺼냈다. 이성계가 보낸 술이었다. 그 술을 마신 이색은 배 위에서 그만 세상을 하직했다.

이색의 죽음에 얽힌 또 다른 이야기도 있다. 태조가 옛 친구인 이색을 여러 번 초청하자 그 청을 못 이겨 서울에 간 이색은 태조를 보고서 "앉을 자리가 없다" 하고 도로 나왔다. 그가 배를 타고 고향으로 돌아오는 길에 신륵사 앞에 이르자 경기감사가 어주御酒를 보내왔다. 보낸 술을 태연히 받은 이색은 조릿대 잎으로 막은 술병 마개를 빼내 강물에 던지면서 "내가 평생에 사욕이나 권력으로 살았다면 이 댓잎이 강물에 그대로 떠내려 갈 것이요. 그렇지 않다면 멀지 않은 곳에 가서 뿌리를 박고 무성하게 자랄 것이다"라고 말했다. 이색은 그 술을 마시고 곧바로 죽었는데, 댓잎이 강물에 떠내려가다가 지금의 여주시 하동 양섬에 있는 삿갓바위 근처에 뿌리를 박고 무성하게 번졌다. 지금도 그 대를 '삿갓바위 대'라고 부른다.

영월루

푸른 숲으로 둘러싸인 고풍스런 누각, 영월루에 서면 여주팔경이 한눈에 들어온다.

한편 양섬은 남한강가에 있는 섬으로 조선시대에 나라의 소와 양을 봄에 가져다가 놓아 먹이어 살을 찌운 뒤 가을에 상납했던 곳이다.

> 흐름을 따라 내려가니 뱃사공이 한가하도다
> 험한 곳을 만나면 경각 사이에 놀라 외친다
> 늦게 사장에 닿으니 바람과 이슬이 냉한데
> 한 등잔이 깜박깜박하여 구름 산을 비친다

이색이 남긴 시인데, 그는 자신의 운명을 예감했던 것일까? 이색의 제자들은 고려의 신하였으면서 이성계를 도와 조선 건국을 주도한 정도전 鄭道傳과 조준趙俊이 이색의 죽음을 꾸민 것이라고 주장했지만 이색의 의문사는 세월 속에 묻혀질 수밖에 없었다. 이러한 사실을 아는지 모르는지 지금도 남한강은 유유히 흐른다.

나옹선사가 열반에 든 신륵사

여주시 천송동 봉미산 기슭에 위치한 신륵사는 신라 진평왕 때 원효대사가 창건했다고도 하는데 정확한 기록은 남아 있지 않다. 신륵사가 유명해진 것은 고려 말의 고승 나옹선사懶翁禪師가 이곳에서 열반에 들었기 때문이다. 양주 회암사에서 설법하던 나옹선사는 병이 깊었는데도 불구하고 왕명에 따라 밀양의 형원사로 내려가던 중, 이곳에 입적하게 되었

신륵사 극락보전

나옹화상의 부도가 있는 신륵사는 강변에 자리잡은 사찰이다.
극락보전 왼편으로는 강월헌이 있는데 남한강을 바라볼 수 있는 아름다운 정자다.

다. 그때의 일을 이색은 다음과 같이 기록했다.

이날 진시에 고요히 세상을 떠났다. 고을 사람들이 바라보니 오색구름이 산
마루를 덮었다. 화장을 하고 유골을 씻고 있는데 구름도 없는 날씨에 사방 수
백 보 안에 비가 내렸다. 이에 사리 155과를 얻었다. 신령스런 광채가 8일 동
안이나 나더니 없어졌다.

나옹선사가 입적하고 3개월이 지난 뒤, 절의 북쪽 언덕에 진골사리를
봉안한 부도를 세우는 한편 대대적인 중창이 이루어졌다. 그러나 조선시
대에 숭유억불정책에 따라 사세가 크게 위축되었다가, 세종대왕의 능을
인근에 있는 여주 능서면 왕대리로 이전해 오면서부터 다시 중창되었다.
세종의 깊은 불심을 헤아린 왕실에서는 신륵사를 원찰로 삼았고 절 이름
도 잠시 보은사報恩寺로 고쳐 불렀다.

신륵사는 임진왜란과 정유재란 때 당시 건축물로는 드물게 대들보가
없는 조사당(보물 제180호)만 남고 대부분의 건물이 불에 탔다. 그 뒤 현종
12년(1671) 무렵부터 중건되어 오늘날의 면모를 갖추었다.

남한강을 굽어보는 가파른 바위 위에 세워진 육각형의 누각인 강월헌은
본래 나옹선사가 입적한 후 화장터의 삼층석탑 옆에 지은 것이나 1972년
큰 홍수로 떠내려가는 바람에 지금의 위치에 새로 지었다.

만약 장계張繼로 하여금 일찍이 이곳을 지나게 하였다면
한산寒山이 이름을 날리지 못하였으리

조선 초기 문장가인 최수崔脩가 신륵사의 종소리를 듣고 읊은 시다. 이곳 신륵사 앞으로 남한강이 흐른다.

여주 혜목산 아래에 있는 고달사지

도道의 경지를 통달한다는 뜻을 지닌 고달사高達寺는 여주시 북내면 혜목산 아래에 있고 그 지형은 아늑하게 감싸인 것이 큰 소쿠리 속에 있는 듯하다. 신라 경덕왕 23년(764)에 창건되었다는 기록만 있을 뿐 누가 창건했으며 어느 때 폐사되었는지 알 길이 없다. 다만 이때는 신라가 한강 유역을 장악했던 시기였고 남한강의 수로를 확보하기 위해 거대한 사원을 경영할 때였으므로 고달사는 신라시대에 창건되었을 가능성이 높다고 볼 수 있다.

고달사는 구산선문九山禪門 중 봉림산파의 선찰이면서 고달선원으로 불리었는데 창원에서 봉림산문을 개창한 진경대사 심희審希는 원감국사 현욱玄昱의 제자였고, 진경대사는 원종대사에게 법통을 넘긴다.

김현준이 쓴 《이야기 불교사》에는 "(신라) 문성왕 2년(840) 현욱선사는 거처를 여주 혜목산 고달사로 옮겼는데 사람들은 산 이름을 따라서 스님을 '혜목산 화상'이라 부르기도 했다. 그곳에서 30년 가까이 선풍을 떨치다가 경문왕 9년(869)에 입적하자 경문왕은 원감이라는 시호를 내렸다"라고 나온다. 왕실의 비호를 받으며 큰절의 위용을 갖추었고 사방 30리가 모두 절의 땅이었다는 고달사를 중흥시킨 원종대사는 신라 말의 고승이며 고려 초의 선승이었다. 원종대사는 열세 살에 출가해 경북 상주 공산 삼랑사에서 융제선사에게 배웠는데, 융제는 그가 법기法器가 될 만한 재목임을 알아보고 혜목산의 진경대사를 스승으로 모시게 했다. 신라 진성여왕 4년(890) 삼각산 장의사에서 구족계를 받았다.

광주 송계선원에 있던 원종대사는 진경대사의 권유로 진성여왕 6년(892)에 상선을 타고 당나라로 들어가 서주 투자산의 대동大同에게 배우고 곧 도를 깨달았다. 그 뒤 중국의 여러 사찰들을 유람하다가 신라 경명왕 5년(921)에 귀국하여 봉림사에 머물렀고 원감국사 현욱에 이어 진경대사에게 법맥을 이어받게 된다.

원종대사는 진경대사가 삼창사에 머물 것을 명하자 3년 동안 머물다가 고려 태조 왕건의 요청에 따라 경주 사천왕사로 가게 되지만 이곳 혜목산 고달사로 돌아와 수많은 제자들을 배출하며 대선림을 이룩했다. 고려 혜종과 정종 임금은 가사架裟를 내렸으며 광종은 그를 국사로 책봉하고 증진대사라는 호를 내렸다.

국사의 자리에 오른 원종대사에게 임금은 은병, 은향로, 수정 염주, 법의 등을 내렸으며 고려 왕실의 막대한 지원에 힘입은 원종대사는 이곳 고달선원을 전국 제일의 사찰로 만들었다. 그가 말년을 보내다 입적한 고달선원은 희양원, 도봉원과 함께 전국 3대 선원으로 불렸다.

제자로는 흔흔, 동광, 행근, 전이 등 500여 명이 있고 '원종대사 혜진'이라는 시호는 광종이 대사의 업적을 애도하여 내린 추시이고 이와 같은 내력은 원종대사탑비의 비신碑身에 기록되어 있다. 원종대사가 입적한 뒤 언제 폐사되었는지 알 길이 없다. 조선시대 지리서인《신증동국여지승

람新增東國輿地勝覽》에 "취암사와 상원사가 혜목산에 있다"라는 기록
으로 보아 고달사의 암자인 듯한 두 절만 남아 있었을 것으로 보인다.

고달사지(사적 제382호)에 들어서서 맨 처음 만나게 되는 유물이 고달사
지 석조대좌(보물 제8호)이다. 좌대는 높이 1.57미터 사각이며 상·중·하
지대석을 모두 갖추고 있으며 현재 국내에서 가장 크고 잘생긴 대좌로 평
가받고 있다. 불상이 놓였던 상대의 각형 받침에는 23잎의 당려문을 새기
고 그 아래 각형 받침에는 다시 안상을 새겨놓았다. 대좌의 크기나 장중
함으로 보아 그 위에 앉아 있었을 불상 역시 규모나 조각 기법이 매우 뛰
어났을 것으로 여겨지며 당시 철불이 유행이었으나 철불이었는지 석불이
었는지는 알 길이 없다.

석조대좌에서 20미터쯤 서북쪽으로 원종대사탑비(보물 제6호)가 있다.
원종대사를 기리기 위해 세워진 이 탑비는 1915년 봄에 뒤로 넘어져 깨
진 비신은 국립중앙박물관으로 옮겨졌었다. 그러나 여주시에서 원종대사
탑비 복원사업을 추진해 비신을 복제해 고달사지 탑비를 복원하고 원 비
신은 여주박물관에 전시하고 있다.

2014년 8월 원종대사탑비가 복원되어 높이 5미터에 이르는 화려하고
웅장한 고려 불교미술의 원형을 볼 수 있게 되었다. 거북 모양이라 귀부
龜趺라고 하는 탑비의 받침돌은 그 당당함이 태산 같은 힘을 분출하는 것
처럼 보이며 땅을 밀치고 나가려는 듯한 역동적인 모습으로 만들어졌다.
이무기를 지붕으로 삼으니 이수螭首라 하는 머릿돌은 직사각형에 가까
운 모습이며 맨 아래에 연꽃을 둘러 새기고 1단의 층급을 두었다. 앞면에
는 중앙의 전액篆額을 중심으로 구름과 용무늬로 장식하고서 전액 안에

다 '혜목산 고달선원 국사 원종대사비'라고 썼다.

　그 길을 곧장 따라가면 고달사지 승탑(국보 제4호)을 만나게 된다. 승탑 중의 승탑이라고 일컬어지는 전남 화순 쌍봉사의 철감선사탑비나 지리산 연곡사 동승탑비, 북승탑비가 크지 않으면서 정교한 아름다움으로 사람들의 마음을 사로잡는다면 이 승탑은 장중함으로 사람들을 압도한다.

　신라의 양식을 비교적 정직하게 이어받은 고려시대 팔각원당형 승탑 중 가장 규모가 크면서도 안정감이 있는 빼어난 작품으로 평가받고 있는 이 승탑은 고달선원의 개산조開山祖였으며 경문왕 8년(868)에 입적한 원감국사의 사리탑으로 추정되지만 확실하지는 않다. 하대석은 팔각을 이루고 각 면에는 2개씩 안상을 둘렀고 그 위에는 겹친 잎사귀의 연꽃이 땅을 향해 조각되어 중대석을 받치고 있으며 중대석의 둥근 몸돌에는 거북을 중심에 두고 4마리의 용이 구름 속에서 노닐고 있다. 팔각 몸돌이 정밀하고 후면에는 자물통이 달린 문짝과 창살문 사천왕상이 조각되어 있으며 지붕돌 처마 밑에는 하늘에서 춤을 추며 날아가는 듯한 비천상이 예쁘게 새겨져 있다. 지붕돌 위쪽의 일부가 떨어져 나가고 지붕돌을 축소해놓은 듯한 보개만 남아 있지만 상륜부가 매우 화려했을 것이라고 추정된다. 승탑이라기보다 부처의 불탑이라고 여겨질 만큼 화려함과 웅장함의 극치를 이루는 고달사지 승탑에서 계단을 따라 좌측으로 내려가면 원종대사탑(보물 제7호)과 만난다.

고달사지 승탑

남한강 중심부에 위치한 여주는 수많은 사찰과 나루가 흥망성쇠를 겪어온 곳이다.
특히 고달사지에는 화려한 불교문화가 승탑에 고스란히 남아 있다.

서울로 가던 길목 양근나루

여주 남쪽에 있는 이천과 음죽은 풍속이 비슷하다. 북쪽으로는 지평과 양근이 있으며, 강원도 홍천과 맞닿아 있다. 이곳은 산이 어지럽게 솟아 있고 골이 깊어 사람이 살 만한 곳이 못 된다. 양근 용문산 북쪽에 있는 미원촌은 옛날 조광조趙光祖가 이곳 산수를 사랑하여 터를 잡아 살고자 한 곳이다. 나도 가본 적이 있는데, 산속이 꽤 넓기는 했지만 지대가 깊이 박혀 있다. 또한 기후도 싸늘하고 사방의 산도 아담하지 못하며, 시내 또한 메말라 낙토가 아니다.

《택리지》에 실린 양평에 대한 기록이다. 양평은 나라 안에서 날씨가 춥다고 소문난 곳이다. 이곳은 대개 10월이면 얼음이 얼고 11월에는 눈이 내리며 다음해 4월에야 눈이 녹는다고 한다. 조선 전기 문신 최항崔恒은 《동헌기東軒記》에서 양평에 대해 "동쪽으로 원주와 잇닿았고, 남쪽으로 여흥(여주의 옛 이름)을 이웃하며 북쪽으로 홍천에 이어져 있다"라고 소개한다.

이렇듯 한가하고 고적했던 양평읍 양근리 갈산 기슭에 충주산이 있다. 이 산은 《여지도서》에 "민간에서 전하는 말에 따르면 이 산이 충주忠州에서 떠내려 왔다"고 기록되어 있다. 이곳을 지나던 고려 말 문신 한수韓脩는 다음 시를 남겼다.

해가 관음봉觀音峯에 비추니
나그네 양근 객관 떠나네

동쪽으로 삼십 리 채 가지 못하여

수많은 이랑 평평한 책상 같네

맑은 강은 항상 오른쪽에 있고

멀고 가까운 경치 모두 즐길 만하네

다시 십 리쯤 가서 보니

가던 말 멈추고 높은 언덕 오르네

외롭게 떠 있는 강 가운데 산이

탁 트인 시야를 가로막네

토박이가 앞에 와서 말하는데

저것은 본래 충주 것인데

떠내려 오다 여기 멈추어서

충주산이라고 부른다고 하네

동행들 믿지 못하겠다 하며

모두들 한바탕 껄껄껄 웃었네

1930년 무렵까지만 해도 양평 양근나루는 강원도에서 서울로 들어가기 전의 가장 큰 포구였다. 칡미포구라고도 불리던 양근나루는 강원도 일대에서 나는 메밀·콩·수수·감자·옥수수 같은 밭작물과 나무그릇·꿀 등이 남한강을 따라 내려와 머물렀다가 서울의 마포로 내려가던 길목이었다.

남한강은 그 무렵까지만 해도 수량이 넉넉해서 쌀 200가마쯤 실리는 30톤짜리 돛단배들도 오르내렸다. 서울로 내려갈 때는 물의 흐름에 따라 떠내려가듯이 빨리 갔지만 올라올 때는 물살을 거슬러야 했으므로 시간이 좀 더 걸렸다. 바람만 잘 만나면 강원도에서 양근나루까지 사흘이면 내려갈 수 있었지만, 멀지 않은 마포나루에서 이곳으로 올라오는 데에는 사흘쯤 더 걸렸다.

올라가고 내려오는 물품들이 양근나루로 모이기 때문에 양평읍의 장은 날이 갈수록 커졌고 사람들의 살림도 넉넉해져서 이곳에는 배를 2, 30채씩 가진 부자도 더러 있었다. 하지만 서울에서 양평군을 거쳐 강원도에 이르는 신작로가 닦이고 트럭이 다니기 시작한 1925년 무렵부터 양근포구는 점차 한산해지기 시작해서 1930년대 중반에 이르러서는 포구로서의 기능을 완전히 상실하고 말았다.

한편 양평군 강상면 대석리는 조선 천주교 역사에서 중요한 마을 중 하나다. 예로부터 '대감大甘마을'이라고 불렸던 이 마을에서 양촌陽村 권근權近의 후예로 영조 때에 뛰어난 학자였던 권씨 집안의 철신·일신·제신·득신·익신 오형제가 천주교를 받아들였다. 권철신은 '철리연구회'라는 단체를 만들어 이벽李檗과 정약용丁若鏞을 비롯한 남인 실학자들과 함께 서학인 천주교의 교리를 연구했고, 둘째인 권일신은 그 당시 뛰어난 학자로《동사강목東史綱目》을 지은 안정복安鼎福의 사위였다. '내포의 사도'라고 불리던 이단원李端源과 '호남의 사도'라고 불리던 유항검柳恒儉도 그 당시 이 집을 드나들며 공부했다.

권씨 형제들 중 철신·일신·제신은 정약종·이승훈 등과 함께 신유박해 때 순교하여 이 마을 뒷산에 묻혀 있다. 풍수가들은 그들이 묻힌 터의 지질이 화혈火穴이라 하며 "후손들이 100리 밖에 나가서 살게 될 것이다"라고 했다는데 그 말이 틀리지 않아 지금 이 마을에는 권씨들이 살고 있지 않다.

양근나루

양근나루는 1930년 무렵까지만 해도 강원도에서 서울로 들어가기 전 가장 큰 포구였다.

양평군 강상면 동오리에는 세종 때 좌의정을 지낸 하정 夏亭 유관柳寬의 무덤인 유관선생묘(경기도기념물 제62호)가 있다. 양평군 양평읍 오빈리는 관동로가 지나던 길목으로 역원이 있었던 곳인데 이곳에 인조 때 모반을 일으켰던 이괄李适의 아버지 묘가 있다. 지관이 이 자리는 용의 형국이니 시체를 거꾸로 묻으라고 말했으나 상주가 그 말을 듣지 않고 바로 묻었다. 이괄이 패하여 죽은 뒤, 이 묘를 파고 보니 시체가 용이 되어 산을 파고 올라가다가 죽었다고 한다.

남한강을 지키던 여울들

양평군 양서면 대심리는 대탄리와 상심리를 병합한 이름이다. 북한강과 남한강이 합류하는 마재에서부터 섬강 입구에 있는 홍홍리까지는 병탄·월계탄·청탄·대탄·제탄·모래여울·장탄·파내탄·고부여울·심반악여울·마단·우지탄·고유수탄 등 13개 여울이 분포해 있었다. 대탄은 그중 가장 유명한 여울이었다.

《신증동국여지승람》에는 대탄에 대해 다음과 같이 전하고 있다.

군읍의 15리 서쪽, 즉 파내탄波乃灘 하류에 대탄이 있다. 돌이 강 중간에 가로누워 있어 물이 넘치면 바위가 보이지 않고 물이 얕아지면 파도가 인다. 강물이 사납게 흘러내려 하도下道(영남지방을 의미함)의 조운선槽運船들이 자주 파선된다.

고려 때 왕강王康이 건의하여 암초를 조금 파냈으나 공사가 어려워 중단했는데 그 뒤로 대탄의 물살이 더 심해졌다. 세조 때 구달충具達忠을 시켜 다시 암초를 파내게 했다. 물 가운데에 있는 그 돌의 둘레를 나무로 막고 물을 퍼내면서 팠으나 끝내 성공하지 못했으므로 중국 양자강 하류의 험난한 암초인 염예퇴艶預堆에 견주는 이들이 있었다.

지금은 팔당댐으로 흐름을 잃은 이곳 대탄을 지나던 조선 초기 문장가인 서거정이 한 편의 시를 남겼다.

맑은 가을 어젯밤 유쾌하게 누각에 올라 보니

작은 배가 흐름을 따라서 자유롭도다

흰 돌은 앞 여울에 이빨처럼 감춰졌고

푸른 산은 양 언덕에 희끗희끗 솟았도다

키 앞에 조금 앉았노라니 말보다 편하고

쑥 연기 아래 홀로 조니 한가함도 걱정이네

고개 드니 용문산의 높이가 만 길인데

남은 취흥醉興을 타고 양주楊洲를 지나네

대탄의 바로 아래에는 팔당댐으로 사라진 용진나루[龍津度]가 있다. 옛 기록에 보면 군의 남쪽 44리에 있던 용진나루는 나루 위에 여울이 있어서 날이 가물 때는 걸어서 건넜다고 한다. 다음은 고려 말 조선 초 문신 권근權近이 이 나루를 건너며 읊은 시구절이다.

작은 배가 푸른 물결 사이에 가볍게 출렁이니

편히 지나는 것이 참으로 평탄한 길의 편한 것과 같네

지난 일이 유유悠悠하여 모두가 꿈이로구나

떠서 사는 것이 역역役役하니 얼마 동안이나 한가한가

물정이 헐뜯고 칭송하니 이름이 누累가 되었고

환로宦路에 올랐다 잠겼다 하니 담膽이 한심스럽도다

영천潁川을 향하여 귀 씻는 것을 이루지 못하니

맑은 강에 티끌조차 비치는 것이 매우 부끄럽다

강의 흐름을 따라 조금 내려가면 남한강과 북한강의 물이 합류하는 병탄幷灘이 있는데, 그곳이 바로 오늘날의 팔당댐이다.

세월의 흐름 속에 사라진 구둔재

행정구역상 경기도 양평군 지평면 지평리는 조선시대 지평현의 중심지였다. 1914년 행정구역을 개편하면서 양근군과 지평현을 합해서 양평군으로 만들면서 양평군에 딸린 하나의 면이 된 지평은 본래 고구려의 지현현이었다. 신라 경덕왕 때 지평현으로 이름을 고쳐 삭주朔州(지금의 춘천)의 영현으로 편입되었다. 고려 현종이 지평을 광주廣州에 이관시켰는데, 우왕이 유모 장씨의 고향이라는 이유로 감무를 파견했다가 뒤에 파했다. 공양왕 3년(1391)에 현의 경내에 철장鐵場을 두고 감무를 겸하게 했는데, 조선 태종 13년(1413)에 고려시대 감무를 현감으로 개칭했다. 고종 32년(1895)에 강원도 춘천부의 관할이 되었으며 그 다음해에 경기도의 지평군으로 되었다.

이곳 이름이 지평砥平이 된 것은 남한강의 지류 중 하나인 흑천이 흐르는 곳에 낮고 넓은 들판이 형성되어 있기 때문이다. 고려시대에는 야별초夜別抄 출신들이 원나라군을 격파하는 데 큰 공을 세웠다고 하며 조선시대에는 평구도平丘道에 속하는 전곡역과 백동역이 있어 원주를 거쳐 영남과 영동지방으로 가는 교통의 중심지가 되었다. 양평군 내륙의 중심 하천인 흑천黑天은 냇물 바닥의 돌이 검은색이어서 물빛이 검게 보이는 까닭에 붙여진 이름이라고 전해진다.

《신증동국여지승람》에는 지평에 대해 다음과 같이 실려 있다.

동쪽으로 강원도 원주 경계까지 47리이고, 남쪽으로 여주 경계까지 16리이며, 서쪽으로 양근군 경계까지 21리이고, 북쪽으로 강원도 홍천현 경계까지 43리이며, 서울까지 162리이다.

이곳 지평면 구둔리에서 양동면 매월리로 넘어가는 고개가 관동로의 중요한 지점 중 하나였던 구둔재다.

김정호金正浩의 《대동여지도大東輿地圖》에는 실려 있지만 현대 지도에는 실려 있지 않은 구둔재를 넘기 전에 구둔리 일신마을에서 만난 이 마을 토박이 황은석 씨에게 구둔재를 넘어 양동면으로 갈 수 있겠느냐고 물었다. 그는 20년 전만 해도 구둔재를 넘어 양동장에 갔었다며 고개에

흑천

남한강의 지류 중 하나인 흑천은 양평군 청운면 신론리 성지봉에서 발원하여
개군면 인덕리에서 남한강과 합류한다.

구둔재

구둔재는 관동로의 중요한 지점 중 하나로
이곳에서 전쟁을 아홉 번이나 치른 데서 유래한 말이라고 한다.

얽힌 이야기를 들려주었다.

옛날에 어른들에게 들은 얘긴데 구둔이라는 말은 이곳에서 전쟁을 아홉 번이나 치러서 생긴 말이라고 하지. 이 마을 뒤에 매월리로 가는 고개가 구둔재여. 옛날에 소장사들이 소 많이 끌고 넘어갔어. 양평장·용문장·홍천장을 떠도는 장사꾼들도 몇 명씩 떼를 지어 넘어갔고, 우리도 매월리로 해서 양동장을 다녔지. 도적놈들이 많았대. 그래서 사람들이 떼를 지어 넘었어.

수많은 사람들이 지나다닌 그 길이 세월의 흐름 속에서도 사라지지 않고 남아 있어 옛사람들의 발자취와 현대인들의 발걸음을 이어주고 있다.

양평을 굽어보고 있는 용문산

조선 중기의 문신으로 광해군 5년(1613년)에 양근군수를 지냈던 정근 丁近은 나라의 어지러움을 목격하고, 벼슬을 사직한 뒤 향리로 돌아간 사람이다. 관직에 있을 때에는 몸을 돌보지 않으며 직무를 수행했고, 외직에 나가서는 자기 일보다 주민의 일을 소중하게 생각하여 처리했다. 주민들은 정근을 두고 명관으로 존경했고, 선배들은 그의 청렴성을 높게 평가했다. 그 당시뿐만 아니라 요즘에도 보기 드문 공직자라고 할 수 있는 정근이 양평의 진산 용문산을 두고 다음과 같은 시를 지었다.

큰 뫼 뿌리가 하늘을 꿰뚫어 동이를 엎은 것 같은데

거주 백성들이 언덕을 끼고 있으니 물이 편평하게 나뉘었다

창에 임한 붉은 잎새는 바람 앞에서 춤추고

골짜기에서 울리는 드문 종소리는 달 아래에 들린다

고요한 가운데 소리가 있으니 돌 시내가 어여쁘고

한가한 가운데 일이 많으니 산 구름이 웃는다

주인은 맑은 절개를 장차 누구에게 비교할꼬

문득 영재鈴齋에 차군此君 없는 것을 한하노라

예나 지금이나 용문산은 산나물로 유명하다. 조선 중기의 문신인 김안국金安國은 용문의 산나물을 선물 받고 사례로 다음의 시를 지어 보냈다고 한다.

산나물 향기롭고, 연하긴 용문이 그만인데

그것으로 손님 대접하면 후의厚意 있음을 알리라

방장方丈의 고량진미를 어찌 부러워하리요

한 바구니 속에 부귀영화도 저버리라 하였다

수많은 사람들이 용문산을 찾았는데 조선 후기에 차茶로 이름난 초의선사草衣禪師 의순意恂도 새벽녘에 용문산 아래를 지나며 '조과사천 부過斜川'이라는 시 한 편을 지었다.

065

가벼운 안개 날리는데 새벽빛이 맑더니

솟아오르는 해가 적성 위에서 아름답구나

추운 아침이라 시냇물에서 김이 일어나는데

기슭이 높아 사람은 나무를 넘어뜨리며 가노라

숲이 깊은 데는 아직 피어 있는 꽃이 보이고

봄은 갔지만 좋은 새소리가 들려온다

슬픈 마음으로 용문산 아래 길 내려가노라니

보방이 남아 있어 야인이 밭 갈게 하는구나

용문면 광탄리는 흑천의 물이 넓게 여울져 있으므로 너븐여울 또는 광탄이라 불렀는데, 너븐여울 동쪽에 봉황정鳳凰亭이라는 정자가 있다. 이 정자는 세조 6년(1460)에 눌재訥齋 양성지梁誠之가 단월면 보룡리 보산정 밑에 있던 황룡이 봉황대 밑으로 돌아온 것을 위로하고 오래 머무르도록 하기 위해 지은 정자이다. 정조 15년(1790)에 중건하고 한국전쟁 때 화재로 소실된 것을 1967년 양씨 종친회에서 다시 지었다.

택당 이식이 숨어 지낸 택풍당

양평군 양동면 쌍학리의 택풍당澤風堂은 인조 때의 문장가인 택당澤堂 이식李植이 살았던 곳이다.

이행李荇의 후손인 이식은 덕수 이씨의 무맥武脈이 임진왜란의 영웅

택풍당

양평군 양동면에 위치한 택풍당은 이식이 벼슬을 버리고 낙향한 뒤
오직 학문에만 전념하기 위해 지은 집이다.

인 이순신으로 이어졌고, 문맥文脈은 이식으로 이어졌다고 말할 수 있을 만큼 빼어난 문장가였다.

이식은 이정구李廷龜·신흠申欽·장유張維와 함께 한문사대가 또는 사대문장가 중 한 사람으로 손꼽혔다. 선조 때부터 인조에 이르기까지 문풍文風이 크게 일어 많은 문인이 배출되었는데, 그중에서도 이들은 뛰어난 문장가였다. 이들의 공통적인 특징은 당송팔대가의 고문古文을 모범으로 삼은 점, 주자학적인 사고가 규범이 되고 있는 점, 이들 모두가 화려한 가문 출신이며 관료로서 출세한 점 등을 들 수 있다.

이식은 광해군 2년(1610) 문과에 급제, 7년 뒤 선전관이 되었으나 폐모론廢母論이 일어나자 벼슬을 버리고 경기도 지평(지금의 양평군 양동면)으로 낙향한 뒤 남한강변에 6칸의 조그마한 집인 택풍당을 짓고 학문에만 전념했다. 그의 호를 택당이라 지은 것은 여기에서 연유했다. 그가 이곳에 와 살면서 남긴 글을 모아 책으로 엮은 것이 《택풍당지澤風堂志》이다.

그는 이곳을 주제로 여러 편의 시를 지었는데, 다음 시에는 두고 온 서울에 대한 그리움과 찾는 이 없는 데서 오는 쓸쓸함과 외로움이 묻어 있다.

택당에서 묵으며 시사時事를 읊다

전부典簿에 있다 올 봄에 또 현재賢才에 양보하고

상쾌해라 쏜살같이 동쪽 산골로 돌아왔네

적문翟門(벼슬을 그만둔 적공의 문)을 찾는 손님 지금 누구 있으리요

도경의 솔과 대는 예전처럼 변함없네

순채나물에 옥삼갱玉糝羹 입맛이 그만이요

송진기름 태우면서 책을 보는 흥취라니

홍진紅塵 속에 대궐 문 출입하던 삼 년의 일

풍랑 치는 바다 건넌 한바탕 꿈이었소

낙향하여 은거하던 이식은 광해군 13년(1621) 관직에 나오라는 명을 받았으나 이를 거부하여 왕명을 어긴 죄로 구속되기도 했다. 인조반정(1623)이 일어나 교분이 있었던 친구들이 조정의 주요직에 진출하게 되자 발탁되어 이조좌랑이 되었다. 대사간으로 있을 때 실정失政을 논박하다가 인조의 노여움을 사 좌천되기도 했다. 인조 20년(1642) 김상헌金尚憲 등과 함께 척화斥和를 주장하여 잡혀갔다가 돌아올 때 다시 의주에서 구치되었으나 탈주하여 돌아왔다.

이식은 당대의 이름난 학자이자 고문古文의 정점으로 평가받고 있다. 그는 "오랜 권위를 가지고 있는 문장을 본뜬다고 해서 고문이 될 수 있는 것은 아니고, 자기대로의 창의력을 가지고 있어야 좋은 글이다"라고 보았고, "한문이 지닌 표현능력을 최대한 살려 간결하면서도 품격이 높고, 꾸미지 않은 것 같은 데서 우아한 흥취가 살아 있어야 고문다운 고문이 될 수 있다"고 보았다.

세계문화유산으로 지정된 남한산성

여주 서쪽에 광주가 있다. 석성산에서 나온 한 가지가 북쪽으로 뻗어내려 한강 남쪽에 가서 된 고을로, 광주의 성읍은 만 길이나 되는 산꼭대기에 있다. 옛 백제 시조였던 온조왕溫祚王이 도읍하였던 곳이다. 성 안쪽은 낮고 평평하지만 성의 바깥쪽은 높고 험하여서 청나라 군사들이 처음 왔을 때 병기라고는 날[刃] 도 대보지 못하였고, 병자호란 때도 끝내 성을 함락시키지 못하였다. 인조가 그 성에서 내려와 항복한 것은 양식이 떨어지고 강화도가 함락되었기 때문이었다.

병자호란이 끝나고 강화講和가 결정된 뒤에도 남한산성을 외적으로부터 막아줄 중요한 요충지라고 여긴 인조는 성안에다 아홉 개의 절을 세워 중들을 살게 하고 한 사람을 승군을 통솔하는 승대장僧大將으로 삼았다. 해마다 활쏘 기를 시험하여 후한 상을 주는 까닭에 중들은 오로지 활과 살로써 일과를 삼았 다. 조정에서는 나라 안에 중이 많은 까닭에 그들의 힘을 빌려 성을 지키고자 했던 것이다. 성안은 그리 험하지 않지만 성 바깥 산 밑은 살기를 띠었다. 또 중요한 진鎭이므로 만약 사변이라도 있으면 반드시 전쟁터가 될 지역이므로 광주 일대는 살 만한 곳이 못 된다.

《택리지》에서는 광주의 형승에 대해 "한수漢水의 남쪽 토양이 기름지 다"라고 전하고 있으며, 고려 말의 문신인 유백유柳佰濡는 "빼어난 기운 은 정기를 저장하여 준걸을 낳았으니, 조선 인물의 빛이 있구나"라고 노 래했다. 그래서 그런지 이곳에서 태어난 사람들이 많았는데, 안정복에게 서 배운 정약전·정약용·홍유한과 그 외에도 수많은 사람들이 이곳 광주 를 기반으로 그들의 학문을 키웠다.

이곳 광주를 두고 여러 말들이 전해져 온다. '광주 사람들은 남한테 돈 을 꾸지도 않고 빌려주지도 않지만 광주 사람한테 돈을 빌리면 안 갚고는

남한산성

성남시 북동쪽에 있는 남한산성은 조선시대 산성으로 우리나라 산성 중
가장 보존이 잘 되어 있으며, 북한산성과 함께 도성을 지키던 남부의 산성이었다.

못 배긴다'는 말은 그만큼 기질이 세다는 뜻이다. 또 '광주 생원이 첫 서울 간 것 같다'는 속담이 있는데 이는 촌 영감이 서울 가서 어리둥절하듯이 정신을 못 차리는 사람을 두고 하는 말이다.

광주시 남한산성면 산성리에 있는 남한산은 서울 분지를 끼고 동쪽의 지맥인 수락산·불암산과 동남으로 이어지며, 서울 북쪽의 북한산과는 한강을 사이에 두고 마주보는 위치에 있다. 성남시 북동쪽에 있는 이 산에는 유네스코 세계문화유산으로 지정된 남한산성(사적 제57호)이 있다.

남한산성은 북쪽의 개성, 남쪽의 수원, 서쪽의 강화, 동쪽의 광주 등 서울을 지키는 4대 외곽 중 동쪽에 있던 성이었으며, 북한산성과 함께 도성을 지키던 남부의 산성이었다.

온조가 백제를 건국하여 위례성에 도읍한 뒤에 온조왕 13년(기원전 6)에 이곳 남한산성으로 천도했다고 《고려사高麗史》와 《세종실록지리지》에 기록되어 있지만 조선 후기 문신 홍경모洪敬謀는 《남한지南漢志》에서 그것을 부정하고 있다. 그때 온조가 도읍한 성은 광주고읍廣州古邑인 지금의 금단산 아래에 있었다고 하며, 즉 온조고성은 이성산성二聖山城이라는 것이다. 《동국여지승람》에는 광주 일장산성은 문무왕 12년(672)에 새로 축성한 주장산성晝長山城이라고 기록되어 있는데 이 성이 남한산성이다. 당시 성의 둘레가 3993보이고, 성내에는 군자고軍資庫가 있고 우물이 7개인데 가뭄에도 마르지 않았으며, 성내 논과 밭이 124결結이나 되었다고 한다.

남한산성을 현재의 모습으로 개축한 것은 인조 2년(1624) 때의 일이다. 청나라의 위협이 고조되고 이괄의 난을 겪고 난 뒤 인조는 총융사 이

서李曙에게 남한산성을 개축할 것을 명했고, 2년 뒤 인조 4년(1626)에 둘레 6297보(약 8킬로미터), 넓이 16만 평의 산성으로 공사를 끝마쳤다. 성 안에는 광주부의 읍치를 옮기고 행궁과 함께 많은 관아 건물이 들어섰다.

산성을 개축할 때 각성대사覺性大師를 도총섭都摠攝(조선시대 최고의 승직)으로 삼아 팔도의 승군을 동원했고, 승군의 사역과 보호를 위하여 장 경사·옥정사 외에 국청사·동림사·개원사·천주사 등 7개의 사찰을 추 가로 건립하여 모두 9개의 사찰에 승군들을 머물게 하면서 훈련과 수도 방위에 만전을 기했다.

산성이 축조된 인조 17년(1639)에 처음으로 실시되었던 기동훈련에 참가한 인원이 1만 3000여 명에 이르렀는데 1914년까지만 해도 산성 안 에 500여 가구가 살았다고 한다. 순조 때에 이르기까지 성안에 각종 시설 이 정비되어, 우리나라 산성 가운데 시설이 가장 완벽한 성으로 손꼽힌다.

남한산성의 산 중 가장 높은 일장산(453미터)에 서장대西將臺라고 불 렸던 수어장대(경기도유형문화재 제1호)가 있다. 인조 2년(1624) 남한산성 을 고쳐 쌓을 때 동서남북에 세운 4개 장대 중 제일가는 장대였으며 지금 까지 유일하게 남아 있는 건축물이다. 수어장대는 성곽을 따라 멀리 내다 보며 적을 감시하고 주변을 살피기 위해 세워진 2층의 목조건물이다.

이 장대에 서서 바라보면 성안이 환하게 내려다보이고 멀리 양주·양 평·용인·고양·서울의 풍경이 시원스럽게 보인다. 이곳 수어장대는 조 선 16대 임금 인조가 병자호란 당시 45일을 머물면서 직접 군사를 지휘 격려하며 청군에게 항전을 펼치다가 삼전도三田渡에 나아가 항복을 했 던 치욕적인 현장이다.

조선에 닥친 큰 위기, 병자호란

삼전도의 비극은 거슬러 올라가면 인조반정에서부터 시작된다. 연산군의 폭정 때문에 일어났던 중종반정과는 달리 인조반정은 광해군의 중립외교정책과 폐모론을 명분으로 삼은 쿠데타였다.

인조반정을 일으킨 이들은 광해군이 표방했던 명과의 중립 외교노선을 반청노선으로 바꾸고 말았다. 청나라와 조선을 형제로 보고 서로 예우하고자 했던 청 태종은 이에 크게 분노하여 정묘년인 인조 5년(1627) 1월에 3만 대군을 이끌고 조선을 침공했다. 김상용金尙容이 유도대장이 되어 서울을 지키고 인조와 조정 대신들은 강화도로 피난했으며 소현세자는 전주로 남하했다. 그러나 청나라나 조선 두 나라 모두 전쟁을 계속할 여력이 없었기 때문에 협상에 들어갔다. 그때 청나라는 조선 측에 사신을 보내 조선을 침략하게 된 이유 7가지를 말하고 다음의 3가지 요구사항을 내걸었다.

조선의 만주 영토를 청나라에 내놓을 것.
명나라의 장수 모문룡을 잡아 보낼 것.
명나라 토벌에 조선 군사 3만을 지원할 것.

주화론主和論을 주장하던 최명길崔鳴吉이 강화회담에 나서서 청과 형제관계를 맺겠다는 등의 5가지 사항을 합의하자 청나라는 철수했다.

하지만 인조 14년(1636) 청나라는 정묘약조에서 설정한 형제관계를 폐지하고 새롭게 군신관계를 맺어 공물과 군사 3만의 지원을 청한다. 조선은 그 제의를 거절하고 팔도에 선전교서를 내렸다. 그 선전교서에는 조선 백성보다 향명대의向明大義(명나라를 향한 큰 의리)가 더 큰 목소리로 주창되어 있었다. 명나라와 의리를 지키기 위해 청나라와는 화和를 끊는다는 내용이었던 것이다. 결국 12월 1일 청 태종은 군사 12만 명을 이끌고 조선 침략에 나섰다. 도중에 만나는 성은 공격하지도 않았고 질풍처럼 내달린 청나라 군사는 3일 만에 홍제원弘濟院(지금의 서울 서대문구 홍제동)에 도착했다. 이것이 병자호란이다.

그 당시 난을 피할 수 있는 곳은 강화도와 남한산성뿐이었다. 청군이 압록강을 건넜다는 소식이 전해지자 인조는 김상용과 검찰사 김경징金慶徵에게 종묘사직의 신주를 모시고 원손, 봉림대군, 세자빈과 함께 강화도로 피하라고 명했다. 인조는 길이 막혀 강화도로 피할 수 없게 되어 1만 3000여 군사를 거느리고 남한산성에 들어가 진을 치고 명나라에 구원병을 요청했다. 이때 성안에는 양곡 1만 4300석, 장 항아리 220개가 있었는데 이는 겨우 50여 일을 견뎌낼 수 있는 정도의 양이었다. 이에 성안의 상황은 날이 갈수록 어려워졌다.

성중의 온갖 것이 군색해지고, 말과 소가 모두 죽었으며, 살아 있는 것은 굶주림이 심하여 서로 그 꼬리를 뜯어 먹었다. (…) 이때 임금이 침구가 없어 옷을 벗지 못하고 자며, 밥상에도 다만 닭다리 하나를 놓았더니, 전교하여 이르기를, "처음 입성하였을 때에는 새벽에 뭇 닭의 우는 소리를 들었는데, 지금은 그 소리가 절무絶無하고 어쩌다 겨우 있으니, 이것은 나에게만 바치는 까닭이니, 앞으로는 닭고기를 쓰지 말라."

《연려실기술》에 실린 당시 남한산성 안의 상황이다.

큰 싸움은 없었지만 40여 일이 지나자 성안의 상황은 말이 아니었다. 남한산성 안에서는 화친을 주장하는 주화파, 외세의 침략을 죽음으로 막아내자는 척화파의 화전和戰 양론이 팽팽하게 대립했지만 대세는 이미 주화파 쪽으로 기울고 있었다.

홍서봉洪瑞鳳, 김신국金藎國, 이경직李景稷 세 사람이 성을 나아가 화친하기를 청하자 청나라 사신이 맹약을 어긴 것을 책하면서 다음과 같이 말했다.

너희 나라의 문서를 보니 모두 우리를 노적奴賊이라 칭하였으니, 우리가 누구의 종奴인가, 우리의 행사는 공명정대하니 누가 감히 적이라 말할 수 있는가.

이렇게 말한 청 사신은 누런 종이에 쓴 것을 청 황제의 명령을 적은 문서인 조유詔諭라 칭하고, 상 위에 내어놓은 뒤 홍서봉으로 하여금 사배四拜를 행하게 했다. 그런 뒤에 그 글을 받들고 돌아가게 했는데, 그 글의 내용은 대략 다음과 같다.

대청국관온인성황제大淸國寬溫仁聖皇帝는 조선 국왕에게 조유하노라. 너희 나라가 명나라에 협조하여 우리나라를 괴롭히고 해롭게 하므로 짐이 크게 노하여 정묘년에 군사를 일으켰다. (…) 짐은 이미 너희 나라를 아우로서 대접하였거늘 너희는 더욱 패역悖逆하여 스스로 원수가 되어 생민을 도탄에 빠지게 하고, 성을 버리고 궁전을 버리고, 처자를 서로 흩어지게 하여 서로 돌아보지도 못하고, 겨우 단신으로 도망하여 산성에 들어가 있으니 비록 목숨을 천년을 연장한다 한들 무슨 소용이 있겠는가. 정묘년의 욕됨을 씻고자 하다가 스스로 화를 초래하여 웃음을 후세에 남기게 하니, 이 욕됨은 장차 무엇으로서 씻을 것인가.

짐의 모든 신하들이 짐에게 권하여 황제라 칭한 것이거늘, 너희가 말하기를, "이것이 어찌 우리 군신君臣의 차마 들을 바이냐" 하니. 이 말이 또한 방자하고 망령된 말이다.

이제 짐이 대군을 끌고 와서 너희를 팔도를 멸할 터인데. 너희가 아비 섬기듯 하던 명나라는 어떻게 너희를 구원할 것인가. 어찌 자식〔朝鮮〕이 거꾸로 매달린 듯 위급한데 아비〔明〕로서 이것을 구원하지 아니하는 자가 있는가.

그들의 말은 인조를 비롯한 신하들의 폐부를 뚫을 듯 아프고 아팠지만 어찌할 수 없었는데, 상황은 갈수록 급박하게 돌아갔다. 18일에 청나라 군사가 남문 밖에 와서 소리를 쳤다. "화친을 하고자 하거든 속히 나오고, 하고자 하지 않는다면 19일과 20일 양일간에 걸쳐서 결전을 하자." 그리고 북문에 와서도 소리를 쳤다. "속히 나와 말을 들으라." 홍서봉과 최명길을 시켜 글을 가지고 나가게 했으나 오래도록 보지 않고 있다가 날이 저물 무렵 용호龍虎가 나와 말했다. "마장이 출타하여 아직 돌아오지 아니 하였으니, 화친을 하려거든 내일 다시 오라."

그들의 말에 답하는 글은 다음과 같았다.

엎드려 밝으신 명령을 받자와 간절히 타일러 깨우쳐주시고, 준절히 책하시니, 이는 곧 가르치기를 지극히 하시는 것입니다. (…) 진실로 위급한 것을 곡진히 안전하게 하여 주시어 스스로 마땅히 행할 의식儀式이 있으니 강구하여 행할 것입니다. 그러나 오늘날 성을 나오라는 명에 이르러서는 실로 어진 마음과 덮어주시는 뜻에서 나온 것이나 옛날 사람도 성 위에 있으면서 천자에게 절을 한 일이 있으니, 예는 가히 폐할 수가 없으나 군사의 위엄도 또한 두려운 것입니다.

김상헌이 그 글을 보더니 찢어버리고 대성통곡을 하자, 그 소리가 임금의 거처까지 들렸다. 김상헌이 최명길을 꾸짖었다.

"선대부先大夫(최명길의 아버지)는 자못 명성이 사우士友 간에 자자하였는데, 공의 무리들은 어찌 차마 이런 일을 하는가."

그 말을 들은 김류는 아무 말도 하지 않았고, 최명길이 답했다.

"어찌 대감을 옳지 않다 하오리마는, 이는 곧 부득이한 것입니다."

최명길의 말을 들은 이성구李聖求가 몹시 노한 채 김상헌에게 말했다.

"대감이 전부터 화친을 배척하여 나라 일을 이 지경에 이르도록 하였으니 비록 후세에 이름은 중하게 될 수 있다 하더라도 우리 임금과 종묘사직은 어찌하란 말이요, 대감이 어찌 나가서 의義로 대항하지 못하오."

이 말을 들은 김상헌이 다음과 같이 말했다.

"나는 한 번 죽음이 있을 뿐이나 자결하지는 못하였다. 만일 오랑캐 진영으로 보내주면 죽을 곳을 얻을 것이라도 대감은 어찌하여 나를 묶어 내어 주지 않소?"

최명길이 빙그레 웃으면서 말했다.

"대감은 찢었지만 우리는 마땅히 이것을 주워야 한다."

이렇게 말하며 최명길은 오랑캐에게 보내는 찢어진 답서를 주워 모아 다시 붙였다.

가래로 막을 것을 미리 막지 못하고, 둑이 터질 때까지 지켜본 조선, 그 나라의 신하 중 한 사람은 찢었고, 한 사람은 찢긴 종이를 주워 모아 다시 베껴 썼다. 찢은 사람도, 찢어진 것을 붙여 베껴 쓴 사람도 나라를 사랑하는 마음은 다르지 않았다.

"하늘에는 두 해가 없고, 백성에게는 두 임금이 없습니다."

척화파들이 말한 임금은 명나라 황제를 칭하는 것이었지만 대세는 이미 주화파 쪽으로 기울고 있었다.

밤중에 적이 동쪽 성으로 침입하여 거의 함락되자 남녀가 성을 넘어 달아나는 수가 많아 성안이 가마솥 끓듯 했고, 그 무렵 예조판서 김상헌과 이조참판 정온鄭蘊이 화의를 반대하여 자결을 꾀하려다 실패했다. 이 무렵 정온이 지은 시 한 편이 남아 있다.

밖에는 임금 위해 싸우는 군사가 없고

조정엔 나라 파는 흉악한 놈들 많으니

늙은 신하 할 일이 무엇인가

허리에 찬 서슬 푸른 칼로 목숨을 끊으리라

정온이 말한 '흉악한 놈들'은 주화파인 최명길·김신국·장유 등을 가리키는 것이었다.

이때 청군은 강화도에서 포로가 된 대군의 수서手書와 재신宰臣 윤방과 한홍일 등의 장계를 보이면서 독촉했다. 강화도가 함락된 것을 확인한 인조는 드디어 출성을 결정하지 않을 수 없었다. 홍서봉·최명길·김신국 세 사람이 청군에 나가 세자를 적진에 보내겠다고 했으나 청나라 장수 용골대龍骨大는 임금이 나와야 한다고 강조했다.

임금이 나가서 항복하지 않으면 사태가 해결되지 않을 것이라는 신하들의 요청을 받아들인 뒤 인조가 다음과 같이 말했다고 《인조실록》 인조 15년(1637) 1월 26일자에 기록되어 있다.

경들이 말하지 않아도 내가 어찌 모르겠는가. 처음 생각에 이런 일은 결코 따를 수 없고 오직 성을 등지고서 한바탕 싸워 사직과 함께 죽으려고 하였다. 그런데 군정軍情이 이미 변했고 사태도 크게 달라졌다. 밤낮으로 기대했던 것은 그래도 강도가 온전하게 되는 것이었다. 그러나 이제는 나의 자부子婦들이 모두 잡혔을 뿐만 아니라 백관의 족속들도 모두 결박당해 북으로 끌려가게 되었다. 내가 혼자 산다고 하더라도 장차 무슨 면목으로 지하에서 다시 보겠는가.

결국 청나라에 항복하기로 한 뒤에 행재소에서 성을 나가 항복하겠다고 알렸다. 청나라에서는 날짜를 정해주겠다고 했고, 곧바로 김상헌이 예조판서 자리를 내놓았고, 장유가 그 자리를 이어받은 뒤 항복식의 절차를 준비했다.

항복 그리고 삼전도의 굴욕

용골대가 남한산성 안에 들어와서 청 측의 조건을 제시한 끝에 결국 조선은 청에 대하여 신하의 예를 행할 것을 비롯한 다음 11개 조항의 항복 문서에 합의했다.

첫째, 조선은 청에 대하여 신의 예를 행할 것.

둘째, 명에서 받은 고명책인誥命册印을 바치고 명과의 교호交好를 끊으며 조선이 사용하는 명의 연호를 버릴 것.

셋째, 조선 왕의 장자와 차자 그리고 대신의 아들을 볼모로 청에 보낼 것.

넷째, 청이 명을 정벌할 때 조선은 기일을 어기지 말고 원군을 파견할 것.

다섯째, 단도段島를 공취할 때, 조선은 배 50척을 보낼 것.

여섯째, 성절聖節·상삭上朔·동지冬至·중궁천추·태자천추·경慶·조弔 사신의 파견은 명의 구례舊例를 따를 것.

일곱째, 압록강을 건너간 뒤에 피로인 중에서 도망자는 전송할 것.

여덟째, 내외제신과 혼인을 맺어 화호和好를 굳건히 할 것.

아홉째, 조선은 신구新舊 성원城垣을 보수하거나 쌓지 말 것.

열째, 올량합인兀良合人(여진족)은 마땅히 돌려보낼 것.

열한째, 조선은 기묘년(1639)부터 세폐를 보낼 것.

이상의 조항은 조선으로서는 힘겨운 부담이며 고통이었고 치욕이었다. 그러나 치욕이 어디 그것뿐이랴. 해마다 공물로 황금 100냥, 은 1000냥,

무소뿔 장식의 활짱 200부, 표범가죽 100장, 사슴가죽 100장, 차 1000포대, 수달피 400장, 흰 모시 200필, 명주 2000필, 쌀 1만 포대 등 명나라에 보내던 몇 배의 공물을 보내는 조건이었다. "임진강 북녘은 되놈의 씨가 배에 가득 찼고 굶주린 백성이 서로 잡아먹었던" 그 치욕을 임금이나 고관대작들은 알량한 사대주의 명분 때문에 알고도 모른 체했던 것이다.

세자와 함께 남한산성에 들어온 지 45일 만에 결국 인조는 세자와 함께 호곡號哭 소리가 가득한 산성을 뒤로 하고 삼전도에 내려가 항복하고 만다. 그때가 인조 15년(1637) 1월 30일 아침이었다.

용골대를 비롯한 청나라 장수들이 성 밖에서 임금이 내려오기를 재촉했고, 임금은 곤룡포 대신 남색 옷을 입고, 백마를 타고 서문을 거쳐서 내려왔다.

"천은이 망극하오이다" 하며 아홉 번이나 맨땅에 머리를 찧은 인조의 이마에는 피가 흘러내렸다고 전한다. 결국 청 태종은 소현세자와 빈궁, 그리고 봉림대군과 함께 척화론의 주모자 오달제吳達濟·윤집尹集·홍익한洪翼漢을 볼모로 삼아 심양으로 돌아갔다.

조선 후기 실학자 이긍익李肯翊이 집필한 역사서 《연려실기술》에는 당시의 상황이 다음과 같이 적나라하게 기술되어 있다.

청나라 사람들이 이른 아침부터 종일토록 행군하여 큰길에 세 행렬을 짓고, 우리나라 사람 수백 명이 앞서가고, 한두 오랑캐가 뒤따라갔다. 후일에 심양에서 속 바치고 돌아온 사람이 60만이나 되는데, 몽고 군사에게 붙잡힌 자는 이 숫자에 들지 않는다. 임금이 차마 이것을 볼 수가 없어 환궁할 때에 큰길을 경유하지 않고, 서산西山과 송천松川을 거쳐 산을 따라 신문新門 필시筆市에 들어가니, 산 위에 노파가 있다가, 손바닥을 치면서 말했다.

"여러 해 동안 강화도를 수축修築하여 놓았는데, 검찰사檢察使 이하가 날마다 술잔 드는 것으로 일을 삼더니, 마침내 백성들을 모두 죽게 만들었으니 이것이 누구의 허물이랴. 나의 네 아들과 남편은 모두 적의 칼날에 죽고 다만 이 한 몸만 남았으니, 하늘이여! 하늘이여!"

그 말을 들은 사람 중에 슬퍼하지 않는 자가 없었다.

병자호란의 후유증은 여러 형태로 나타났다. 수많은 고아들이 생겨났고 청군이 철수하면서 끌고 간 50만에 달하는 조선 여자들의 문제 또한 심각했다. 그들이 여자들을 끌고 간 목적은 돈을 받고 조선에 되돌려주는 것이었다. 하지만 가장 싼 경우가 1인당 25냥 내지 30냥이었고 대개는 150냥 내지 250냥이었으며 비싼 경우는 1500냥에 이르기 때문에 대부분 끌려간 사람들이 빈민 출신이라 속가贖價를 내고 찾아올 만한 입장이 못 되었다. 그렇게 속가가 비싸진 연유에 대해《연려실기술》은 다음과 같이 전한다.

김류金瑬가 그 첩의 딸이 청에게 사로잡혀 있는 것을 용골대와 마 및 역관 정에게 심히 구차스럽게 청탁하니, 임금에게까지 알려져서 임금이 또한 용호龍胡에게 말하였으나, 용호가 잠자코 대답을 안 하고 나오자, 김류가 또 말하기를, "만일 속 바치고 돌아오게 하여 주면 마땅히 천금을 주겠소" 하였다.

이긍익은 포로로 잡힌 사람의 값이 오르게 된 것은 김류의 이 말 한 마디 때문이라고 본 것이다. 이렇게 비싼 값을 치르고 아내와 딸을 되찾아 오는 경우도 많았지만 순결을 지키지 못하고 돌아온 '환향녀還鄕女'(그 뒤부터 남의 남자와 잠을 잔 여자를 화냥년이라고 함)들은 조상에게 죄를 지은 것이라 하여 이혼이 정치, 사회 문제로 대두되기도 했다.

전쟁 기간은 두 달 남짓 짧은 편이었으나 그 피해는 미증유의 국난이라고 일컬어지는 임진왜란에 버금가는 것이었고 조선왕조로서는 일찍이 당해보지 못한 일대 굴욕이었다. 이로써 조선은 명과의 관계를 완전히 끊고 청나라와 군신관계를 맺게 되었는데, 이와 같은 관계는 청나라와 일본이 조선의 지배권을 놓고 다툰 청일전쟁에서 청나라가 패할 때까지 계속되었다.

소현세자와 봉림대군은 10년에 걸친 볼모 생활을 하다가 인조 23년(1645)에야 돌아올 수 있었다. 그러나 소현세자는 2개월 만에 비운의 의문사를 당하고, 인조의 뒤를 이은 봉림대군, 즉 효종은 왕위에 오른 뒤 볼모 생활의 굴욕을 되새기며 재야의 인사를 발탁하고 송시열宋時烈, 이완李浣 등과 함께 군비를 확장하는 등 북벌의 원대한 계획을 세웠으나 재위 10년 만에 세상을 떠나 실천에 옮기지 못했다.

병자호란 때 청에 패배해 굴욕적인 강화협정을 맺고, 청 태종의 요구에 따라 그의 공덕을 적은 비석인 삼전도비(사적 제101호)가 세워졌다. 인조 17년(1639)에 세워진 이 비석의 제목은 '대청황제공덕비大淸皇帝功德碑'로 되어 있다. 인조가 삼전도에 나아가 항복하는 수욕受辱으로 백성들이 도륙을 면했던 사실을 비석에 새겨 세우게 된 것이다. 우리 민족 치욕의 기록인 삼전도비 비신碑身의 높이는 395센티미터, 너비는 140센티미터이다. 이수와 귀부를 갖춘 큰 비석으로 앞면 왼쪽에는 몽골 글자, 오른쪽에는 만주 글자로 새기고, 뒷면에는 한자로 자경 7푼의 해서로 새기고, 비액碑額은 전서로 새겼다. 이 치욕적인 비문은 도승지 이경석李景奭이 지었다.

그러나 이 비의 역사 또한 순탄하지 않았다. 청일전쟁에서 청이 패배하자 한강물 속에 빠뜨려 버려졌던 것을 1913년에 고적이라는 명목하에 건져 올려 다시 세웠다가 해방 후에는 민족의 치욕이라 하여 쓰러뜨려 땅에 묻어버렸다. 그 뒤 장마로 한강이 침식되면서 몸돌이 드러나자 1963년에 문교부에서 파내어 이곳에 옮겨 세운 뒤 사적으로 지정했다.

효종의 원통함을 잊지 말자는 뜻의 무망루

굴욕적인 역사의 현장인 수어장대는 건립 당시는 단층 누각으로 '서장대'라 했으나, 영조 27년(1751)에 2층 누각으로 증축하면서 외편은 수어장대, 내편은 무망루라고 명명했다. 무망루의 '무망無忘'은 '잊을 수 없다'는 뜻으로 볼모로 잡혀갔다가 8년 만에 돌아온 효종임금의 원통함을 잊지 말자는 뜻으로 영조가 붙인 이름이라고 한다. 영조와 정조는 여주 영릉의 효종의 묘를 참배하고 돌아올 때면 언제나 이곳에 들러 하룻밤을 지내면서 잊을 수 없는 그날의 역사를 되새겼다고 한다.

수어장대 바로 아랫부분에 있는 청량대淸凉臺는 남한산성을 축성할 때 남쪽 부분 공사를 맡았던 이회李晦라는 사람에 얽힌 일화가 전해지는 곳이다. 어느 날 공사비를 횡령했다는 모략을 받은 이회는 사형대에 올랐다. 변명 한 마디 못하고 죽음을 맞이하게 된 이회는 "무릇 일이란 사필귀정이니 내가 죽는 순간 매 한 마리가 날아오리라. 만일 매가 오지 않으면 내게 죄가 있는 것이 분명하지만 매가 오거든 나에게 죄가 없음을 알라"하는 유언을 남기고 형을 받았다.

그런데 이회가 죽기 직전 매 한 마리가 날아와 사형대 앞 바위에 앉아 이회의 마지막을 슬픈 눈으로 바라보았다. 결국 이회는 죽고 난 뒤 누명을 벗게 되었다. 그 후로부터 사람들은 그가 죽을 때 매가 앉았던 바위를 매 바위라고 부르고 그의 죽음을 위로하기 위해 청량대를 세웠다.

"남한산성 올라가 이화문전 바라보니 수진이 날진이 해동청 보라매 떴다 보아라 저 종달새"로 시작되는 전라도 민요 속의 수진이 날진이는 남한산성에 보이지 않고 갈까마귀들만이 까악까악 우짖고 있을 뿐이다.

에드워드 카E. H. Carr는 "역사에는 가정이 없다"고 했지만, 만약 소현세자가 청나라에 볼모로 끌려갔을 당시 받아들였던 서구사상과 서양문물을 임금이 되어 펼쳤더라면 조선의 개화가 200여 년은 앞당겨졌을지도 모른다. 또한 서인과 인조가 명에 대한 사대주의에 빠지지 않고 광해군이 추구했던 실리주의 노선을 제대로 이어갔다면 두 번에 걸친 전란뿐만이 아니라 오랫동안 중국과 맺어왔던 군신관계를 청산하고 형제관계를 유지하면서 국가적 힘을 비축할 수 있는 계기가 되었을지도 모른다. 이중환은 강화도 싸움의 패배 이후를 다음과 같이 적고 있다.

수어장대

남한산성을 축조할 때 지은 4개의 장대 가운데 유일하게 남아 있는 수어장대는
수어청의 장수들이 군사를 지휘하던 곳이다.

성이 함락되자 대신 김상용이 죽고 사대부 집안의 부녀도 순절한 사람이 많았다. 또한 바다에 달려가 얼굴을 수건으로 가린 뒤 물에 빠져 죽어 머리 수건이 어지러운 구름처럼 물 위에 떠올랐지만 어느 집 여자인지 알 수 없었다. 그렇게 되자 난리가 평정된 뒤에, 되놈에게 붙잡혀 간 사람을 거짓으로 물에 빠져 죽었다 하여 정문旌門을 세운 사람도 더러 있었다.

당시 세워진 열녀비나 효자비 중 십중팔구는 이와 같은 사연을 지니고 있었을지도 모른다.

철거민이 세운 성남, '하늘에는 천당 땅에는 분당'

1973년 남한산성의 성곽 아래 서울의 위성도시로 성남시가 세워졌다. 성남시가 태동한 것은 1967년이었고, 그 중심에는 '불도저' 서울시장으로 이름을 날린 김현옥 씨가 있었다. 당시 서울시는 무허가 판잣집 18만 채의 처리 문제로 골머리를 앓았는데, 그중 5만 채를 옮길 계획을 세우고 있었다. 그때 남한산성의 남쪽에 있던 당시의 광주군 중부면이 낙점되었다. 시로 승격된 1973년까지 '광주 대단지' 또는 '성남단지'라는 이름으로 불리던 성남은 개발 필요성 때문에 건설된 도시가 아니라 철거민을 이주시키기 위한 도시였다.

그러나 서울에서 이주해 온 무허가 판잣집 철거민들이 이곳에서 자신들의 집을 가진 것도 아니었다. 그들은 지금은 신흥동이라는 이름으로 변한 탄리와 단대리 허허벌판에 장기분할 지급하는 조건으로 땅 30평씩을 받은 정도였기 때문에 이주 후에도 여전히 피폐한 삶을 이어갔다.

1970년에 신흥2동에 공업단지가 들어섰고, 그 뒤를 이어서 여러 공장이 들어서면서 나라 곳곳에서 자기가 살던 고향을 등지고 이곳 성남으로 몰려들었다. 그 과정에서 지금의 은행동 일대에 '달나라마을'이 만들어지기도 했는데, 이는 '불하하는 땅값을 내려달라', '세금을 면제해달라', '일자리 없는 사람을 구제해달라'는 시민들의 '달라'라는 요구사항이 이어진 데서 붙은 이름이라는 설이 있을 정도다. 또한 새로운 도시가 태동하면서 온갖 별난 일들이 많았기 때문에 '별난 사람들이 많이 산다'고 해서 단대동 언덕배기에는 '별나라마을'이라는 이름이 붙었다는 설이 있다.

용인에서 비롯된 탄천이 도시의 중앙을 흐르고, 그 자리에 터 잡고 살았던 가난한 사람들이 수많은 우여곡절을 겪으면서 일구어낸 가난한 도시에 분당 신도시가 들어서면서 오늘의 모습으로 탈바꿈했다.

2004년에 부산에서 서울까지 이어진 조선시대 옛길인 영남대로를 걸을 때 서울요금소에서 교통방송국 아나운서를 취재한 적이 있었다.

옛날에 다리 하나 있을 때부터 이곳 방송국에 다녔어요. 23번 국도가 만들어지고 한 1년쯤 되었는가, 다시 여러 개의 길들이 만들어졌어요. 예전에 분당 살다가 아파트를 더 늘려 간다고 수지로 갔는데, 그때 49평짜리를 1억 1000만 원에 샀고 분당의 34평 아파트는 2억 5000만 원에 팔았는데, 지금은 6억 원이 넘어요(2004년 10월 현재). 이제는 좀 잠잠해서 급매물이 4억 원까지도 나와요. 수지 아파트는 인기가 없어서 말 그대로 부동산이 되고 말았지요.

사람들이 말하기를, "천당 밑에 분당"이라고도 하고 "조물주 위에 건물주"라고도 해요. 수지는 오르지도 팔리지도 않는 사이에 분당에선 땅값이 천정부지로 오르네요.

분당뿐 아니라 성남시 판교동과 백현동, 상평동 일대에도 개발과 분양으로 인해 많은 부작용이 파생되었다.

한편 분당구 판교동이라는 지명의 유래가 재미있다. 이 지역에 청계산에서 발원하여 탄천에 합류하는 운중천이 범람하여 길이 막힌 적이 있는데 이때 마을 주민들이 널빤지를 깔아 임시 다리로 이용했고, 이를 '널다리'로 부르던 것에서 널다리라는 지명을 사용하게 되었다고 한다. 널다리를 한자화하면서 판교板橋라고 부르게 되었다. 그린벨트에 준하는 남단 녹지로 지정되어 개발이 제한되었던 판교에 이제는 주거단지와 벤처산업단지가 들어섰다.

1980년에 인구 37만 명이던 성남시의 2018년 1월 현재 인구는 97만 명에 이르러 100만 시대를 앞두고 있다. 서울에 인접한 큰 도시인 성남시가 앞으로 어떤 모습으로 바뀌어나갈지 궁금하다.

한국 천주교 발상지 천진암 성지

광주시 퇴촌면 우산리 앵자봉 산기슭에는 조선 천주교의 산증인들의 발자취가 남아 있다. 한국 천주교 발상지인 천진암 성지 내 강학로에 접

판교의 옛 모습

판교는 지금은 주거단지와 벤처산업단지가 들어선 신도시이지만
이전에는 그린벨트에 준하는 남단녹지로 지정되어 개발이 제한되어 있었다.

어들면 한국천주교회 창립 200주년 기념비가 세워져 있다. 기념비 뒷면에는 다산이 지은 권철신과 정약전의 묘지명을 발췌·인용한 한국 천주교의 창립에 대한 설명이 한자 205자로 음각되어 있다.

여기서 산길 소로를 20분쯤 오르면 옛 천진암터가 있다. 천진암터에는 현재 이벽·이승훈·권철신·권일신·정약종 등 '한국천주교회 창립선조' 5인의 묘가 있다. 천진암터 아래로는 정조 13년(1789) 강학회 멤버들이 아침마다 세수를 했다는 '빙천氷泉'이 있다. 바로 다산의 기록 그대로의 모습이다. 그 기록이 없었다면 한국 천주교를 제대로 설명할 수 없었을 것이다.

이곳 앵자봉 산기슭에 주춧돌의 흔적만 남은 천진암터에서 이 나라 천주교의 선구자였던 이벽이 권철신·일신 형제, 정약전·약용 형제 그리고 이승훈, 김원성과 같은 젊은 실학자들이 천주교의 교리를 가르쳤다. 한국천주교회는 조선교구 설정 150주년이 되던 1979년 '천진암 성지화'를 내걸고, 천진암 대성당 건립 100년 계획을 수립하여 한국의 베들레헴으로 일컬어지는 이곳을 성역화하는 작업을 추진하고 있다.

1979년 이벽의 무덤을 포천의 공동묘지에서 찾아내어 이곳 천진암으로 옮겼고, 1981년에는 화성에서 정약종의 묘와 인천 만수동에 있던 이승훈의 묘를 이장했으며, 1984년에 한국천주교회 창립선조 5위 묘역을 조성했다.

천진암터 · 한국천주교회 창립 200주년 기념비

한국 천주교의 발상지로 불리는 천진암터와
1984년에 세워진 한국천주교회 창립 200주년 기념비.

한강변에 자리잡은 하남시

남한산성 아래, 한강변에 자리잡은 도시가 경기도의 하남시다. 원래는 광주시에 속했던 땅이었지만 수도권의 개발과 성장, 중부고속도로의 개통으로 1989년에 시로 승격되면서 분리되었다.

하남시 춘궁동 이성산에 있는 이성산성의 남쪽 일대는 백제의 도읍지였던 '하남위례성'의 위치로 추정되기도 한다.

서울과 인접한 하남의 북쪽을 흐르는 한강의 마지막 여울을 볼 수 있는 곳이 팔당대교 바로 아래다. 이 지역을 벗어나면 한강은 흐름도 없이 서울을 지나고 임진강을 받아들인 뒤 서해로 접어든다. 아름다운 한강이 흐르면서 청량산과 벌봉, 검단산과 두리봉·밸미산, 또한 객산과 금암산·이성산 등 크고 작은 산들이 솟아 있다.

하남시 미사동 한강변에는 우리나라 최대 규모의 선사시대 복합 유적지인 하남 미사리 유적(사적 제269호)이 있다. 미사리 유적은 1960년 김원용金元龍 박사에 의해 신석기시대의 유적으로 학계에 보고되었다. 그 뒤 수차례에 걸쳐 지표조사가 실시되었으며, 1980년에는 사적지 일대에 대한 긴급 발굴 조사가 실시되어 신석기시대의 유적으로만 알려져오던 미사리 유적이 신석기시와 청동기시대, 초기 철기시대에 걸쳐 형성된 것으로 밝혀지게 되었다.

선사유적이 있는 미사리는 한강 중상류의 남북 4킬로미터, 동서 1.5킬로미터의 타원형 섬이었는데, 섬의 서쪽 지류에 올림픽 조정경기장을 만들면서 섬의 동쪽 본류 수량이 늘어났다. 그런 연유로 섬의 동쪽 일부를

하남 미사리 유적

하남 미사리 유적은 신석기시대의 유적으로만 알려져왔으나
1980년 사적지 일대에 대한 긴급 발굴 조사가 실시되어 신석기시대에서 청동기시대,
초기 철기시대에 걸쳐 형성된 것으로 밝혀졌다.

잘라 강폭을 넓히는 한강종합개발사업이 진행되자 이곳 일대가 하천으로 편입되어 유적이 멸실될 위기에 처하자 '미사리선사유적발굴조사단'이 구성되어 유적에 대한 구제 발굴을 실시하게 되었다.

조사는 1987년부터 1992년까지 모두 세 차례 이루어졌는데, 이 조사를 통하여 신석기시대에서부터 초기 백제에 이르는 시기의 취락지와 유물이 확인되었으며, 1992년 국내에서는 처음으로 백제시대의 밭이 대규모로 발굴되었고, 이러한 조사 성과에 힘입어 멸실 위기에 처해 있던 유적의 대부분이 보존되게 되었다.

이 유적지는 지표로부터 7개의 자연층위로 이루어졌는데 삼국시대 전기층, 청동기시대층, 신석기시대층으로 구분된다. 청동기시대층에서는 여러 점의 무문토기와 돌도끼, 돌끌, 돌그물추, 그리고 당시의 집터가 확인되었다. 신석기시대층은 주거지와 빗살무늬토기, 그물추, 화살촉, 돌도끼를 비롯한 생활도구와 불에 탄 도토리가 채집되었다.

미사리 유적은 각 시대의 생활도구 및 집터가 발견되어, 중부 지역 선사문화 연구뿐만 아니라 전반적인 한국 선사문화 연구에도 중요하다.

한편 동북으로 남한산성과 이성산성이 보이는 하남시 춘궁동에는 후삼국시대에서 고려시대에 지어진 것으로 추정되는 거대한 절터인 하남 동사지 桐寺址(사적 제352호)가 있다. 절터 발굴 당시 '동사桐寺'라는 글씨를 새긴 기와가 출토되어 이 절의 이름을 알 수 있었다. 이에 대해 발굴 조사보고서에 다음과 같이 기록되어 있다.

광주 춘궁리 사지寺址는 사명寺名이 알려져 있지 않았으나 1983년 명문기와의 공개 이후 '고아주동사'로 추정하게 되었다. 이번 발굴 때 여러 점의 동사명棟寺名 기와 출토로 이것은 분명한 사실로 확인되었으며, 이 절의 이름을 고아주동사 혹은 동사로 확정할 수 있게 되었다. 그러나 '동사同寺'라는 명문도 발견되었는데, 이것은 광주 동사보다 이른 시기의 기와로 추정되므로 원래 동사同寺인지 동사棟寺인지는 불명확하지만 어쨌든 '동사'인 것은 확실하다.

그 당시 발굴조사보고서에 실린 글이다. 이 절에 높이 7.5미터의 고려시대 중기에 만들어진 동사지 오층석탑(보물 제12호)과 삼층석탑(보물 제13호)이 남아 그 옛날의 번성했던 시절을 증언해주고 있다.

2

역사 속 수난의 땅

강화도·교동도

강과 바다가 지켜주는 천연의 요새

광주의 서쪽, 안산의 동쪽에 있는 수리산은 안산에서 보면 산세가 독수리처럼 보인다고 한다. 여기에서 서북쪽으로 뻗은 정맥이 한남정맥이다. 인천·부평·김포를 지난 다음에는 움푹 꺼진 돌줄기가 되어 강을 건너고 다시 솟아나서 마니산이 되었는데, 여기가 인천 강화군, 즉 강화도다.

강화는 요충지가 되는 탄환처럼 생긴 섬이다. 마니산은 나라 안의 이름난 산이다. 바다로 통하는 입구에 떡 버티고 섰으며, 물빛을 교묘하게 가리고 있다. 초피산과 전등산의 봉우리는 매우 뾰족하고 기이하다. 두 산은 가깝고도 먼 듯, 껴안고 절하는 듯한 모습을 하고 있다. 고려산과 송악산은 북쪽에 자리잡고, 남쪽을 향하여 얼굴을 내민 듯한 모습을 하고 있다. 용이 서린 듯, 호랑이가 웅크리고 있는 듯한 수려한 기상을 간직하고 있다.

마니산, 초피산, 전등산, 고려산, 송악산 사이에는 기나긴 세월 동안 응축되어 흩어지지 않는 상서로운 기운이 틀림없이 서려 있다.

《여지도서》에 실린 강화에 대한 글이다.

경기는 사방의 근본이요, 강화부는 경기에 가장 가까운 곳이다.

고려 말 조선 초 문장가인 정이오鄭以吾가 기문에 쓴 대로 강화도는 동북쪽은 강으로 둘러싸이고 서남쪽은 바다로 둘러싸인 큰 섬이며, 한양을 지키는 나성羅星 역할을 하고 있다.

한강은 통진(김포의 옛 이름)의 서남쪽에서 굽어져 갑곶나루가 되고, 또 남쪽으로 마니산 뒤로 움푹 꺼진 곳으로 흐른다. 돌맥이 물속에 가로 뻗쳐 문턱 같고 복판이 조금 오목하게 되었는데 여기가 손돌목〔孫石項〕이고 그 남쪽은 서해이다. 삼남지방에서 거둔 조세를 실은 배가 손돌목 밖에 와서 만조를 기다려 목을 지나는데, 조금이라도 잘못하면 돌무더기에 걸려서 배가 난파된다. 정서쪽으로 흐르는 한강은 양화나루의 북쪽 언덕을 돌아 뒤쪽의 서강과 합쳐지고, 또 문수산 북편 조강나루를 돌아 바다로 들어간다.

《택리지》에는 "강화부는 남북 길이가 100여 리이고 동서 길이는 50리다"라고 기록되어 있는데, 현재의 강화도는 남북의 길이가 약 27킬로미터, 동서의 길이는 약 16킬로미터이고, 면적은 302.4제곱킬로미터이다. 북쪽으로 송해면 당산리의 승천포와 강을 사이에 두고 마주했으며 강 언덕은 모두 석벽이다. 석벽 밑은 곧바로 진흙 수렁이어서 배를 댈 곳이 없었다. 오직 승천포 맞은편에만 배를 댈 만했다. 그러나 만조 때가 아니면 배를 댈 수가 없어 위험한 나루라고 일컬었다.

갑곶나루

갑곶이란 지명은 고려 고종 때 원나라가 침입하자 왕이 강화도로 천도할 때
군사들이 갑옷을 벗어 쌓아놓고 이곳으로 건넜다는 데서 유래되었다.

한편 김정호가 지은 지리서 《대동지지 大東地志》에 의하면 강화부에는 5개의 큰 나루가 있었다. 갑곶나루와 인화석나루, 광성나루와 정포, 승천포가 그 나루인데, 승천포는 개성으로 통하는 나루였고, 인화석나루는 교동도로 건너가는 나루였다. 내가면 외포리 정포마을의 서북쪽 모퉁이에 있던 정포는 석모도로 건너가는 나루였다. 석모도 북쪽에 송가도라는 섬이 있었는데 송가도는 조선 숙종 때 간척사업으로 인해 석모도의 일부가 되었다.

강화부의 좌우에는 성곽을 쌓지 않고 좌우편 산기슭의 강가에 마치 성 위에 쌓은 작은 담처럼 돈대墩臺(조금 높직하게 만든 평지)만 쌓았다. 그 안에 병기를 보관하고 군사를 주둔시켜 외적에 대비하게 했다.

갑곶나루 근처에 이섭정 利涉亭이라는 누정이 서 있었다. 그 누정에 관한 글이 고려 말 조선 초 문신인 이첨李詹이 지은 기문에 실려 있다.

한강과 임진강이 합하여 조강祖江이 되고, 서쪽으로 구부러져 바다로 들어가는데, 또 따로 흘러 갑곶이 되었다. 전고조왕前朝高王이 여기 와서 피란하는데, 원나라 군사들이 쫓아와 말하기를, "우리 갑옷만 쌓아놓아도 건너갈 수 있다" 하였기 때문에 갑곶이라 한다. 강화부는 거진巨鎭으로 해문海門에 있어서 육지와 인접하지 않았다. 부의 북저北渚는 물길이라 통했으나, 다만 폭이 너무 넓어서, 어쩌다 풍랑에 막히면 바로 건널 수 없고, 배로 조강을 건너 육지로 30리를 가면 갑곶이 나오는데, 건널목이 좁아서 건너기 쉽기 때문에, 부사나 감사가 순찰할 때나 조정의 명령을 전달하는 신하도 모두 이 길을 거쳐 부로 가고, 기타 나그네들의 왕래도 이 길에 늘어섰으므로 여기에 정자를 지어 보내고 맞는 장소로 만드는 것은 당연한 일이다.

강화는 강과 바다가 만나는 곳에 위치해 승천포와 갑곶나루 양쪽만 지키면 되는 천혜의 요새였다. 그런 연유로 고려 고종 19년(1232)부터 개경으로 환도한 원종 11년(1270)까지 원나라(몽골)에 대항하기 위해 39년간 이곳으로 도읍을 옮겨 고려왕조의 명맥을 유지할 수 있었다. 조선시대에 들어와서는 삼남지방의 조세를 실은 배가 모두 손돌목을 거쳐 서울로 올라오는 까닭에 바닷길의 요충이라 하여 유수관을 두어 지키게 했다. 또 동남쪽 건너편에 있는 영종도에도 방영防營을 설치하고 첨사를 파견했다.

고려의 임시 도읍지 강화

강화읍 관청리에는 고려 고종 19년(1232) 원나라의 침입으로 이곳으로 옮겨온 고려 왕실이 39년간 머물렀던 고려궁지가 있다. 바다를 건너 도망쳐온 고려 왕실과 지배계급들은 백성들의 고통과 절망은 아랑곳없이 이곳에서 연등회와 팔관회 같은 행사를 꼬박꼬박 치렀다고 한다. 그 호화로움이 개경에서 벌이던 것에 못지않았다는데, 그중에 한 예를 육당六堂 최남선崔南善은《고사통故事通》에서 이렇게 기록했다.

고종 32년에 그때의 집권자 최우崔瑀가 고종에게 진상한 음식상은 여섯 개였고 상마다 귀한 음식이 담긴 그릇 일곱 개씩이 놓여 있었다. 최우는 음식의 풍성함과 사치스러움을 다하고는 스스로 자랑하기를 "다시 오늘과 같이 할 수 있을까" 하였다 한다.

고려 왕실과 지배계급의 잔치는 항상 음악과 춤을 곁들여 호화로운 것이었는데, 처용무나 가면 잡기 등으로 여흥을 돋우었고 그때마다 담 밖에는 잔치를 구경하려는 강화도 사람들이 몰려들었다고 한다.

원나라의 침입으로 포로로 잡혀간 사람들만도 20만 명이 넘었고 원나라 군사가 지나간 곳은 모두 불에 타서 재가 되었음에도 지배세력이 그렇게 화려한 생활을 할 수 있었던 이유는 전국의 조세가 안전한 해상통로를 거쳐 강화도로 들어왔기 때문이다.

강화도가 고려의 왕도였던 시대에 황룡사의 구층목탑과 대구 구인사의 대장경이 불에 타버렸다. 그러자 강화도에 장경도감을 설치하여 16년에 걸쳐 8만 1137장의 대장경을 다시 만들었는데, 이것이 지금은 경남 합천 해인사에 보관되어 있는 팔만대장경(국보 제32호)이다. 민중들의 절박한 삶과는 달리 호화생활을 하면서도 부처의 힘을 빌려 원나라를 물리치고자 한 집권세력들은 오늘날에도 또 다른 형태로 존속하고 있다.

서럽게 우는 전등사 은행나무

이곳 강화에 이름난 산과 절들이 많이 있는데, 그중 하나가 정족산의 전등사이다.

강화도에서 가장 큰 절인 전등사는 〈중창기문重創記文〉에 의하면 길상면 온수리 삼랑성 내에 있는 사찰로서 고구려 소수림왕 2년(372)에 아도화상이 창건했다는 유서 깊은 절이다. 아도화상이 신라의 일선군(지금의 경북 구미 성산읍)에 불교를 전파하기 전 이 절을 열었다는 것이 사실이라면 전등사는 그것만으로도 대단한 의미를 지닌 절일 것이다. 그 당시절 이름은 진종사眞宗寺였다고 전해오나 고려 중기까지의 절의 역사는전해지지 않는다. 그 후 고려 고종 13년(1226)에 중창되었고 충렬왕의 부인 정화공주가 충렬왕 8년(1282)에 승려였던 인기印奇를 송나라에 보내어 대장경을 찍어 오게 하여 전등사에 보관했으며 옥 등을 헌납하면서 진종사를 불법의 등불을 전한다는 뜻의 전등사傳燈寺로 고쳐 부르게 되었다고 한다.

《고려사》에는 전등사의 당시 사세를 짐작할 수 있는 대목이 등장하는데, "고종 46년(1259), 임금이 삼랑성 안에 가궐을 짓도록 명했다"고 하며 5년 뒤인 원종 5년(1264)에는 "임금이 대불정오성도량大佛頂五星道場을 열어 4개월간 베풀었다"고 한다. '대불정오성도량'은 부처님의 가피加被로 나라의 재난을 물리치게 하는 불교 행사를 일컫는다.

전등사 남문을 지나 조금 오르면 큰 은행나무가 보인다. 이 지역 사람들이 고집나무라고도 부르는 이 은행나무에는 몇백 년 동안 은행이 열리지 않고 있다. 원래부터 이 나무에 은행이 열리지 않은 것은 아니었다. 전에는 가지가 휘어질 정도로 열매가 많이 열리고 열매도 굵고 맛이 특출 나 왕실에 진상되었다고 한다. 그러던 어느 해 부임한 강화유수가 자신의 사리사욕을 채우기 위해 공출량을 두 배로 늘리라고 명했다. 정족산 은행나무는 이때부터 심술을 부려 열렸던 은행을 하루아침에 다 떨군 뒤 썩게 만들었고 두 번 다시 열매를 맺지 않았다고 한다.

또한 이 절에는 '운나무' 또는 '자명목'이라고 부르는 느티나무 한 그루가 있다. 나라에 변고가 있을 때마다 울었다는 이 나무가 서럽게 울었던 때가 병인년인 고종 3년(1866) 10월 18일이었다. 강화남문전투에서 프랑스군에 패배한 양헌수 부대는 삼랑성에 포진하고 있으면서 이 나무의 울음소리를 들으며 프랑스군이 산성을 침공할 것이라는 계시를 받았다. 19일 새벽 갑곶기지에 있던 프랑스군 160여 명은 강화도에 마지막 남은 요새 삼랑성을 공격하기 위해 행군을 시작했다. 그들은 마치 초등학생들이 소풍에 나선 듯 한가롭게 포대마저 갑곶기지에 둔 채 떠났으며 그때의 전황을 종군했던 리넬 주교는 다음과 같이 기록했다.

우리 병사의 행렬은 지리멸렬하였고 느린데다가 너무 자주 쉬었다. 길은 워낙 험하였고 길가의 인가는 텅텅 비어 있었다. 온수리를 지나니 오목한 산성 속에 솟은 절간의 당탑을 멀리 바라볼 수가 있었다. 산성은 자연석을 쌓은 것으로 절간까지 가는 길은 오로지 남문을 통한 외길이라 하여 그 길을 따라 비탈을 오르기 시작했다. 때는 이미 11시 반 병사들은 공격 전에 점심을 먹자고 요구했으나 장교는 이를 거절했다. 그는 그 성안의 절간을 점령한 후 부처님의 궁전에서 개선잔치를 겸해 점심을 먹자고 했다.

그러나 1000여 명이 포진하고 있던 양헌수 부대의 집중 사격에 의해 프랑스군은 32명의 사상자와 50여 명의 경상자를 냈고 제 발로 걸어 돌아간 병사는 70여 명에 불과했다. 19일에 패전한 프랑스군은 20일 오후 닻을 올리고 강화해협을 빠져나갔다. 그때의 전투를 기리기 위해 삼랑성의 정문인 동문의 오른쪽에는 양헌수 장군의 승전비가 세워졌다.

안개 자욱한 길을 조금 오르자 대조루에 이른다. 이곳에 오르면 서해바다의 조수가 한눈에 들어온다고 해서 이름조차 대조루對潮樓인 이곳에는 고려 말의 삼은 중 한 사람이었던 목은 이색의 '누각에 올라'라는 시가 걸려 있다.

나막신 신고서 산에 오르니 흥은 절로 맑고

전등사 노승은 나의 행차 인도하네

창밖의 먼 산은 하늘 끝에 벌렸고

누 밑에 부는 바람 물결치고 일어나네

세월 속의 역사는 오태사倍太史가 까마득한데

구름과 연기는 삼랑성에 아득하구나

정화공주의 원당을 뉘라서 고쳐 세우리

벽기에 쌓인 먼지 내 마음 상하게 하네

절 입구에 세운 대조루는 건립 시기는 알 수 없으나 영조 25년(1749)과 헌종 7년(1841)에 고쳐 세웠다는 기록이 남아 있다. 대조루에는 영조 임금이 직접 전등사를 방문해서 썼다는 '취향당'이라는 편액을 비롯해 추사가 쓴 '다로경권' 등 많은 편액이 보관되어 있다. 이곳은 본래 기도하거나 법회를 열던 공간이었으나 지금은 기념품을 파는 가게로 변해버려 넓게 트여서 사방이 보이는 운치는 사라지고 없다.

대조루를 지나면 전등사 대웅전(보물 제178호)이 나온다. 현재의 건물은 광해군 13년(1621)에 지은 정면 3칸, 측면 3칸의 겹처마 팔작지붕 건물이다. 막돌 허튼층쌓기로 높은 기단을 만들고 그 위에 막돌로 초석을 놓았으며, 기둥은 대체로 굵은 편이며 모서리 기둥은 높이를 약간 높여서 처마 끝이 날아갈 듯 들리도록 했다.

대웅전 네 귀퉁이 기둥 위에는 발가벗고 쭈그리고 앉아 있는 여인의 형상이 처마를 떠받치고 있다. 바라보기가 무척 애처롭기도 하지만 해학이 넘쳐나는 이 나녀상에는 재미있는 설화가 전해온다.

광해군 때 대웅전의 공사를 맡았던 도편수가 절 아랫마을에 사는 주모에게 돈과 집물을 맡겨 두었는데 공사가 끝날 무렵 주모가 돈과 집물을 가지고 행방을 감추었다. 이에 도편수는 울분을 참을 수가 없어 그 여자와 닮은 나체 형상을 만들어 추녀를 들고 있게 했다. 불경을 듣고 개과천선하도록 하고 절에 드나드는 사람들로 하여금 악녀를 경고하는 본보기로 삼게 하려는 것이었다.

전등사 대웅전 법당 안에는 고종 17년(1880)에 조성된 후불탱화가 안치되어 있고, 천장 주변에는 연·모란·당초가 새겨져 있으며, 중앙에는 보상화문이 가득 채워져 있다.

대웅전 서쪽에 자리잡은 전등사 약사전(보물 제179호)은 정면 3칸 측면 2칸의 겹처마 팔작지붕 건물로 건축 시기는 알려져 있지 않다. 또한 대조루 옆에는 전등사 철종(보물 제393호)이 있다. 높이가 1.64미터에 밑지름이 1미터인 이 종은 명문에 의하면 중국 하남성, 회경부 수무현 소재 백암산 숭명사의 종이고 주종 연대는 북송의 철종 소성 4년, 즉 고려 숙종 2년(1091)임을 알 수 있다. 이 철종이 어떤 경로로 조선에 전래되었는지는 알 길이 없다. 다만 일제 말기 금속류의 강제 수탈 시 빼앗겼던 것을 부평의

전등사 대웅전과 나녀상

강화도에서 가장 큰 절인 전등사 대웅전과 대웅전 처마를 떠받치고 있는 나녀상.

군기창에서 신앙심이 깊은 신도가 되찾아와 현재까지 보존되면서 맑고
청아한 소리를 내고 있다고 한다.

조선왕조실록 사고가 있던 정족산

마니산에서부터 이어져온 산등성이가 길상면 온수리에서 세 봉우리를
형성했고 이 산의 생김새가 마치 세 발 달린 가마솥과 같다고 해서 정족
산鼎足山이라는 이름이 붙었다. 이 산에는 축조 연대를 정확히 알 수 없
는 성이 있는데, 단군의 세 아들이 성을 쌓았다는 전설로 인해 삼랑성三
郎城(사적 제130호)이라 부른다. 또한 근거를 알 수 없는 어느 시대에 삼
랑이라는 신하를 시켜 성을 쌓아 삼랑성이 되었다는 설도 있으며, 정족산
에 있으므로 정족산성이라고도 한다.

삼랑성은 둘레 약 2킬로미터에 높이 2.5~5.3미터이며, 성곽은 거친
할석割石으로 축조했으며 성내도 할석으로 채워 안팎을 겹으로 쌓아 충
북 보은의 삼년산성이나 경북 경주의 명활산성과 같이 삼국시대의 석성
구조를 보이고 있다.

《고려사》에 고려 고종 46년(1259)에 임금이 삼랑성 안에 궁궐을 지을
것을 명했다는 기록이 있는 것으로 보아 성이 그 이전에 축조되었다는 것
만은 확실해 보인다. 또한 이곳은 고려 때부터 풍수가들에 의해 천하 명
당의 길지로 주목받았다. 동쪽 대모산은 목木이고 서쪽 마니산은 금金이
며 남쪽 길상산은 화火가 되고 북쪽 고려산은 수水가 되니 정족산이 중

조선왕조실록 실록각

강화 정족산에 있던 조선왕조실록 사고지를 복원한 실록각.
정족산본은 이후 서울대학교 도서관에 소장되어 있다 우리말로 번역되어 나왔다.

113

앙 토土가 된다는 것이다.

　단군에서부터 고려, 조선으로 이어지는 기나긴 역사 속에서 수많은 이야기들이 피어났던 산이 정족산이다. 이곳에 《조선왕조실록》을 보관하던 정족산사고지(인천시기념물 제67호)가 있는데, 사고 건물은 1998년 복원되었다.

　우리나라 국보 1호를 숭례문이 아닌 《조선왕조실록》으로 해야 한다고 강변하는 여러 사람들의 말이 아니더라도 《조선왕조실록》은 조선시대의 정치에서 종교에 이르기까지 방대함만으로도 세계에서 그 유례를 찾아볼 수가 없다. 태종 13년(1413) 《태조실록》을 편찬하면서 시작된 《조선왕조실록》은 일반적으로 태조에서 철종까지의 실록을 의미하고 있다. 처음의 실록은 고려시대의 실록이 보관되고 있던 충주 사고에 봉안했다가 세종 21년(1439) 사헌부의 건의로 4부를 만들어 춘추관, 충주, 전주, 성주에 봉안했다. 그러나 임진왜란 때 3곳의 실록이 모두 병화로 소실되었으나 오직 전주 사고의 실록만이 전주의 선비인 안의安義와 손홍록孫弘祿에 의해 정읍의 내장산 용굴암으로 옮겨졌으며, 이듬해 7월에 조정에 넘겨주었다. 그 실록을 조정에서는 해주로 옮겼고, 강화도와 묘향산으로 옮겨 보관하게 되었다.

　그 후 선조 36년(1603) 7월부터 선조 39년(1606) 3월까지의 전주 사고의 원본을 가지고 실록을 여러 개 더 만들어 병화를 면할 수 있다는 강화도 마니산, 경상도 봉화의 태백산, 평안도 영변의 묘향산, 강원도 평창의 오대산에 사고를 새로 설치하여 각각 1부씩 보관했다. 이 중 묘향산 사고의 실록은 전라도 무주 적상산에 새로 사고를 지어 옮겼다. 마니산에 보관하고 있던 실록은 인조 14년(1636) 병자호란 때 청나라군에 의해 크게 파손 되어 현종 때 이를 보수했으며 숙종 4년(1678)에 강화도 정족산성에 사 고를 지어 실록을 옮겼다. 그 뒤 철종까지의 실록이 정족산·태백산·적 상산·오대산의 4사고에 각각 1부씩 보관되어, 조선의 마지막까지 온전 히 전해 내려왔다.

그러나 1910년 일제가 우리나라의 주권을 강탈한 뒤 정족산, 태백산 사고의 실록은 규장각 도서와 함께 조선총독부로 이관되었고, 적상산 사 고의 실록은 구황궁으로 이관되었으며, 오대산 사고의 실록은 동경제국 대학으로 반출되어 갔다가 관동 대지진 때 불타버렸다. 그 후 정족산본과 태백산본은 서울대학교 도서관에 소장되어 있다가 우리말로 번역되어 나 왔고, 전라도 무주 적상산본은 한국전쟁 당시 북한 측에서 가져가 김일성 종합대학에 소장되어 있는 것으로 알려져 있다.

연꽃이 떨어지는 곳마다 사찰이 지어진 고려산

강화의 역사 속에서 중요한 위치를 점하고 있으며 현재는 철쭉제로 이 름난 고려산은 강화읍과 송해면, 그리고 내가면의 경계에 자리잡고 있는 산으로 높이는 436미터이다. 강화도의 6대 산의 하나로 꼽히는 이 산은 강화도에서 마니산(469미터)·혈구산(466미터)·진강산(441미터) 다음으 로 높다.

숙종 22년(1696)에 편찬된 《강도지江都志》에는 고려산에 "홍릉洪陵

과 국정國淨, 적석積石, 백련白蓮 등 세 절이 있다"고 기록되어 있다. 《신증동국여지승람》에 고려산은 "강화부 서쪽 15리에 있으며 강화부의 진산鎭山이다"라고 되어 있고, 《강화부지江華府志》에도 강화부의 진산으로 실려 있다. 《여지도서》와 일제강점기에 발간된 《조선지지자료》에서도 지명이 확인되는 이 산이 《대동여지도》에는 고려산高呂山으로 한자 표기가 되어 있고 동쪽 산기슭에 강화읍성이 위치하는 것으로 묘사되어 있다.

고려산은 정상부에 큰 연못이 있고 그곳에서 5가지 색깔의 연꽃이 핀다는 유래로부터 '오련산五蓮山'이라는 이름으로도 불리는데 그 유래가 재미있다.

고구려 장수왕 4년(416) 인도에서 온 한 승려가 절터를 물색하다가 강화도 고려산에 이르러 청, 백, 적, 흑, 황색의 다섯 빛깔 연꽃이 만발한 연지蓮池를 발견했다. 그는 연꽃 다섯 송이를 공중으로 날려 연꽃이 떨어지는 곳마다 절을 지었는데, 그 연꽃의 빛깔에 맞춰 절 이름을 청련사, 백련사, 적련사, 지금은 사라지고 없는 흑련사와 황련사라고 했다. 그때의 적련사가 이름이 바뀌어 지금은 적석사가 된 사연이 다음과 같이 전해온다.

적석사積石寺는 고려산 서쪽에 있으며, 관아의 동쪽 20리에 있다. 다른 이름으로 '적련사'라고도 부른다. 절터는 낭떠러지 위로 바다를 내려다보고 있다. 승려들이 많으며 절간의 살림이 넉넉하다. 매우 맑고 찬 우물이 있는데, 큰 가뭄이 들어도 마르지 않는다. 세상에 전하는 말에 따르면, 나라에 재난이 생길라치면 이 우물이 말라서 그 조짐을 나타냈다는데 지금까지 모두 그러했다고 한다. 나라에 경사가 생길라치면 절간에 상서로운 기운이 나타나서 신령한

고려산

철쭉제로 유명한 고려산은 5가지 색깔의 연꽃이 핀다는 유래로부터
'오련산'이라는 이름으로도 부른다.

기운을 먼저 드러냈는데, 예전부터 어긋난 적이 없었다. 그러므로 몽골 군사가 성을 함락시켰을 때에 강화의 모든 절이 불타버렸으나, 이 절만은 홀로 온전했다. 정축년 호란 때에는 목비木碑가 나타나는 일마저 있었다.

석주 권필의 자취가 남은 강화도

강화군 송해면 상도리에 자취를 남긴 사람이 조선의 문장가인 석주石洲 권필權韠이다. 권필은 임진왜란을 겪은 뒤에 이곳 상도리에서 가장 큰 마을인 홍이마을(洪海村)로 거처를 옮겨 살았다. 그는 벼슬에 대한 뜻을 버리고 자연을 벗 삼아 유유자적한 채 술과 시로 낙을 삼아 이곳에 살면서 후진을 양성했다. 그때 강화부 사람이 아버지를 살해하는 범죄가 일어났을 때 권필이 관여했다. 당시 상황이 《선조실록》 선조 32년(1599) 9월 7일자에 기록되어 있다.

강화부 사람 양택이 1599년에 그의 아버지를 살해한 사건이 발생했다. 1599년 11월에야 강화부사 이용순이 초검初檢을 했고, 다음해 2월에 교동현감 이억창이 복검覆檢을 하였으며, 6월에 개검改檢이 이루어졌다. 강화부 사람 16명이 고발하였고, 타살한 흔적이 드러났는데도 양택을 처벌하지 않자 권필이 상소하여 양택은 처형당했다. 그 뒤 권필은 살던 곳을 버리고 간 뒤 다시는 이곳으로 돌아오지 않았다.

강화도 갯벌

강화도는 조수간만의 차가 커서 최적의 갯벌을 형성한다.
철새들의 휴식처이자 세계 5대 갯벌 중의 하나로 손꼽힌다.

아웃사이더로 살았던 권필은 세상과의 불화를 스스로 만들어낸 사람이었다. 그가 세상을 용납하지 않았으므로 세상도 그를 용납하지 않았다. 그가 시화詩禍를 입고 비명에 가게 된 이야기가 《공사견문록公私見聞錄》에 실려 있다.

권필이 일찍이 친척 집에 가 술을 마시고 취해서 누워 있었다. 그때 유희분柳希奮이 마침 그 집을 찾아왔다. 주인이 권필을 걷어차면서 말하기를, "문창文昌대감이 왔소."

그 말을 들은 권필이 눈을 부릅뜨고 한참을 바라보다 다음과 같이 말했다.

"네가 유희분이냐. 네가 부귀를 누리면서 국사를 이 지경에 이르게 하였느냐. 나라가 망하면 네 집도 망할 것이니, 도끼가 네 목에는 이르지 않겠느냐?"

유희분은 기가 막혀서 말을 잇지 못하고 있다가 가버렸다.

사람들이 말하기를, 석주의 화는 순전히 시詩 때문이 아니라고 말했다. 권필이 당시의 국사에 분개하여서 시를 지어 비웃거나 풍자했으며, 또 권력 있는 외척을 만나면 욕하며 억센 권력을 두려워하지 않음이 이와 같았다. 그 기개와 절조로 대궐에 나아가 상소를 올려 항거하고 궁궐 섬돌에 머리를 부딪쳐 부술 만한데, 그저 집안에서 사소한 일로 화를 당하여 적절하게 죽지 못하였으니 애석하도다.

그가 벌을 받게 되자 이항복李恒福과 이덕형李德馨이 임금 앞에 나아가 울면서 죄를 사해달라고 요청했다. 하지만 눈물로 호소한 보람도 없이 권필은 북변으로 귀양길에 올랐다. 동대문 밖에서 권필이 첫날밤을 보냈다. 그때 그가 유숙하던 집 주인이 권필을 알아보고 술을 대접하여 많이 취해서 잠이 들었다. 이튿날 아침에 문을 열어 보니 권필은 이미 이 세상 사람이 아니었다. 장독杖毒에다가 술을 너무 마신 것이 원인이었다.

주인은 방문짝을 떼어서 관을 만들었는데, 그 문짝에는 권필이 죽기 직전에 쓴 것으로 보이는 "삼월은 거의 다 갔고 사월이 오는데, 복사꽃 어지러이 떨어져 붉은 비 같으니"라는 시구가 적혀 있었다. 그리고 그 아래에 "이것이 시참詩讖이다. 내가 죽으리로다"와 같은 글이 써 있었다고 한다.

권필이 비명에 가자 이항복은 "우리들이 정승 자리에 있으면서 한 사람의 권필을 능히 살피지 못했으니, 선비 죽인 책망을 어찌 면할 것인가?"라며 두고두고 한스러워했다.

권필은 이 나라 곳곳을 평생 동안 돌아다니다가 생을 마감했다. 권필의 '도중途中'이라는 시를 보면 그의 쓸쓸했던 생애가 눈에 생생히 보이는 듯하다.

저물어 외로운 객점에 드니
산 깊어 사립도 닫지 않는다
닭 울어 앞길을 묻노라니
누런 잎 날 향해 날아오누나

강화에 있을 때 고려산 자락에 백련사를 찾았던 석주 권필은 이 절에서 몇 편의 시를 남겼는데, 《여지도서》에 의하면 절의 누각에 현판 글씨로도 남아 있었다고 한다.

　이렇듯 강화도에는 수많은 역사와 이야기가 남아 있다. 일제강점기를
살았던 역사학자 호암湖岩 문일평文一平이 《조선사화朝鮮史話》에서
강화를 "역사의 고장, 시의 고장, 재물의 고장"이라고 말했던 것과 같이
강화는 역사 속에서 수난의 땅이었다.

　삼별초의 난으로 강화도가 뻘겋게 피로 물들었고, 그 뒤 병자호란 이후
조선 말기에 병인양요와 신미양요가 일어난다. 1866년 9월 프랑스의 선
박 세 채가 수비가 허술한 틈을 타 영종도를 지나 한강을 거슬러 올라가
서강의 언저리 양화나루까지 올라갔고, 뒤를 이어 미국과 여러 나라들이
'조선의 문호를 연다' 또는 '마실 물을 구한다'는 핑계로 몰려와 수호조
약을 체결했으며 결국 그 조약들은 조선이 일본에 국권을 빼앗기는 계기
가 되었다. 이렇듯 우리나라의 역사 속에서 항상 중심축을 형성했던 지역
이 강화도였다.

강화도를 지키기 위해 쌓은 문수산성

　강화도는 인조반정 이후에 일어난 국난인 정묘호란과 병자호란의 상
처로 얼룩진 곳이다. 정묘호란 때는 임금과 세자를 비롯한 조정의 중심
인물들이 강화도로 피신하여 상황을 모면했다. 하지만 병자호란 때는 청
나라의 군사들이 임금이 이곳으로 오기도 전에 길을 가로막아 검찰사 김
경징과 세자빈, 봉림대군, 유도대장 김상용을 비롯한 몇 사람의 신료들만
이 이곳으로 올 수 있었다.

임금이 들어가 있는 남한산성의 상황도 급박했지만 강화도는 절체절명의 상황에 맞닥뜨려 있었다. 강화 수비의 최고 사령관인 방수대장 김경징은 영의정이었던 김류의 아들로 아버지의 권세를 믿고 방비를 허술히 하면서 날마다 장기를 두거나 주연으로 세월을 보냈다.

부하들이 그 잘못을 말하면 오히려 목을 베어 죽이는 등의 호기를 부리고 "나는 비와 바람을 부르는 재주가 있으니 걱정 없다" 또는 "되놈 군사가 날아서 건널 것인가"라고 장담하기도 했다. 그때 청나라 장수 용골대가 김포군 문수산에 올라 방비가 허술한 것을 살핀 뒤에 작은 배를 타고 일제히 갑곶나루를 건너 강화성에 다가가자 김경징은 배를 빼앗아 타고 도주했으며 강화유수 장신張紳도 배를 타고 바다로 물러앉았다. 이것을 본 김상용은 남문 위의 화약 더미에 올라앉아 담배에 불을 붙여 화약에 옮겨 폭사했다. 그 당시의 기록이 《인조실록》 인조 15년(1637) 1월 22일자에 다음과 같이 실려 있다.

전 의정부 우의정 김상용이 죽었다. 난리 초기에 김상용이 상의 분부에 따라 먼저 강도(강화도)에 들어갔다가 적의 형세가 이미 급박해지자 분사分司에 들어가 자결하려고 하였다. 인하여 성의 남문루에 올라가 앞에 화약을 장치한 뒤 좌우를 물러가게 하고 불 속에 뛰어들어 타죽었는데, 그의 손자 한 명과 노복 한 명이 따라 죽었다.

김상용의 자는 경택景擇이고 호는 선원仙源으로 김상헌金尙憲의 형이다. 사람됨이 중후하고 근신했으며 선묘宣廟를 섬겨 청직淸職과 화직華職을 두루 역임하였는데, 해야 할 일을 만나면 임금이 싫어해도 극언하였다.

123

그가 담뱃불을 당기자 그 순간 벼락 치는 것 같은 소리와 함께 천지가 울리고 흔들리며 문루가 산산조각이 났는데, 김상용의 나이 77세였다. 인조 15년(1637) 1월 22일, 그렇게 믿었던 강화도가 함락되었으며, 사로잡힌 봉림대군은 강화도가 함락된 전말을 적은 편지를 남한산성에 보냈고, 남겨진 수많은 사람들이 강화도에서 순절을 택했다.

병자호란 이후에 조정에서는 지난 일을 징계懲戒로 삼아 군기軍器를 수리하고, 말먹이와 식량을 저축하여 비상시에 대비토록 했다. 그 후 100여 년 동안 전란이 일어나지 않아 당시 강화에 쌓여 있던 양곡이 100만 섬에 이를 정도가 되었으나 숙종 말년에 흉년이 들자 이 양곡을 각 도로 옮겨 백성들을 구제하는 밑천으로 삼았다. 추수 후에는 회수하여 각 고을에 그대로 쌓아두기도 했고, 서울 각 관청의 경비가 모자라면 미곡을 옮기도록 청했다. 관리가 허술해지면서 군량이 해마다 줄어 이중환이 《택리지》를 쓸 무렵에는 10만 섬도 되지 않았다고 한다.

숙종 19년(1693) 이중환이 병자년 일을 생각하여 임금에게 문수산에다 성을 쌓을 것을 청했다. 문수산성을 지키지 못하면 강화도를 지킬 수 없다는 이유에서였다. 그 후에 묘당廟堂과 여러 장수가 통진읍을 성안에 옮겨 따로 진을 만들고, 변란을 당하면 온 고을 군사를 거느리고 들어가서 산성을 지키자고 청했다. 그러나 의논이 끝내 통일되지 않아서 실행되지 않았다가 영조 19년(1743) 강화유수 김시혁金始爀이 장계를 올려 강을 따라서 성을 쌓도록 청하므로 조정에서 허가했다. 그때의 상황이 《택리지》에는 다음과 같이 실려 있다.

문수산성

갑곶나루와 더불어 강화 입구를 지키는 문수산성은
병인양요 때 프랑스군과 격전을 치른 곳이기도 하다.

김시혁이 동쪽부터 성을 쌓기 시작하였는데 북으로는 연미정 燕尾亭에서 남으로는 손돌목에 이르렀다. 공사를 끝내자 임금은 김시혁을 발탁하여 정경 正卿으로 삼았다. 얼마 안 되어 장맛비에 성이 무너졌으나, 성을 쌓을 때 수령을 만나면 번번이 흙과 돌로 메워서 기초를 만들었기 때문에 강 언덕이 모두 견고해져 사람과 말이 다닐 만하고, 강을 따라 40리나 되는 곳곳에 배를 댈 수 있게 되어 이제는 강화섬도 지키기 어렵게 되었다.

갑곶나루에서 멀지 않은 곳에 지어진 정자 연미정은 강화읍 월곶리의 한강과 서해바다가 만나는 지점에 세워진 정자로 《여지도서》에는 다음과 같이 실려 있다.

월곶진 뒷 봉우리에 있다. 예전에 이곳은 장무공 황형 黃衡의 정자였다. 바닷물이 유도에서 갈라져 마치 제비꼬리 모양처럼 흐른다. 정자터는 물줄기가 교차하는 지점에 있다. 우뚝 솟아 이루어진 봉우리에 오르면 들로 갈라진 두 물줄기가 내려다 보이기 때문에, 그 봉우리 위에 정자를 짓고, '제비꼬리'라는 뜻의 '연미'라는 이름을 붙였다. 정자에 오르면 사방이 시원하게 확 트였기 때문에 5월에도 덥지 않다.

돛대 위로는 갈매기가 날고 아래로는 물고기가 노닌다. 두 눈이 휘둥그레질 만큼 강산의 경치가 아름다워 간혹 악양岳陽의 파릉巴陵으로 착각하곤 한다. 굳이 흠을 꼽으라 하면 모래사장과 물빛이 그리 맑고 푸르지 않다는 점일 따름이다. 세상에 전하는 이야기에 따르면 장무공 황형이 정자 위에서 손님을 맞아 장기를 둘 때마다 '장이야' 하는 소리가 갑곶까지 울려 퍼져, 나루를 건너는 사

연미정

한강과 서해바다가 만나는 지점에 세워진 연미정에 오르면 사방이 시원하게 트여
5월에도 덥지 않다고 전해진다.

람들은 이 소리를 듣고 황형이 장기를 두나 보다 했다고 한다. 황형이 정자의 댓돌에 서서 재채기를 하면 반드시 보십곶 마을의 개들이 놀라서 짖었다고 한다. 이를 통해 황형의 씩씩하고 늘름한 목소리와 기운이 보통 사람들과 달랐다는 점을 알 수 있다. 정자는 없어진 지 이미 오래 되었으나, 줄지어 선 주춧돌만은 뚜렷이 남아 있다. 유수부에서 돈대를 설치한 후, 건물은 없어진 채 남아 있던 정자를 갑자년(영조 20, 1744)에 유수 김시혁이 다시 세웠다.

강화 여자의 억척스러운 기질

이곳 강화에는 '넉살 좋은 강화년'이라는 속담이 전해온다. 이 속담의 유래는 여러 가지가 있다. 원래 강화도에서는 연을 만들 때 댓살 4개를 써서 만들기 때문에 생겼다는 설이 있다. 또 하나는 강화도 여자들의 기질을 말한 것으로 보고 있다.

'넉살 좋다'는 말을 좋게 해석하면 개방적이고, 진취적이며, 명랑하고 활달하며 우물거리지 않고 사교성이 많아 사람을 사귈 때 붙임성이 좋다는 말이다. 어려움에 직면해서도 포기하지 않고 그 어려움을 뚫고 나가는 적극성이 있다는 말이기도 하고, 덜렁대고, 장난기 많고 예의가 약간 모자란다는 흠집도 발견할 수 있다. 하지만 달리 생각해보면 강화도가 수난의 땅이었기에 수난을 극복하는 과정에서 정숙하고 온순하고 넉살 좋은 타지역의 여자들과는 대비되는 강화 여자들의 기질이 형성되었다고도 볼 수 있다.

'암 강화, 숫 통진'이라는 말도 있다. 강화 처녀가 김포 땅에 시집가면

128

잘살지만 김포 처녀가 강화 땅으로 시집을 가면 잘 못산다는 뜻에서 나온 말이다. 그만큼 강화 처녀가 억척스럽다는 이야기이다. 그런 연유로 한 시절 전만 해도 강화 사람들은 김포에서 행세하는 집안의 처가가 강화임을 은연중에 피력했다고 한다.

한편 이곳 강화와 통진, 그리고 양천 사람들을 빗대어 '강화·통진·양천 사람들은 아침에 동풍 안고, 저녁에 서풍 안고, 밤엔 죽상 안는다'라는 말이 있었다. 한강을 건너 양천·통진·강화로 이어지는 이 길은 조선시대 9대로 중 하나인 강화로이며, 이 길을 통해 수많은 사람들이 나무나 곡식 등을 이고 진 채 동풍을 가슴에 안고서 서울의 시장까지 가서 내다 팔았다. 저녁이면 서풍을 안고서 피로에 젖은 채 돌아오지만 수고한 만큼 벌지 못했기에 죽상을 받을 수밖에 없었다는 뜻이다.

강화도의 큰 섬 교동도

강화에서 나온 한 맥이 서편 언덕을 따라가다가 움푹 꺼진 돌맥이 되고, 작은 고개 하나를 지나서 교동도喬桐島가 되었다. 조선시대까지만 해도 하나의 독립된 현이었던 교동도는 강화도에 딸린 섬이었다가 2014년 교동대교가 개통되면서 육지와 연결되었다. 교동도가 《신증동국여지승람》에는 다음과 같이 실려 있다.

바다 섬에 있는데, 동으로 인화석진寅火石津까지 10리, 서로 바다까지 27리,

남으로 바다까지 11리, 북으로 황해도 배천군 각산까지 12리, 경도와의 거리
는 182리다.

교동도는 고림 또는 달을신으로 불리다가 고구려 때 처음으로 고목근현
이 되었고, 신라 경덕왕 때 지금의 이름인 교동현으로 바뀌며 혈구군의 영
현이 되었다. 고려시대에도 교동이라 일컬었으며, 고려 명종 때 감무를 두
어 다스리게 했다. 조선 태조 4년(1395)에 만호를 두어 지현사를 겸했다가
뒤에 현감으로 고쳤다. 인조 7년(1629)에는 남양부 화량진에 있던 경기
수영을 지금의 읍내리인 월곶진으로 옮기면서 현에서 부로 승격시켰다.

고종 32년(1895) 강화군에 편입되었던 교동현은 다음해에 다시 현으
로 복귀되었고 1914년에 행정구역 통폐합 시에 강화군 소속이 되면서 수
정, 화개 두 면으로 나뉘었다가 1936년에 두 개 면을 병합하여 교동면이
되었다. 교동도의 남동부에 이 섬의 주산인 화개산이 우뚝 서 있고, 서부
에 수정산이 솟아 있으며 다른 곳은 거의 대부분이 평지이다. 《신증동국
여지승람》에 "수정산修井山은 현의 서쪽 25리에 있고 화개산華蓋山은
현의 남쪽 3리에 있다"라고 실려 있으며, 화개산을 전국 8대 명산으로 꼽
은 목은 이색은 화개산에 올라 "바닷속 화개산은 하늘에 닿았는데/산 위
옛 사당은 언제 지었는지 모르겠네/제사한 후 한 잔 마시고 이따금 북쪽
을 바라보니/부소산扶蘇山 빛이 더욱 푸르구나" 하고 노래했다.

조선시대에는 교동현의 북쪽에 있던 각산나루에서 배를 타고 황해도
로 왕래했다는데 분단 이후로는 갈 수 없는 곳이 되고 말았고, 이곳에 고
려 말 조선 초 문신 조준趙浚의 시 한 수가 전해져온다.

교동읍성 남문

조선 인조 7년에 쌓은 교동 읍성은 현재 동문과 북문은 남아 있지 않고,
남문은 1921년 폭풍우로 무너져 홍예(무지개 모양의 석축문)만 남아 있다.

서리 내리고 강 맑은데 기러기 남으니

수많은 돛에 한결같이 석양 비쳤네

높은 벼슬로 나라 돕는 건 영욕榮辱이 많은데

짧은 돛대로 고기 낚는 것은 시비가 없구나

들에 깔린 도량은 황금 세계 이루었고

강에 반쯤 내려간 가을 물은 푸른 유리 깔았세라

갈대꽃 눈 같고 산 모양 그림 같은데

저물어 돌아오니 옷은 비에 흠뻑 젖었네

안평대군과 연산군의 유배지 교동도

교동도는 육지와 격리된 섬이므로 고려 중엽부터 조선 말에 이르기까지 고위층의 단골 유배지로 이용되었던 곳이다.

조선 전기에는 당대 제일의 서예가로 이름이 높았던 안평대군이 이곳 교동도로 유배를 왔다가 사사되었다. 안평대군은 세종의 셋째 아들로 이름은 용瑢이고 자는 청지淸之, 호는 비해당匪懈堂 또는 매죽헌梅竹軒이라고 했고, 세종 10년(1428)에 안평대군에 봉해졌다. 어려서부터 학문을 좋아하고 시문, 서화에 모두 능하여 삼절三絶이라고 칭송을 받았던 그는 식견과 도량이 넓어서 많은 사람들의 신망을 받았다. 도성의 북문 밖에 무이정사를 짓고 남호南湖에 담담정淡淡亭을 지어 수많은 책을 수장한 뒤 문인들을 초청하여 시회를 베풀며 호방한 생활을 하면서 김종서

金宗瑞 등과도 자주 어울렸다. 계유정난이 일어나자 수양대군은 안평대군을 이 사건에 연루시켜 강화도로 유배를 보냈다가 교동도로 옮겼고, 좌의정 정인지鄭麟趾 등이 임금에게 안평대군을 죽여야 한다고 강박하여 마침내 사사의 명을 내렸는데 그 죄목에는 "양모인 성씨와 간통하였다"라는 내용이 있었다.

안평대군의 뒤를 이어 이곳으로 유배를 왔던 사람이 폭군으로 이름을 날린 연산군인데, 그는 이곳에서 유배 생활을 하다가 생을 마감했다.

연산군의 불행은 성종의 왕비였던 어머니 윤씨가 질투심으로 인해 폐비가 되면서 시작되었다. 어린 시절을 고독하게 보냈던 연산군은 임금으로 등극하면서 어머니의 비참한 죽음을 알게 되자 눈이 뒤집혀 자신의 내면에 숨겨져 있던 광폭한 성격을 숨기지 않고 표출하기 시작했다. 그때부터 그는 자신의 어머니 윤씨를 내치거나 죽이는 데 반대하지 않았던 사람들은 물론이고 심부름을 했던 사람들까지 모조리 대역죄를 물어 능지처사하고 심지어는 그들의 친척들까지 그냥 두지 않았다. 그 현장에 있었던 한명회, 정창손 등 사건에 관여했던 12명은 십이간十二奸으로 몰려 그때까지 살아 있던 사람들은 목을 베고 죽은 사람들은 무덤을 파헤쳐 뼈를 가루로 만들어 바람에 날려 보냈다.

그의 어머니 윤씨를 헐뜯었다는 죄목으로 성종의 후궁 엄숙의와 정숙의를 궁중 안뜰에서 손수 몽둥이로 때려 죽였고, 그것을 말렸던 인수대비마저 머리로 부딪쳐서 죽게 만들었다. 임금의 자리에 있었던 12년 동안 연산군은 무오사화戊午士禍와 갑자사화甲子士禍 등 두 차례의 사화를 통해 수많은 사람들을 죽였다. 그는 아무리 가까운 사람일지라도 자신을 비판하면 용납하지 않았던 전형적인 독재자였으나 정작 자신은 비극적인 말로를 보냈다.

연산군 재위 12년(1506) 9월 초하루 지중추부사 박원종朴元宗과 성희안成希顔 등이 밤을 틈타서 창덕궁을 포위하고 정현왕후 윤씨를 찾아가며 연산군의 시대는 막을 내렸다.

연산군이 교동도에 유배를 올 때 그의 차림새는 붉은 옷에 띠도 두르지 않았다고 한다. 행인들이 모두 손가락질을 했으므로 갓을 깊숙이 눌러쓰고 평교자에 실려 갔는데, 그때 나인 4명에 내시 2명, 반감飯監 1명이 수행했을 뿐이라고 한다.

바다 가운데에서 큰 돌풍이 일어서 배가 뒤집히려 하자 연산군은 "하늘이 무섭다"고 떨었고 그것을 지켜본 호송대장 심순경이 "이제야 하늘이 두려운 줄 아셨습니까?" 했다는데, 그때부터 연산군과 관계가 있는 사람이 이 뱃길을 지날라치면 한 번씩 풍파가 있었다고 한다.

연산군은 이곳 적소에서 그로 인해 희생당했던 수많은 원귀들의 환상에 쫓긴 채 미치광이 같은 나날을 보내다가 그해 12월에 "부인 신비愼妃가 보고 싶다"는 말을 남기고 병들어 죽었다. 그의 나이 31세였다.

그 뒤 이곳 교동도 사람들은 연산군의 환영이 두려운 나머지 그가 죽은 바로 뒤편에 당집 부근당付根堂을 짓고 연산군의 화상을 모셔놓고 진혼굿을 벌였다. 연산군이 죽은 섣달에는 섬 처녀 한 명을 골라 등명燈明을 들게 했다. 당신堂神에게 여인을 바치는 일종의 처녀봉공處女奉供이라고 할 수 있다. 등명을 드는 처녀는 반드시 달(달거리)을 보기 전이어야 하고, 몸에 상처가 없어야 하는 등 까다롭게 정했다고 한다. 한 번 등명을

연산군 유배지터와 부근당

교동도는 조선시대에 고위층의 유배지로 자주 이용되었다.
연산군도 이곳에 유배되었으며, 연산군의 당집인 부근당도 남아 있다.

들고 나면 연산각시라 하여 귀신이 붙었다는 이유로 혼인을 하는 남자가 없어서 뭍으로 나가 무당이 되었다고 한다.

산 아래 집집마다 흰 술 걸러내고

고려 말 문신인 목은 이색은 교동도를 두고 다음의 시 한 편을 남겼다.

바닷물 끝없고 푸른 하늘 나직한데

꽃 그림자 나직하고 해는 서로 넘어가네

산 아래 집집마다 흰 술 걸러내어

파 뜯고 회치는데 닭은 홰에 오르려 하네

교동도는 개성의 외안산外案山이 되고, 섬 북쪽은 한강인데 여기에 와서 개성의 안수案水가 되었다. 남쪽은 서해에 임했고, 바다 건너 남쪽은 충청도의 해미·서산 등의 지역이다.

이곳 읍내리에 있었다는 교동현의 객사터나 목은 이색이 수양했다는 갈공사터가 어디인지는 사람들에게 물어보아도 알 길이 없다. 조선 전기의 문신 황치신黃致身은 그의 시에서 교동현의 객관을 다음과 같이 노래했다.

3월에 바삐 돌아오니 해는 지려 하는데

> 원림 곳곳에 푸르게 그늘이 생겼네
> 어여쁠사 철쭉꽃은 너무도 멋지게 피어
> 봄빛을 독차지하고 손의 마음 위로하네

부근당에서 바라보면 바다는 저만큼 있고 그 바다를 건너면 바로 강화도이고 배를 타고 올라가면 머잖은 곳에 한양이 있는데, 갈 수 없는 그 자신의 신세가 얼마나 가여웠을까?

읍내리에 있는 문무정文武井은 화개산 남쪽에 있는 샘으로 동서로 2개가 있다. 동쪽의 것은 문정, 서쪽에 있는 것을 무정이라고 하는데, 맑고 찬 물이 매우 많이 솟아나고 둘레가 약 10미터로 매우 깊었다고 한다. 이 샘은 문정에 물이 많으면 무정의 물이 줄어들고 고을에서 문과 급제자가 많이 나며, 그 반대로 무정의 물이 넘치면 문정의 물이 줄어들면서 무과 급제자가 많이 난다는 속설이 있으므로 문정·무정을 합해서 문무정이라고 부른 것이다.

그런데 예전에 이 샘물이 빛을 내어 멀리 바다 건너 삼산면 송가도에까지 닿았다. 이 빛을 받으면 부녀자들이 바람이 나므로 송가도 사람들이 몰려와서 이 샘을 메우고자 했지만 하도 물이 많이 나와 어쩔 도리가 없었다. 사람들이 난처해하고 있는데 마침 그곳을 지나던 스님이 그 사실을 알고서 말하기를 "소금 몇 섬만 넣으면 될 것이다"라고 했다. 그의 말대로 소금 몇 섬을 넣고 메우자 샘이 메워졌다고 한다.

이 샘에 대한 또 하나의 이야기가 있다. 여자들이 이 샘을 보기만 하면 미치기 때문에 마을 사람들의 걱정이 태산 같았다. 하루는 늙은 중이 지나가다가 오두막에 살고 있는 할머니가 뜻밖에 환대를 해주자 떠나는 길에 "문무정만 메우면 된다"라고 하여 마을 사람들이 메우고자 했지만 도무지 메워지지가 않아 걱정을 하고 있었다. 그때 그 중이 홀연히 다시 나타나 "창포를 엮어서 덮고 메우라"라고 하므로 그 말대로 샘을 메우고 있는데, 갑자기 벼락 치는 소리와 함께 용마가 뛰어나와 울더니 어디론가 사라져버렸다고 한다. 그런 연유로 사라진 문무정은 이제 어디 있는지 아는 사람이 없었다.

송나라 사신들이 묵어가던 남산포

읍내리에 서서 남쪽 바다를 바라보면 보이는 산이 남산 또는 진망산이라 하는데, 높이가 53미터이다. 조선시대 진망산에는 봉수가 있어서 서남쪽으로 말도末島 봉수를 받아 교동현에 전달했다. 이 산은 소나무가 울창하고 바닷바람이 매우 상쾌하다고 하여 진망납량鎭望納凉이라 하는데 교동팔경 중 하나다.

남산 밑에는 남산포라는 마을이 있는데, 이곳에는 식파정息波亭이라는 정자가 있었다. 이 정자를 짓고서 처음에는 어변정이라는 이름으로 부르다가 그 앞이 넓은 바다이므로 밀려왔다 밀려가는 파도가 볼 만하다고 하여 식파정이라는 이름으로 고쳤다. 고종 28년(1881)에 부사 민창호閔敞鎬가 중건했다.

남산 기슭의 읍내리에는 사신관지가 있다. 바닷가의 바위들을 정으로

교동도 남산포

강화 남쪽 석모도와 마주보고 있는 교동도 남산포는
고려시대 때 개경으로 드나드는 중국 사신이나 상인들이 꼭 거쳤던 곳이다.

쪼아서 만든 층층대가 있는데, 고려 때 송나라의 사신들이 이곳에 머물렀다가 떠날 때 배에 오르기 쉽도록 만들어놓은 것이라고 한다. 고려가 망하며 그 기능을 잃어버렸고 조선 중엽 이후에는 군기고로 쓰다가 통어사 정기원鄭岐源이 창고로 고쳐서 썼던 것을 그 뒤에 방어사 이근영李根永이 읍내로 옮겨 세웠다. 바로 옆에 사신당이라는 당집이 있다. 송나라 사신이 임무를 마치고 귀국할 때에 뱃길이 무사하기를 제사 지내던 이 집은 한국전쟁 당시 없어졌는데, 1969년에 다시 세워 뱃사람들이 무사태평을 기원하기 위해 제사를 지내고 있다.

한편 읍내리 동쪽에 있던 동진東津은 양사면 인화리와 삼산면 석모리로 건너가던 나루였다. 예전에는 손님들이 많이 드나들어서 전송하는 광경이 매우 볼 만했기 때문에 '동진송객東津送客'이라고 하여 이 역시 교동팔경 중의 하나였다. 그러나 지반이 자꾸 높아져서 나루를 남산포로 옮기고 말았다.

교동도는 강화보다는 작지만 섬 전체가 모두 돌이고 바다 가운데 따로 솟아 있다. 조선 인조 때 조정에서는 이곳에 통어영統禦營을 설치하고 경기·황해·평안 삼도의 수군을 거느린 수군절도사를 두어서 바다를 지키게 했다. 그러나 두 섬이 모두 땅에 소금기가 있어 자주 가물고 수확이 적기 때문에 주민은 모두 생선을 잡거나 소금 굽는 것으로 생계를 이어갔다고 한다. 그러나 오늘날에는 서울을 비롯한 서울 근교 사람들의 출입이 잦아지면서 강화도는 관광지로 각광을 받고 있다.

바다 가운데 섬이라 풍토가 강렬하여, 백성의 풍속에 꽤 사나운 구석이 더러

140

있다. 유학에 힘쓰지 않고 오로지 무예만을 숭상하여, 글 잘하는 선비로 이름난 사람은 없으나 무과 급제자는 많이 배출되었다. 농사나 길쌈에만 힘쓸 뿐, 예절에는 소홀하며 미신을 따르고 놀기만 좋아하는데, 이는 그들의 풍속이 그렇기 때문이다.

　강화도는 왼쪽에 서울을 감싸고, 오른쪽에는 송도松都를 끼고 있다. 바다와 육지를 오고가며 부족한 물품을 교역한다. 장사치만이 물건을 흥정하며 판매하는 것이 아니라, 장사를 겸하는 농가도 있으니, 기이한 일이 아닌가. 잇속만을 좇아 움직이니, 사람들 사이에 순박한 풍속이 드물다.

《여지도서》에 실린 글을 떠올리며 강화만을 지나면 김포시에 이른다.

3

남북으로 통하던 중요한 길목

안산 · 화성 · 평택 · 오산

산에 둘러싸인 바닷가 고을 안산

안산의 고구려 때 이름은 장항구현이었다. 신라 경덕왕 때는 장구군이었다. 고려 초에 지금의 이름을 얻었으나 1914년에 시흥군에 편입되어 사려졌다 1986년 1월 안산시로 승격되었다. 임해공업도시이자 수도권 위성도시로 건설된 안산시에는 이렇다 할 산이 없으나 시의 북동쪽에 마산, 시의 중심부에 수리산이 있다. 주요 하천으로는 상록구 수암동 수암봉에서 발원하여 단원구 초지동 시화호로 흐르는 안산천이 있다.

수리산은 《여지도서》에 "관아의 동쪽 십 리에 있는데, 달리 견불산이라고도 한다. 과천에서 산줄기가 뻗어 나왔다"라고 되어 있다. 안양시와 군포시의 경계에 있고 한강 남쪽에서 서울을 감싸고 있으며 남북으로 능선이 길게 뻗은 산이다. 수리산에서 나온 맥 중에 서쪽으로 간 것이 가장 짧은 맥이며, 안산 바닷가에서 그쳤다.

조선시대 안산은 서울과 가깝고 생선과 소금이 풍부해서 여러 대를 이어 내려오는 사대부들이 많이 살았다. 조선 전기 문장가인 김수온金守

溫이 안산을 "산에 둘러싸인 바닷가 땅에, 짙은 안개에 잠긴 성안의 백성들"이라고 노래한 바 있으며, 조선 전기 문신 박원형朴元亨은 안산에 대하여 다음의 시를 남겼다.

온 고을이 소조蕭條하니 사면이 산인데,

조망 가운데 절은 있는 듯 없는 듯한 사이로다

작은 마루에 해는 정오인데 봄 졸음을 이루니

소매에 가득한 밝은 바람 뼈에 부딪혀 차도다

《여지도서》에는 안산 사람들은 "유순하고 국법을 두려워하며, 농업과 어업에 힘쓴다"라고 하며, 《신증동국여지승람》에 따르면 안산의 토산물은 소금과 홍어, 전어, 토하(민물새우)라고 한다.

《안산군읍지安山郡邑誌》에 의하면, 조선 전기의 학자 강희맹姜希孟이 중국 남경에서 가져온 연꽃 씨를 안산에 심었는데 이 꽃이 퍼져 이곳의 이름을 연성蓮城이라 부르게 되었다고 한다. 그러나 안산시가 공업단지로 변모되면서 연성이란 말이 무색해졌다.

안산 김씨의 본향인 안산

안산은 고려 때 외척으로 이름난 문벌인 안산 김씨의 고장이기도 하다. 고려 때 문신 김은부金殷傅의 세 딸이 모두 현종의 왕비가 되었는데, 그가 바로 안산현 사람이었다. 김은부가 공주절도사로 있던 현종 2년(1011)에 요나라(거란)가 쳐들어오자 나주로 피난을 갔던 왕이 요군이 물러갔다는 소식을 듣고서 돌아오는 길에 공주에 이르렀다. 그때 현종을 맞은 김은부가 극진히 대접하고서 그의 큰딸로 하여금 임금을 시중들게 하여 왕비 자리에 오르게 했다.

그때의 기록이 《고려사》에 다음과 같이 실려 있다.

2월 정미일에 왕이 전주를 출발하여 여양현 礪陽縣(지금의 익산시 여산면)에서 묵었고, 무신일에는 공주에서 6일 동안 머물렀다. 이때에 김은부의 맏딸을 들여다가 왕비로 삼았다. 그 뒤에 둘째 딸과 셋째 딸을 모두 현종의 왕비로 바친 뒤 외척으로서 정권을 잡게 되었다. 그때부터 시작된 안산 김씨의 외척정치는 문종 때에 인주 이씨가 등장해서 새로운 외척으로 정권을 잡을 때까지 4대에 걸쳐 5, 60여 년에 걸쳐 이어졌다.

안산 지역에 내려오는 이야기 중에는 단종의 어머니인 현덕왕후에 대한 것도 있다. 문종의 아내인 현덕왕후는 단종을 낳고 3일 만에 사망하여 안산의 목내동에 묻혔고 능 이름을 소릉이라고 했다.

현덕왕후의 아들 단종이 세조에 의해 죽임을 당하자 세조의 꿈에 현덕왕후가 나타나 세조를 꾸짖으며 나도 너의 자식을 살려두지 않겠다고 했다. 꿈에서 깬 세조가 급히 동궁을 찾았으나 동궁이 이미 죽은 뒤였다. 이에 격노한 세조는 현덕왕후가 묻힌 소릉을 파헤치고 관을 불살라버리려고 했으나 별안간 소나기가 퍼부어 결국 바닷물에 집어던지고 말았다. 바

147

다에 던져진 관은 소릉 옆 바닷가에 떠밀려 닿았는데, 그 뒤 그곳에 우물이 생겨 '관우물'이라고 부르게 되었다. 관은 다시 물에 밀려 며칠을 표류하다가 양화나루에 닿았고, 한 농부가 이를 발견하여 밤중에 몰래 건져 양지바른 곳에 묻었다. 그날 밤 농부의 꿈에 현덕왕후가 나타나 앞일을 일러주어 농부는 가세가 점점 번창하게 되었다.

그 뒤 30년이 지나 중종 때 조광조의 상소로 능을 복구하게 되어 관의 행방을 찾았으나 농부는 겁을 먹고 이를 계속 숨기고 있었다. 그러자 다시 농부의 꿈에 왕후가 나타나 걱정 말고 관가에 알리라고 하여 농부가 이튿날 관에 신고하니 나라에서 많은 상금을 내렸다. 마침내 현덕왕후는 문종의 옆에 안장되었다. 원래 문종의 능과 현덕왕후의 능 사이에는 우거진 소나무가 있었는데 왕후의 능을 모신 뒤 그 나무가 말라버려 서로 바라볼 수 있게 되었다고 한다.

한편 안산시 단원구 성곡동의 잿머리 성황당에는 고려 때의 이름난 장군인 서희徐熙에 대한 이야기가 전해져온다. 당시 내부시랑이었던 서희가 사신으로 송나라에 갈 때 잿머리(현 안산시 단원구 성곡동) 해안에서 배를 타게 되었다. 그때 별안간 폭풍우가 몰아쳐 일행은 바다가 잔잔해지기를 기원하는 제를 지내고 무작정 기다릴 수밖에 없었다. 그러다가 서희가 잠시 잠이 들었는데, 소박한 여인 둘이 서희의 꿈에 나타나 다음과 같이 말하는 것이었다.

"나는 신라 경순왕의 비인 홍씨이고 같이 있는 분은 나의 어머니 안씨입니다. 너무 억울하게 죽었으니 거처할 곳을 마련해주십시오."

놀라서 깨어난 서희는 그곳에 아담한 영당을 짓고 꿈에 본 모습대로 영정을 모시게 한 다음 위령제를 지냈다. 이때부터 잿머리 성황제를 올리게 되었다고 한다.

바닷가 사람 사는 모양을 보니
서로 만나자 너무도 순박하네
그물이 해지니 밥 얻어먹고
배 부서지니 다리를 고치네
도처에 갯벌가에 지은 집인데
흰 갈대 울타리로 바람을 막네
안개와 토질土疾 속에 한평생 살며
혼인은 모두 어부와 한다네

조선 후기 문장가인 이병연李秉淵이 안산현감으로 있을 당시 바닷가 풍경을 묘사한 시 '포촌浦村(갯마을)'이다. 바닷가는 해산물이 풍부하기 때문에 사는 것이 풍족하다고 생각하지만 그 당시 어촌의 생활은 고단하기 이루 말할 데 없었던 것이다.

바닷길이 열리는 대부도

안산 하면 우선 떠오르는 곳이 시화호와 대부도다. 시화호는 경기도 시흥시·안산시·화성시 등에 둘러싸인 거대한 인공호수이다.

시화호가 사람들에게 널리 알려진 것은 안산과 시흥 가운데 위치한 바다를 가로막은 시화방조제가 오염되면서부터였다. 시화방조제는 건설 당시 세계 최대 간척사업의 하나로 평가받으며 일사천리로 진행이 되었다. 그러나 방조제 공사를 마친 뒤 수질 악화로 인한 각종 폐해가 발생하자 정부는 시화호의 담수화를 포기하고 해수를 유통시켜 수질을 유지하는 쪽으로 방향을 바꾸었다. 환경파괴로 논란이 거셌던 시화호는 이제 아름다운 습지와 갈대밭이 들어선 도시민들의 자연 휴식공간으로 탈바꿈했다.

시화방조제를 지나면 대부도가 나온다. 대부도는 시흥시 정왕동 오이도와 시화방조제로 연결되어 있어 자동차로 통행이 가능하며, 하루 2번 바닷물이 빠지면서 넓은 개펄이 드러난다.

《택리지》에 "육지가 끝나는 바닷가에 화량포 첨사僉使의 진鎭이 있고, 진에서 바닷길을 10리쯤 건너가면 대부도가 나온다"고 기록된 대부도는 썰물 때는 바닷길이 열려 서울 근교 사람들이 자주 찾는 곳이다.

대부도에 대한 《택리지》의 기록을 좀 더 살펴보자.

그곳은 모두 어민이 사는 곳이다. 그러므로 남양 지방의 서쪽 마을이 한강 남쪽의 생선과 소금의 이익을 독차지하게 된다. 대부도는 화량진에서 움푹 꺼진 돌맥이 바닷속을 꼬불꼬불 지나가서 된 것이다. 그렇기 때문에 바닷물이 매우 얕다. 옛날에 학이 물속에 있는 돌줄기 위를 따라 걸어가는 것을 보고 섬사람이 따라가서 그 길을 발견하게 되어, 그 길을 학지鶴指라고 부르게 되었다.

이 길을 오직 대부도 사람만이 제대로 알고, 다른 지역 사람은 알지 못한다. 병자년에 섬사람이 청나라 병사에게 쫓기자 돌줄기를 따라 도망쳤다. 돌줄기가 모두 꼬불꼬불하여 찾기 어려웠으므로 청나라 병사는 길을 모르면서 따라오다가 빠져버렸다. 그런 이유로 섬은 온전할 수 있었다. 섬은 땅이 기름지고 백성이 많으며, 남쪽으로 오는 뱃길의 첫 목으로서 강화·영종 두 섬의 바깥문 구실을 한다.

예전에는 수군영을 설치하였는데, 그 후에 교동도로 옮겨간 다음 이 섬을 목마장牧馬場(말을 방목하여 키우는 곳)으로 만들었고, 지키는 군사조차 없는데, 이것은 매우 잘못된 일이다. 마땅히 화량진을 이 섬에다 옮겨서 영종도와 의각椅角이 되게 함이 좋을 것이다.

대부도 탄도선착장에서 뱃길로 1시간 40분 정도 거리에 있는 풍도는 1984년 6월에 청군과 일본군의 결전장이었다. 이곳에서 밀린 청군이 아산만으로 달아났다가 충남 성환에서 크게 패했는데, 그 전쟁을 청일전쟁이라고 부른다.

사도세자와 정조의 능이 있는 화성

화성은 고구려 때 당성군이었고 고려 충선왕 때 남양도호부가 되었는데, 조선 태종 13년(1413) 지방제도를 개편할 때에도 남양도호부는 그대로 남았다. 이후 승격과 격하를 되풀이하다 고종 32년(1895) 남양군이 되었다가 1914년 군면 통폐합 시 영흥면·대부면이 부평군에 편입되고 나머지는 수원군에 병합됨으로써 남양군은 없어지게 되었다. 1949년 수원읍이 시로 승격됨에 따라 나머지 지역은 수원군에서 화성군으로 개칭되

었으며, 2001년 시로 승격되었다. 화성의 옛 지명인 남양은 지금은 화성
시청이 있는 남양읍 남양리에 남아 있다.

《여지도서》에는 남양의 풍속에 대해 다음과 같이 실려 있다.

고기잡이와 소금을 구워 이익을 취하고 농사와 길쌈에는 게을러서 가난한
사람이 많다. 또한 토지가 메말라서 자주 흉년을 겪기 때문에 어려운 사람들이
많고 풍속은 인색하다.

이곳 화성에는 '남양 원님 굴회 마시듯 한다'는 속담이 있다. 눈 깜짝
할 사이에 음식을 먹어 치울 때 쓰는 말로 예전 남양도호부에 부임하는
원님들이 남양만의 특산물인 굴을 씹지도 않고 훌훌 마셨다고 해서 생긴
속담이다. 굴은 서식 환경에 따라 맛이 다른데 이 지역에서 나는 굴이 알
은 작아도 맛이 특별히 좋아 남양에 부임하면 만사 제쳐놓고 굴회부터 후
루룩 마셨던 것이다.

화성의 대표적인 유적은 융릉과 건릉(사적 제206호)이다. 융릉은 사도
세자와 부인 혜경궁 홍씨(현경왕후)를 합장한 무덤이고, 건릉은 그의 아들
정조와 부인 효의왕후를 합장한 무덤이다.

아버지를 생각하는 마음에 자주 현륭원(뒤에 융릉으로 승격)에 행차했던
정조는 살아생전에 "내가 죽거든 현륭원 근처에 묻어주게"라고 말했다고
한다. 정조의 간곡한 소원이 이루어져 죽은 뒤에야 영원히 아버지 곁으로
간 것이다.

정조는 즉위하자마자 곧바로 사도세자의 존호를 '장헌蔣獻'이라 추상

대부도

지금은 육지가 된 섬 아닌 섬 대부도는 수도권의 여러 도시와 인접해 있어
새로운 관광명소가 되었다. 사진은 대부도에 있는 테마파크.

追上하고, 묘호와 사당을 영우원 永祐園과 경모궁 景慕宮으로 고쳤다.

정조는 영우원에 있던 아버지의 묘소를 좁다고 여겨 즉위 초부터 이장할 뜻을 가졌다. 그러나 그는 성품이 너무 신중한 나머지 세월만 끌어오고 있었다. 이를 보다 못한 금성위 錦城尉, 박명원 朴明源(박지원의 삼종형)이 천장에 대한 상소문을 올렸다. 이에 정조는 신하들과 의논한 뒤 천장을 결정하고 다음과 같이 하교했다.

오늘날의 급선무로는 그 고장 백성들을 안정시키고 다음으로 고을을 옮길 계획을 의논하는 것이 가장 마땅하다. 나는 인정이 편안한 뒤에야 지리 地理도 길해진다고 생각한다. 백성을 옮기는 일에 관해서는 내가 이미 여러모로 계획을 세워 각각 살 곳을 정해 안주하게 하였거니와, 왕명을 선포하고 백성들을 무마하는 책임을 맡은 나의 신하는 감사와 지방관이 바로 그들이다.

매사에 신중하지만 결정이 되면 곧바로 실행하는 정조가 아버지의 묘이장지로 눈여겨 둔 곳이 수원부 용복면(지금의 화성시 안녕동)에 있던 화산 花山이었다. 그곳을 살펴본 지관들은 한결같이 길지 吉地라고 했다. 길지도 그냥 길지가 아니라 '지극히 길하고 모든 것이 완벽한 묏자리'라는 것이었다.

화산이 왼쪽으로 돌아가 서북쪽으로 떨어져서 주봉우리가 되고, 서북쪽의 주산 主山이 서북과 북쪽 사이로 내려오다가 북쪽 사이로 돌고 다시 북동쪽으로 돌고, 동북쪽으로 바뀌면서 입수합니다.

154

©양영훈

융릉

사도세자와 그의 부인 혜경궁 홍씨(헌경왕후)를 합장한 융릉은
정조가 임금이 된 후 이곳 화성으로 이장했다.

앞에 쌍봉이 있는데 두 봉우리 사이가 비었고, 안에 작은 언덕이 있는데, 그 형상이 마치 구슬 같습니다. 청룡 네 겹과 백호 네 겹이 에워싸 자리의 기세가 만들어졌는데, 혈穴이 맺힌 곳이 마치 자리를 깐 것처럼 펑퍼짐하니 혈 자리가 분명합니다.

뻗어온 용의 기세가 700리를 내려왔는데, 용을 보호하는 물이 모두 뒤에 모였으며, 현무玄武로 입수했으니 천지와 함께 영원할 더 없는 길지라고 할 수 있습니다.

이곳의 지명이 "용이 엎드린 형국이라는 용복龍伏"이라는 것도 한몫했다. 원래 그 자리는 풍수에 능했던 윤선도尹善道가 효종 승하 시 적극 추천했던 못자리였다. 어렸을 때부터 효종을 닮았다는 소리를 많이 들었던 정조는 그곳에다 아버지 묘소를 옮기기로 했다.

정조 13년(1789) 8월부터 능을 옮기기 위한 공사를 시작하면서 수원부 관아를 팔달산 아래로 옮기면서 행궁을 설치했다. 그 뒤를 이어서 화성으로 가는 길목인 과천과 시흥에도 행궁을 짓고, 안양역에는 파발을 담당하는 사람들이 묵을 집을 짓고 노량진에는 진영을 설치했다. 양주 배봉산에서 이장식을 거행하면서 신하들 앞에 선 정조는 하염없이 눈물을 흘리며 다음과 같이 말했다.

낡은 무덤이 이렇듯 온갖 재해를 입을 대로 입었는데도 28년이란 오랜 세월이 흐른 뒤에야 관을 새로 모시니, 내가 효성스럽지 못하오. 그러나 이제부터는 아버지를 여읜 더없이 비통한 마음은 위로하게 되었고, 제사 음식을 드리고

의장에 필요한 물건을 갖추는 데에도 조금이나마 성의를 보일 수 있게 되었소.

또한 정조는 새로 조성되는 묘역으로 인해 이사를 가게 되는 백성들에게 10년 동안의 부역을 면해주고, 수원부의 백성들에게도 1년 동안 부역을 면해줄 것을 명했다.

《정조실록》 정조 17년(1793) 1월 12일의 기록을 보면 정조가 그의 아버지를 얼마나 사랑했는지 알 수 있다.

수원부의 호칭을 화성으로 바꾸고 어필御筆로 현판을 써서 장남헌壯南軒에 걸었다. 부사를 유수로 승격시켜 장용외사壯勇外使와 행궁정리사行宮整理使를 겸임하게 하고, 판관 한 사람을 두어 보좌하게 하였다.

수원부사를 유수로 승격시킨 정조는 현륭원과 화성 일대의 경제적 기반을 육성하고 백성들의 생활을 안정시키기 위한 둔전屯田(군대의 군량을 마련하기 위해 설치한 토지)을 두어 경작하게 했다.

또한 산을 둘러본 정조가 "산의 이름이 화산이니 꽃나무를 많이 심는 것이 좋겠다"라고 하고하여, 융릉 주변의 40리에 걸쳐 나라 안에서 가장 좋다는 나무와 꽃을 심는 대규모 조림을 했다. 조림사업으로 소나무숲이 울창해졌는데 송충이로 인한 피해가 커지자 정조는 화산 근처의 여러 고을에 명을 내려 송충이를 잡도록 했다. 송충이 한 그릇을 잡아오면 엽전 7푼을 주었고 그 송충이들을 화산에서 30리쯤 떨어진 서쪽 바다에 있는 빈정포濱汀浦(현 화성시 매송면 야목4리)에 버렸다고 한다. 그 뒤 소나무에

'빈정포'라고 쓴 부적만 붙여도 송충이가 죽었다는 이야기가 전해 내려온다.

정조는 화성능 행차를 마치고 돌아가던 길에 지지대 고개에서 일찍이 공자가 "부모가 인연을 맺었던 나라를 떠나니 더디게 걷노라"라고 썼던 것처럼 애달픈 시 한 편을 남겼다.

아침저녁 어버이를 잊지 못해 오늘 또 화성이라

가랑비 듣는 어버이 무덤이 어느덧 비 뿌린다

재실 주위를 걷노라니 그리운 정 젖어든다

사흘 밤을 묶을 수 있다면 못 다한 정 채우련만

말머리 벌써 돌아갈 곳을 향하고

뒤돌아 바라본즉 애틋한 구름이 떠오르누나

뒷날 고종은 재위 36년(1899) 장헌세자를 국왕(장조)으로 추존하고, 능호를 현륭원에서 융릉隆陵으로 격을 높였다.

화성시 양감면 송산리에 있는 용주사는 신라 문성왕 때 염거화상廉居和尙이 창건했으며, 병자호란 당시 불에 타 폐사가 된 것을 정조가 아버지의 넋을 위로하기 위해 원찰로 삼았다. 이 절에는 정조의 명으로 단원 김홍도가 원화를 그린 불교경전《부모은중경父母恩重經》이 절 안의 박물관에 보관되어 있으며, 고려 초기에 만들어진 대형 범종인 용주사 동종 (국보 제120호)이 있다.

용주사 대웅전

양감면 송산리에 있는 용주사는 신라 문성왕 때 염거화상이 창건했다.
병자호란 당시 불에 타 폐사가 된 것을 정조가 아버지의 넋을 위로하기 위해 원찰로 삼았다.

흥선대원군이 포로로 붙잡혀 간 마산포

화성시 송산면 고포리의 마산포는 뒷산이 말처럼 생겨서 마산馬山이라는 이름을 얻었는데, 남양반도 맨 서쪽 끝에 있다. 남양도호부가 설치되었던 시절 마산포는 인천 제물포 개항 이전에 그 일대의 물산이 들고나는 가장 번성했던 포구였다.

마산포는 고종 19년(1882) 7월 초 임오군란 당시 청나라 장수 원세개袁世凱가 청군을 이끌고 상륙한 곳이기도 하다. 청군은 마산포에 상륙한 뒤 흥선대원군을 붙잡아 청나라로 데려갔다. 당시 청나라의 군함은 대부도 남쪽, 즉 불도佛島 바깥 해변에 정박했던 것으로 알려져 있는데, 그때의 상황이 매천 황현이 지은 《매천야록梅泉野錄》에 다음과 같이 실려 있다.

중국이 오래도록 떨치지 못했기 때문에 한 번 위엄으로 외방을 진압해보려고 마건충馬建忠, 정여창丁汝昌 등을 보내 해군 수천 명을 뽑아 밤낮으로 항해하여 남양 마산포를 거쳐 남대문 밖에 와서 주둔하고 진무鎭撫를 위한 것이라고 핑계 대었다. 병사들을 단속해 매우 편안하고 한가롭게 하여 도성의 백성들이 두려워하지 않게 하였다.

마건충 등이 대원군을 초청하였는데, 대원군은 가고 싶지 않지만 부득이 갈 수밖에 없었다. 막상 가보니 여러 장군들이 매우 환대하였고, 두 번째 갔을 때에도 역시 마찬가지였다.

대원군을 세 번째로 초청하였다. 대원군이 태평히 가마를 준비하라고 명하였다. 불길함을 느낀 정현덕鄭顯德이 그를 만류하면서 "대감께서 이번에 가면

마산포

제물포 개항 이전에는 번성했던 마산포는 시화호가 조성된 이후
포구의 기능을 잃어버렸고, 갯벌이었던 이곳에는 이제 포도밭이 넓게 퍼져 있다.

필시 돌아오지 못할 것입니다"라고 하였지만 대원군은 듣지 않았다.

청군 진영의 제1문에 도착하자 가마에서 내리게 하고, 제2문에서는 시종들을 따라오지 못하게 저지하였다. 전날과는 매우 달라서 비로소 변고가 있음을 깨달았으나 어찌할 도리가 없었다. 마건충 등이 호령하여 대원군을 결박시키고 밀랍덩이로 입을 틀어막아 소리치지 못하게 한 다음, 가마에 밀어 넣더니, 장정 한 패가 번갈아 마주 들고 후문으로 떠메고 나가 동작나루로 번개같이 달려 남양의 마산포에 이르러 화륜선에 싣고 떠났다.

시종들이 군영 밖에 있다가 오래도록 나오지 않는 것을 보고 괴아하게 여겨 물으니, 그들이 거짓으로 대답하기를, "국태공은 긴급히 타협할 일이 있어 군영에서 묵고 응당 내일 돌아갈 것이다"라고 하였다.

다음 날 남대문에 방榜을 걸어 도성 백성들에게 효유하기를 '국태공이 왕비 시해에 관여했다는 소문이 중국에까지 알려져 진위를 분변하기 어려워 황제가 한 번 물어보고자 하여 어제의 일이 있었던 것이다. 사실이 명백해지면 응당 다시 돌려보낼 것이니 백성들은 두려워 말라'고 하였다. 이에 온 나라가 크게 흔들렸다.

한 나라 왕의 아버지가 수도 한복판에서 납치되어 화물선에 실려 가는 일이 자행된 것이다. 그런데도 아무런 항변도 할 수 없었던 것이 그 당시 조선이라는 나라의 실체였다.

당시 역사의 현장을 지켜보았던 마산포 부근에 대부도, 영흥도로 이어지는 다리가 놓이고 그 북쪽으로 시흥시와 화성시를 잇는 방조제가 들어섰다. 시화방조제로 막혀 더는 바닷물이 들어오지 않는 마산포에는 이제 대원군의 절망과 비애가 묻어 있는 포구의 흔적이 남아 있지 않다. 역사의 소용돌이 속에서 며느리 민비와의 불화와 국내외적 상황으로 인해 타의로 조국을 떠날 수밖에 없었던 대원군의 슬픔이 서린 포구는 《대동여지도》에만 남아 있다.

"바다 가운데 여러 섬은 남북으로 나뉘었고, 구름 밖의 긴 멧부리는 혹 있다 없다 하네. 굽은 언덕에 바람이 지나니, 버들이 누런빛을 흔든다"라고 홍여방洪汝方이 노래했던 마산포는 시화호가 조성되면서 포구의 기능을 잃어버렸으며, 한때 갯벌이었던 곳은 농지로 바뀌어 송산포도가 새로운 경제작물로 부각되고 있다.

산은 낮고 옥야는 평평한 평택

화성시 남서쪽에 자리잡은 평택시는 고구려 영토일 때는 하팔현으로 불렸다. 《세종실록지리지》에 "땅이 기름지고 메마른 것이 반반"이며 호수가 197호이고, 인구가 704명이며 군정은 시위군이 8명, 진군이 3명, 선군이 78명이라고 기록된 평택은 1914년 양성현과 직산현의 일부를 떼어내어 진위군이 되었다가 1924년에 평택으로 바뀌었다.

평택의 풍속은 대체로 부드럽고 순하니, 유달리 군세고 과감하여 떨쳐 일어나는 기운이 없다. 이는 또한 토지가 메마르고 백성들이 가난하여 글 공부나 무예에 힘쓸 겨를이 없어 일찍이 마음에 둘 염려조차 내지 못했기 때문이다.

《여지도서》에 실린 평택의 풍속에 대한 글이다.

조선 초기의 문신이며 청백리로 널리 알려진 박서생朴瑞生의 시에 "물 천천히 흐르고 산 낮으며 옥야는 평평한데/주민들은 곳곳마다 밭갈 이를 일삼는다"라고 나오는 것처럼, 평택은 들이 넓어서 쌀의 본고장, 즉 경기미의 본고장이다. 조선 전기의 문신 하륜河崙은 "길이 남과 북으로 통한다"고 했고, 서거정 또한 "삼도의 요충이 되는 지점에 있다"고 했다. 이처럼 평택은 서울에서 삼남지방으로 내려가는 길목에 자리잡았을 뿐만 아니라, 《평택군지平澤郡誌》에 의하면 청북읍 고잔리에 있던 고잔포는 한강 하류를 거쳐서 마포나 인천으로 가는 뱃길 중에 중요한 포구였다고 한다.

《동국여지승람》에는 "남북으로 통하는 큰길이므로 사신과 빈객의 행 차가 잇달아서 영접하고 전송하고 공제하느라고 넉넉하지 못함이 염려된 다"고 하는 이곳 백성들의 어려움이 담겨 있으며, 서거정 또한 "이 가난 한 백성과 궁폐한 아전이 번거로운 영접과 전송에 곤란을 당하고 또 무슨 다른 일을 거론할 것이 있으랴"라며 이 지역의 사정을 설명하기도 했다. 그러한 이유로 벼슬아치들이 묵어가던 객사마저 "터가 낮고 습하여 기둥 과 서까래가 썩고, 위태한 곳이 거의 반이나 된다"라고 했을 만큼 평택은 가난한 지방이었다.

1995년 전국 행정구역 개편으로 평택군과 송탄시가 통합되어 평택시 가 되었다. 비옥한 평야를 끼고 있는 농촌 지역이자 수도권과 충청남도 서부 지역을 연결하는 교통의 요지인 평택군과 한국전쟁 이후 미군 비행 장과 기지촌이 들어서면서 상업·위락 도시가 된 송탄시가 합쳐져 도농 통합도시가 된 것이다. 경기도 서남단 해안가에 위치한 평택은 지금은 서해안 고속도로와 평택항이 건설되면서 활기를 띠고 있다.

원효대사가 깨달음을 얻은 수도사

한편 평택시 포승읍 원정리에는 수도사라는 절이 있는데 창건 연대가 분명하지 않은 이 절에 원효와 의상대사에 대한 전설이 서려 있다.

신라 제28대 임금인 진덕여왕 4년(650)에 원효와 의상 두 스님이 불교를 공부하기 위해 당나라로 가는 길에 배를 기다리며 이 절에서 하룻밤을 머물렀다. 원효대사가 밤중에 목이 말라 절 뒤로 가서 구멍에 담긴 물을 마시니 시원하기가 이를 데 없었다. 그러나 아침에 깨어보니 그 물이 해골바가지에 담겨 있었다. 그 해골과 해골에 남아 있는 물을 바라보자 메스꺼움이 밀려와 토하다 생각하니, 그렇게 맛있게 먹었던 물이 바라보자마자 구역질이 나는 것으로 변하는, 그처럼 세상의 모든 것들이 마음먹기에 달려 있음을 깨닫게 된 것이다. 깨달음을 얻은 원효대사는 곧바로 집으로 돌아왔고, 의상대사만 당나라로 들어가 공부를 계속하고 돌아와 영주 부석사를 비롯한 화엄십찰을 세웠다.

깨달은 사람의 마음이 가진 두 가지 특징은 다음과 같다. '마음이 맑다〔智淨〕는 것이 첫 번째 특징이고, '헤아릴 수 없는 작용을 한다〔不思議業〕'는 것이 두 번째 특징이다. (…) 헤아릴 수 없는 작용은 마음이 맑아짐에 근거하여 탁월하고 신비한 일체의 상태를 만들 수 있는 법이다. (…) 하나의 마음에 근거하여 두 가지 양태의 마음이 있다. 두 가지 마음의 양태란 무엇인가? 하나는 '있는 그대로〔眞如〕'의 마음이고, 다른 하나는 '요동치는〔生滅〕' 마음이다. (…) 있는 그대로의 마음과 요동치는 마음은 서로 떨어지지 않는다.

원효는《대승기신론소大乘起信論》〈별기〉에서 이렇게 말하고, '그 무엇에도 어디에도 걸림이 없는 철저한 자유인이 되는 것', 즉 무애사상無礙思想을 터득했다. 그 뒤부터 원효는 '무애춤'을 추면서 세상을 아무 거리낌이 없이 살다갔다.

평택시 현덕면 덕목리의 광덕산에는 심복사深福寺라는 절이 있다. 명종 4년(1549)에 파주 문산포에 사는 어부 천의문千乙文이 배를 타고 아산만까지 와서 고기를 잡고 있는데 큰 돌이 자꾸 그물에 걸려 자세히 살펴보니 불상이었다. 그 불상을 공손히 모시었더니 그날 밤 꿈에 돌부처가 나타나 "내가 있을 곳은 심복사이니라. 파손된 뱃 조각을 거두어 절을 지을 때 임자 없는 검은 소 세 마리를 끌어다가 부리도록 하여라" 하여 그 말대로 심복사에 옮긴 불상이 바로 석조비로자나불좌상(보물 제565호)이다. 불상은 그 후로도 아주 영험하여 나라에 불행한 일이 일어날 때마다 아랫도리에서 땀을 많이 흘렸다고 전해진다.

한편 평택시 소사동에는 대동법을 시행했던 김육金堉의 비가 있다.《여지도서》에 "효종 1년(1649)에 김육이 임금에게 대동법大同法을 시행하도록 의견을 올려 백성들을 편안하게 하니, 경기도와 충청도 백성들이 김육의 덕을 칭송했다. 김육의 호는 잠곡潛谷이며, 벼슬은 영의정에 이

수도사

수도사는 원효대사가 해골바가지에 담긴 물을 마시고 일체유심조를 깨달았다는
유명한 전설이 서린 사찰이다.

르렀다"라고 실려 있는 비는 옛 모습 그대로 서 있고, 그곳에서 1번 국도를 따라간 북쪽에 오산시가 있다.

한강 이남 최고의 산성 독산성이 있는 오산

조선 말까지 수원 관할이었던 오산이 읍으로 승격된 것은 1960년의 일이다. 1970년 화성군 청사를 수원시에서 오산읍으로 옮기고 1989년 1월 오산시로 승격되었다.

오산시의 역사 속에서 가장 중요한 유적은 독산에 있는 독산성이다. 조선 중기의 문장가인 월사月沙 이정구李廷龜는 독산성 남쪽에 있는 표루標樓인 진남루 기문에서 수원과 오산 일대를 다음과 같이 묘사했다.

경기도의 37개 고을 가운데, 가장 큰 고을이 수원이다. 가장 큰 까닭에 중요한 인물을 뽑아 기용한다. 세 도호부와 두 군, 일곱 현이 소속되어 있으니, 한강 남쪽의 거대한 진영이다. 고을은 평평하고 너른 들판 사이에 자리잡고 있으니, 험하고 가파른 산이나 골짜기로 막혀 있지 않다. 관아의 동쪽 10리에는 매우 높게 우뚝 솟은 산이 길가에 있는데, 민간에서는 독성산禿城山이라고 한다. 산에는 나무가 없어서, 바라보면 민둥민둥하기 때문에 이러한 이름을 얻었다. 사람들은 예사롭게 바라보면서 특별히 여기지 않는다.

임진년에 일본이 커다란 규모의 군사로 짓밟으니 나라 안의 든든한 성과 거대한 진지들이 연달아 패배해 함락되었다. 도원수 권율權慄이 남은 병사를 이

김육의 대동비

평택 소사동에는 대동법을 시행한 김육을 기리는 대동비가 있다.

끌고 옮겨 다니며 싸우다 여기에 들어와 근거지로 삼고 서울에 있던 적병과 맞섰다. 왜적은 군사를 풀어서 여러 차례 공격했지만, 끝내 감히 가까이 올 수 없었다. 이에 사람들은 이 성이 지리적으로 좋은 형세를 가지고 있어서 나라의 요충지가 된다는 사실을 알게 되었다.

조선시대에는 독성산성이라 불린 독산성은 남한산성과 더불어 한강 이남 최고의 산성이자 수원·화성·오산의 옛 수원도호부를 지킨 요충지로 평가받고 있다.

독산성은 임진왜란 당시 권율 장군이 왜장 가토 기요마사와 고니시 유키나와의 대군을 격파한 전승지이다. 권율이 이 성에 진을 치고 있다는 소식을 들은 왜군 수십만 명이 성을 포위하고 세작(간첩)을 보내 독산성에 물이 부족하다는 것을 알고 승리를 확신했다. 적의 의도를 간파한 권율 장군이 독산성의 가장 높은 봉우리에 멍석 수십 닢을 깔고 흰말 다섯 마리를 한 줄로 세웠다. 그리고 좌우로 쌀 한 섬씩을 준비한 뒤 흰쌀을 부어 목욕시키는 듯한 모습을 연출했다. 그러자 말들이 일제히 꼬리를 뻗치고 굽을 치며 갈기를 흔들고 소리를 요란하게 질렀다. 이를 본 왜적들이 놀라 달아나는 것을 추격하여 대승을 거두었다고 한다. 권율 장군의 탁월한 전술을 기념하기 위해 '말을 씻었다'는 뜻으로 '세마대洗馬臺'라고 하는 누대를 건립했고 오늘날 오산 독산성과 세마대지는 사적 제140호로 지정되어 있다.

권율이 기문을 남긴 지 몇백 년이 흐른 지금 독산성이 들어선 독성산은 세마산·향로봉·석대산으로도 불린다.

궐리사

오산시 궐동에는 궐리사가 있다. 공자의 64세손 공서린이 이곳에 살면서
후진을 가르쳤으므로 정조 16년에 임금의 명으로 공자의 사당이 세워졌다.

한편 오산시 궐동에는 궐리사(경기도기념물 제147호)가 있다. 이 사당은 정면 3칸, 측면 2칸 규모의 익공계 맞배집인데, 전면에는 개방된 퇴칸이 있고 측면에는 방화벽이 설치되어 있다. 공자의 64세손인 공서린孔瑞麟은 조선 중종 때의 문신으로 경기도관찰사 등을 지낸 뒤 이곳에 서재를 세우고 후학들에게 강의를 했다. 그는 뜰 안 은행나무에 북을 달아놓고 문하 제자들에게 공부를 게을리하지 않도록 깨우치며 교수했다. 공서린이 죽은 뒤 그 은행나무가 자연 고사했다고 한다.

그 뒤 정조 16년(1792) 화산에서 남쪽 멀리 바라보니 많은 새들이 슬피 울며 모여들므로 괴이하게 여긴 정조가 그곳에 행차해 보니, 죽었던 늙은 은행나무에 싹이 트고 있었다. 이에 정조가 이곳에 사당을 짓게 하고, 지명을 궐리闕里로 고치게 했으며, 공자의 영정을 봉안하게 하고 '궐리사'라는 사액을 내렸다. 궐리는 노나라의 곡부曲阜에 공자가 살던 곳을 따서 지은 이름이다.

현재 이곳 궐리사에는 솟을삼문 주위로 돌담이 둘러져 있고, 사당이 있는데, 입구에는 하마비下馬碑가 서 있으며, 삼문에는 '성묘聖廟'라는 현판이 걸려 있다.

4

한양 남쪽의 큰 도회지

안성 · 이천 · 용인 · 의왕 · 광명

경기도 최남단에 위치한 안성

　수원 동쪽은 양성과 안성이다. 안성은 경기와 호남 바닷가 사이에 위치하여
화물이 모여 쌓이고 공장工匠과 장사꾼이 모여들어서 한양 남쪽의 한 도회가
되었다.

《택리지》에 실린 안성에 대한 글이다.

　안성은 교통이 편리하고 들이 넓으며 토질이 좋은 곳이라 백성들의 생
활이 넉넉했기 때문에 다른 고을과 달리 화평했다. 《여지도서》에도 조선
시대 안성의 풍속을 다음과 같이 소개하고 있다.

　농사를 짓는 사람은 본업에 힘쓰고, 수공업과 상업에 종사하는 사람은 이익
을 숭상한다. 선비들은 모두 유학에 힘쓰고, 태도와 행실을 아울러 조심한다.

　안성은 고구려 때 내혜홀이었으며, 신라 경덕왕 때 백성군에 속한 현이

었고, 안성이라는 지명은 고려 초부터 사용되었다. 또한 안성은 조선 초기까지는 충청도에 속했으나 태종 13년(1413) 전국을 팔도로 나눌 때 경기도에 편입되었다. 1914년 군면 통폐합 시 안성·죽산·양성 3개군을 통합하여 안성군이 되었고, 1998년 시로 승격되었다.

안성에 통합된 양성(현 안성시 양성면)은 고려 때 사람인 강호문康好文의 시에 "용성 깊은 지역에 외로운 성 있는데, 고을 이름은 간의諫議의 이름과 같다"라고 나오며, 통합된 또 다른 군인 죽산은《여지도서》에 "산이 많고 들판이 적다. 삼남지방으로 가는 중요한 길목으로, 서울을 지키는 요충지이다"라고 전해진다.

안성은 고려 공민왕 때 현에서 군으로 승격되었는데 이는 홍건적의 난과 관련이 있다. 공민왕이 홍건적의 난을 피해 남쪽으로 내려갈 때 양주, 광주 일대의 사람들이 홍건적에 맞서 싸웠으나 이기지 못했다. 그러나 안성 지역의 사람들은 항복하는 체하며 연회를 베푼 다음 취한 홍건적 장수 여섯 명을 베어 죽였다. 그 뒤로 홍건적이 남쪽으로 내려올 엄두를 내지 못하게 되자 그 공을 높이 산 공민왕이 재위 11년(1362)에 안성 지역을 현에서 군으로 승격시킨 것이다. 이듬해에는 이를 기리기 위해 군수 신인도愼仁道가 누각을 건립했고, 조선 태조 7년(1398)에 군수 정수홍鄭守弘이 누각을 수리하여 극적루克敵樓라고 이름 붙였다. 극적루는 1700년대 말에 없어진 것으로 추정되나 안성시에서 극적루가 멸망의 위기에서 나라를 구한 표상이라며 정면 3칸, 측면 2칸의 팔작지붕 2층 건물로 2013년에 복원했다.

조선 전기 문신인 권근의《극적루기克敵樓記》에는 다음과 같이 안성

소사들

안성은 편안한 고장이라는 이름답게 예로부터 풍요한 곳으로 여겨졌다.
작은 하천이 많고 땅이 기름진 안성평야에서 생산되는 쌀은 질이 좋기로 유명하다.

의 형승이 전해지고 있다.

천흥天興과 청룡靑龍(모두 산 이름이다)이 빙 둘러 병풍처럼 에워싸고 고리처럼 둘러 있다.

한편 조선 전기 문신 최부崔溥는 이곳 땅에 대해 다음과 같이 말했다.

산은 동북쪽을 막아서 저절로 성이 되었고 지역은 서남으로 트였는데 기름진 들판이 질펀하다.

그의 말처럼 임꺽정의 스승인 병해대사가 머물렀던 칠장사가 있는 칠장산에 올라서면 가까이에 칠현산·덕성산이 펼쳐져 있고 먼발치에 남사당패의 근거지였던 청룡사를 품고 있는 서운산이 보인다. 그리고 비봉산·도덕산·청량산을 넘어서면 안성평야가 질펀하게 펼쳐진다.

서운산 자락의 청룡사와 남사당패

청룡사와 석남사를 품에 안은 서운산에는 서운산성(경기도기념물 제81호)이 있다. 서운산성은 서운산에서 뻗은 서쪽 능선에 서남쪽 방향을 해발 535미터에서 460미터 지점까지 삼태기 모양으로 둘러싼 토성으로 둘레는 약 620미터이고 성벽의 높이는 6~8미터이다. 성안에서 삼국시대 토

청룡사 대웅전

서운산 자락에 있는 청룡사는 나옹선사가 서기 어린 구름을 타고 내려오는
청룡을 보았다고 해서 붙여진 이름이다.

기 조각이 발견되어 삼국시대에 축조된 것으로 추정된다. 서운산성은 임진왜란 당시 이 지역 의병장이었던 홍계남과 이덕남이 안성을 방어한 군사요충지이며, 성안에는 두 의병장을 기리는 기념비와 석불이 있다.

숙종 46년(1720) 동현거사 나준羅浚이 지은 《청룡사 사적기》에 의하면 청룡사는 고려 원종 6년(1265)에 명본대사明本大師가 창건하고, 공민왕 13년(1364)에 나옹선사가 크게 중창했다고 한다. 이때 나옹선사가 서기 어린 구름을 타고 내려오는 청룡靑龍을 보았다고 해서 본래 대장암大藏庵이었던 절 이름을 청룡사, 산 이름을 서운산이라 고쳐 부르게 되었다.

이 절에는 고려 공양왕의 진영이 모셔져 있었으나 세종 6년(1424)에 다른 곳으로 옮겼고, 인조의 셋째 아들 인평대군이 원찰로 삼으면서 사세가 확장되었다고 한다. 그 뒤의 역사는 전해지지 않고 현재 남아 있는 건물은 대웅전을 비롯 관음전·명부전·관음청향각·대방 등이 있고, 대웅전 앞에는 청룡사 삼층석탑(문화재자료 제59호)이 서 있으며, 조선 현종 때 만들어진 800근이 넘는 동종이 있다. 절 북쪽 관음전에 숙종 8년(1682)에 제작된 감로탱이 있는데, 감로탱은 죽은 자의 영혼이 극락세계로 가기를 염원하는 그림이다. 현재까지 알려진 것으로는 가장 오래된 감로탱이라고 한다. 청룡사의 부속 암자로는 은적암·내원암·서운암이 있는데 은적암은 600여 년에 창건된 암자로서 선수仙水라고 불리는 유명한 약수가 나온다.

내원암은 청룡사 다음해에 창건되어 48명의 강사를 계승한 유명한 강원이며 용허, 장호강백에 이르기까지 수백 년 동안 계속되었던 선불장으로 이름이 널리 알려진 곳이다. 서운암은 원래 내원암에 속한 암자로서 내원암으로 찾아오는 학승들이 너무 많아 약 100여 년 전에 내원암 강주講主였던 만우스님이 창건한 암자이다.

청룡사 대웅전(보물 제824호)은 정면 3칸, 측면 4칸의 팔작지붕 건물이다. 자연석으로 축조한 기단 위에 화강석으로 초석을 놓고 그 위에 전혀 가공하지 않은 원목 그대로의 고목을 기둥으로 쓴 것에 감탄을 금할 길이 없다.

대웅전 양쪽 추녀 끝에는 칼을 들고 서 있는 모습의 금강역사를 세웠는데 오른쪽엔 입을 굳게 앙다문 밀적금강密迹金剛이, 왼쪽에는 입을 벌린 채 공격 자세를 취하고 있는 나라연금강那羅延金剛이 그려져 있다. 아마도 천왕문이나 금강을 따로 세우지 않은 절이다 보니 법당 추녀에 잡귀의 침입을 막고 부정을 다스리며 부처님을 보호하도록 묘안을 짜낸 금강역사를 세운 것으로 보인다. 법당 안 중앙에는 석가모니불이, 좌우로는 제화갈라보살과 미륵보살이 모셔져 있는데 이는 과거, 현세의 미래불을 나란히 모신 것이다.

청룡사가 사람들에게 널리 알려진 것은 황석영의 장편소설《장길산》에 등장하는 남사당패에 의해서다. 안성군은 평택군, 천원군, 대덕군과 더불어 남사당패가 놀이판을 벌이는 큰 고을에 들었고 안성군이 남사당으로 알려지기 시작한 것은 1920년대 학자들이 남사당 후기라고 구분하여 불렀던 때부터였다. 그때까지만 해도 남자들만으로 놀이패를 구성하던 남사당패가 여자들로 구성된 사당패와 서로 섞이고 사당패와 성격이 다른 걸립패와도 한데 섞였다.

그 무렵 이 일대를 돌아다니던 남사당패들이 청룡사에 적을 두고 있었다. 이들은 겨울이면 청룡사에서 불목하니로 일하며 잠자리와 먹을거리를 제공받았고, 겨울이 지나면 절에서 쓰는 경비를 마련하기 위하여 걸립 같은 연희단을 조직한 뒤 안성장터를 비롯해 전국 곳곳을 돌아다니면서 동냥을 했다.

이 걸립패들이 훗날에 본격적인 기예를 배워 놀이판을 벌이기 시작했다. 풍물놀이, 꼭두각시놀음, 줄타기, 재주넘기, 사발 돌리기 등 온갖 기예들을 익혀서 나라 곳곳을 돌아다니며 민중들의 흥취를 채워주었다.

이곳 서운면 청룡리 불당골이 중부 지역에서 노닐던 남사당패의 본거지가 된 것은 청룡사와 거리가 가까워서였을 것이다. 남사당패는 농사철이 시작되는 봄부터 추수가 마무리되는 가을까지 마을을 떠나 나라 곳곳을 떠돌며 살다가 추운 겨울이 되면 청룡사로 찾아들었다.

> 안성청룡 바우덕이 소고小鼓만 들어도 돈 나온다
> 안성청룡 바우덕이 치마만 들어도 돈 나온다
> 안성청룡 바우덕이 줄 위에 오르니 돈 나온다
> 안성청룡 바우덕이 바람을 날리며 떠나가네

'바우덕이 노래' 속의 바우덕이는 남사당패를 이끄는 여장부였다. 안성 바우덕이는 전국에 널리 알려졌었다. 경복궁 중건 때 노역자들을 위로하기 위해 안성 사당패를 불러 걸판지게 놀이판을 벌였는데, 특히 바우덕이의 노래와 춤, 줄타기는 일품이어서 일꾼들이 넋을 잃고 빈 지게만 지고 다녔다고 한다. 이에 대신들은 요망한 바우덕이를 처형해야 한다고 상소를 올렸으나 대원군은 오히려 바우덕이의 가무를 칭찬하고 후하게 상을 내렸다고 전한다.

그런 사연으로 인하여 1910년경 안성 남사당패에는 여자인 바우덕이가 꼭두쇠 자리에 앉는 '변혁'이 일어났다. 그 후 안성 바우덕이는 13년간 안성 사당패를 이끌며 악전고투를 하다가 병을 얻어 거리에서 죽었다고 전해온다.

그 뒤 세상이 놀랍도록 변화했음에도 불구하고 1970년대 후반까지 이어졌던 남사당패는 "단 하나 남은 마지막 꼭두쇠"라고 자처했던 남편 우씨마저 죽고 난 뒤에 맥이 끊어졌었다. 그런데 영화 〈왕의 남자〉에서 남사당패가 등장하며 사람들의 관심의 대상이 되었으니, 세상일은 참으로 알다가도 모를 일이다.

청룡사에서 나와 엽돈재 고갯길을 넘으면 배티고개가 나온다. 안성시 금광면 상중리와 충북 진천군 백곡면 양백리 사이에 있는 이 고개의 조선시대 지명은 대문령이었다.

《택리지》에는 대문령에 대해 "그 맥이 진천에서는 대문령 大門嶺이 되고, 목천에서는 마일령 磨日嶺이 되었다"라고 실려 있고, 《신증동국여지승람》에는 "대문령 고을 서쪽 35리에 있으니 이곳이 경기도 안성군의 경계다"라고 실려 있다.

대문령이 배티고개라고 불리게 된 것은 영조 4년(1728) 무신란을 일으킨 신천영 申天永과 관련이 있다. 청주 지역의 대표적 남인 南人으로 활동하던 신천영이 반역의 뜻을 품은 사람들을 규합하여 배티고개에 주둔하자 함경도 북병사를 지냈던 이순곤이 의병을 모아 반역의 무리들과 맞서 싸워 물리쳤다. 이때부터 신천영이 패한 고개라 하여 패치敗峙라고 부르던 것이 오늘날 배티로 변하게 되었다고 한다.

민중을 보듬는 안성의 미륵불

서운산의 동북쪽 기슭에 자리잡은 석남사石南寺는 조계종 제2교구 용주사의 말사로서 신라 문무왕 20년(680)에 당대의 고승 석선奭善이 창건했다. 그 후 문성왕 18년(856) 염거국사廉居國師가 이곳에 머물면서 중수했고, 고려 광종의 아들 혜거국사慧炬國師가 크게 중건하는 등 이름 높은 스님들이 석남사를 거쳐 갔다. 따라서 이들 스승을 흠모하는 수많은 제자들이 찾아들어 수행지도를 받았으니, 석남사는 당시 수백 명의 선승들이 불도를 닦은 도량이라 할 수 있다.

이에 세조는 "석남사에 적을 둔 모든 승려의 사역을 면제하니 수도에만 전념토록 하라"는 친서교지親書敎旨를 내려 석남사의 전통을 살리고 수행도량의 면모를 지켜갈 것을 당부했다. 그 뒤 석남사는 임진왜란 때 전화를 입어 영조 때 해원선사海源禪師가 중수했으나 본래의 절 모습을 되찾지 못한 채 오늘에 이르고 있다.

석남사 영산전(보물 제823호)은 정면 3칸, 측면 2칸의 다포계 공포를 갖춘 팔작지붕 건물이다. 석남사 영산전은 특히 공포의 짜임새가 조선 초기와 중기 사이의 특징을 갖고 있다는 점에서 사찰 건축사에서 중요한 자료가 되고 있다. 내외 2출목으로 각 기둥 사이에 공간포空間包 1조씩을 짜 맞추어 견고하고 균형감 있는 외관을 이루고 있다.

가장 높은 지점에 위치한 석남사 대웅전(경기도유형문화재 제108호)은 본래는 영산전 아래쪽에 있었다고 한다. 현재의 자리로 이전할 때 발견된 기왓장에 영조 원년(1725)에 법당이 중건되었음이 표시되어 있다. 정면 3칸, 측면 3칸의 대웅전은 겹처마 맞배지붕이다.

석남사에서 산길을 조금 오르면 석남사 마애여래입상(경기도유형문화재 제109호)이 숨은 듯 서 있다. 얼굴을 잔뜩 찌푸린 채로 서 있는 마애여래입상은 바위 질감이 좋지 않아서 마모가 심하다. 코는 어느 때 누가 떼어 갔는지 없어졌던 것을 시멘트로 붙여놓은 듯하다.

석남사·청룡사·칠장사 등 사찰이 많은 안성시 삼죽면 기솔리에 국사봉이 있고, 그곳에 여러 점의 미륵불이 남아 있다. 국사 신앙의 터로서 유명한 이곳 국사봉 자락에는 쌍미륵사가 있고, 높이가 5미터에 이르는 거대한 석불 2기, 기솔리석불입상(경기도유형문화재 제36호)이 기솔리를 굽어보며 서 있다.

이러한 거구의 석불들은 고려 시대의 전형적인 지방 양식으로 안성 일대에 여러 개가 있는데, 이곳에서 국사봉 정상쪽으로 한참을 올라가면 국사암이 있고, 대웅전 뒤편에 궁예미륵이라 불리는 아담한 미륵불 3기가 모셔져 있다. 미륵이라 불리고는 있지만 미륵보다는 문인석文人石에 가까운 석인상을 닮은 이 미륵불은 어느 곳 하나 상처 입은 것 없이 완전한 형태로 남아 있다. 그러나 정작 어떠한 연유로 궁예미륵이라 불리게 되었는지 알수 있는 흔적은 남아 있지 않다. 다만 이곳 죽산 지방이 신라 말기에 기훤

기솔리석불입상

쌍미륵사에 있는 5미터 높이의 석불 2기가 기솔리를 굽어보며 서 있다.

안성 궁예미륵

국사암 대웅전 뒤편에는 궁예미륵이라는 아담한 미륵불 3기가 모셔져 있다.

箕萱이 봉기를 일으킨 곳이고, 그 후 궁예弓裔는 태봉국을 세워 이곳까지 손아귀에 넣었다. 미륵의 나라를 세우고자 했던 궁예의 꿈은 깨어졌고, 그가 세웠는지 혹은 그 뒤 그를 기리는 사람들이 세웠는지 알 길이 없는 궁예 미륵만 남아 바람 부는 산정에서 세상을 굽어보고 있을 뿐이다.

고려의 빼어난 시인 정지상의 자취가 남은 분행역

안성시 죽산면 매산리에는 서울에서 부산으로 가는 영남로 상의 중요한 길목이었던 분행역이 있었다. 고려 때의 빼어난 문장가인 정지상鄭知常이 분행역을 지나며 다음의 시를 남겼다.

저물녘에 영곡봉 앞길을 지나
아침에는 분행루分行樓에 올라 시를 읊는다
꽃은 벌의 수염에 닿아 붉은 것을 반쯤 토하고
벌이 꾀꼬리 나래 감춘 듯 버들은 초록이 짙어진다
온 누각의 이른 봄빛은 무궁한 흥이 있지만
천리길 사신은 돌아가고자 하는 마음이로다
머리를 중원으로 돌이키나 사람은 보이지 않고
흰 구름은 땅에 나직하고 나무는 빽빽하구나

《신증동국여지승람》에는 분행역에 대한 글이 실려 있다.

분행역은 현의 북쪽 10리 지점에 있다. 고려 때 대간 김황원金黃元이 임금의 뜻에 거슬려 성산星山에 있는 원으로 나가는 길에 이 역을 지나게 되었다. 마침 이재李載가 남방에서 돌아오자, 그에게 "나뉘어 행하는 길 위에서인들 어찌 시가 없을손가/머물러 사신에게 주어서 생각하는 것을 부치노라/갈대 잎은 소소하니 가을 물 나라요/강산은 아득하고 머니 석양 때로다/옛 사람을 볼 수 없으니 이제 부질없이 탄식한다/지난 일을 좇기가 어려우니 다만 스스로 슬퍼하노라/참으로 그렇구나 죄를 당하여 장사로 귀양 가는 손이/관직은 낮고 나이는 늙어 귀밑털이 세었도다"라는 시를 지어주었다.

고려 때의 문장가인 이규보李奎報도 이곳 분행역에서 가버린 세월, 다시 올 리 없는 그 세월을 회상하는 한 편의 시를 남겼다.

> 누른 진흙 벽 뒤에 옛날의 시를 남겼더니
> 뭉개어 자취가 없어져 기억할 수 없다
> 수양버들은 아직도 가던 길에 늘어져 있고
> 강산은 오히려 옛날 놀던 때와 같구나
> 젊은 미인은 어디 있는가. 부질없이 추억만 하고
> 흰 머리로 다시 오니 가만히 슬프기만 하구나
> 부절符節 지니고 다른 해에 이른다 하더라도
> 누에 오를 만한 근력이 먼저 쇠할까 두렵도다

분행역에 소속된 좌찬역은 죽산현의 북쪽 50리 지점에 있었다. 이 역을 두고 고려 말 조선 초 문장가인 정이오가 시 한 편을 지었다.

성을 나온 지 몇 날이나 되었던가
길에 오르니 청량한 하늘이 기쁘도다
곤곤矹矹하게 세월은 빠르고
소소하게 풍우가 연하였도다
공명은 말 등 위에서 수고로웠고
돌아갈 뜻은 갈매기 옆에 떨어지네
이미 부귀도 구할 수 없으니
억지로 채찍 잡는 것 말하지 말라

역뿐만 아니라 이곳 죽산면에는 지나가는 행인들의 편리를 도모해주던 원집이 많이 있었다. 분행역 근처에 이 역에 소속되었던 태평원이 있었고 그곳에 있는 미륵당彌勒堂에는 미륵이 세워져 있다. 태평미륵이라고 부르는 이 미륵은 고려 초에 조성된 것으로 추정된다. 이 미륵은 이름 그대로 태평스런 얼굴을 하고 있다.

이 미륵은 고려 말 원나라가 쳐들어왔을 때 죽주산성에서 적을 물리친 송문주 장군과 처인성에서 살리타를 살해한 김윤후金允侯의 우국충절을 기리고 명복을 빌기 위해 세웠다는 설과 조선 후기인 영조 때 최태평이라는 사람이 세웠다는 설이 있다. 그러나 불상이 조성된 것은 고려 초기로 추정되므로 둘다 지어진 이야기로 보인다.

부처는 지혜의 완성자이고 보살은 지혜의 완성을 향해 가고 있거나 중

태평미륵

평범하고 친근감 있는 이름 그대로 평안한 표정의 태평미륵은
고려 초기에 조성된 것으로 추정된다.

생구제를 위하여 부처의 자리를 잠시 유보해놓고 있는 이름이다. 미륵보살도 때가 되면 미륵부처의 몸으로 나오게 된다.

안성맞춤의 유래가 된 안성유기

한편 안성은 대구·전주와 더불어 '조선 3대 큰 시장'으로 유명했다. 그것은 안성이 충청도·전라도·경상도 등 삼남지방에서 서울로 올라가는 관문이었기 때문이다.

지금의 성남동에 있던 안성 장터는 전국 팔도의 물산이 모여서 서울보다도 유기·농구·절구 이 3가지가 더 많다고 하여 팔도의 장사꾼들로 아주 번성했다. 이때 팔도의 계산법이 달라서 떠드는 소리가 요란하므로 '떠들기는 안성장 윗머리 같다'는 속담이 있었다. 안성장에는 농산물뿐만 아니라 굽에 대어 붙이는 쇳조각인 편자에서부터 종이신·가죽신·갓·담뱃대·북·놋그릇·한지 등의 공예품이 많이 나기로 유명했다.

다른 지역의 장과는 달리 안성장에는 중간상인이었던 객주의 수효가 많았다. 예를 든다면 과일장수는 그 종류에 따라 배만 다루는 배〔梨〕도가, 밤만 다루는 밤〔栗〕도가, 감만 다루는 감〔枾〕도가로 나뉘었고, 옷감장수는 염포가, 면포가, 견포가로 따로 나뉘어 있었다.

조선 정조 때의 실학자 연암燕巖 박지원朴趾源이 지은《허생전》의 주인공인 허생이 장사를 벌여서 성공했던 곳도 바로 안성장이다. 소설 속에서 안성장은 다음과 같이 묘사되어 있다.

글 읽기만 좋아하였고. 그의 아내가 바느질품을 팔아 겨우 입에 풀칠을 하는 셈이던 남산골의 허생許生이 서울 장안에서 제일 이름난 부자인 변씨卞氏를 찾아갔다. "내 집이 가난해서 무엇을 조금 시험해볼 일이 있어 그대에게 만금을 빌리러 왔소" 하고 변씨는 "그러시오" 하고는 곧 만금을 내주었다. (…) 허생은 만금을 얻어 가지고는 다시 집으로 돌아오지 않고 언뜻 생각하기를, "저 안성은 기畿와 호湖의 어우름이요, 삼남三南의 어구렸다" 하고는, 곧 이에 머물러 살았다. 그리하여 대추·밤·배·감자·석류·귤·유자 등의 고실을 모두 배培 값으로 사서 저장했다. 허생이 고실을 도고都庫하자, 온 나라가 잔치나 제사를 치르지 못하게 되었다. 그런지 얼마 아니 되어서 앞서 허생에게 배 값을 받은 장사치들이 도리어 열 배를 치렀다. 허생은 "어허, 겨우 만금으로 온 나라의 경제經濟를 기울였으니, 이 나라의 얕고 깊음을 짐작할 수 있구나" 하고는, 곧 칼·호미·배·명주솜 등을 사 가지고 제주도에 들어가서 말총을 모두 거두면서 "몇 해만 있으면 온 나라 사람들이 머리를 싸지 못할 거야" 하였다. 얼마 지나지 않아서 망건 값이 과연 열 배나 올랐다.

그처럼 번성했던 안성장이 경부선 열차가 통하면서 물산이 분산되어 그 기능을 잃어버리고 말았다.

안성은 교통의 요지 또는 물산의 집합체로서 큰 구실을 했을 뿐만 아니라 안성맞춤이라는 말로서 온 나라 사람들에게 널리 통용되고 있는 안성유기의 고장이기도 하다. 일제 시대에 안성에서 교육운동을 하는 등 안성 지역의 산증인이라 할 수 있는 김태영金台榮은 《안성기략安城記略》에서 안성의 유기에 대해 다음과 같은 글을 남겼다.

안성은 고래로 유기가 명산이다. 안성유기는 견고하고 정교하게 제조함으로 전국에 환영을 받아왔으니 이로 인하여 물품이 견고하든지 사기가 확실하든지 혹 홀치지물忽致之物이 불의지수不意之需에 가합하든지 하면 안성맞춤이라 하여 전국에 통용되나니.

온 나라 사람들이 '생각한 대로 튼튼하게 잘 만들어졌을 때' 즐겨 쓰는 말인 안성맞춤이라는 말이 '안성유기'에서 비롯된 것임을 밝히고 있다. 그 말처럼 조선시대 서울의 양반들이나 돈 많은 부자들은 반상기나 제기를 주문해서 썼는데 유독 안성유기의 생김새가 작고 아담해서 나라 안팎의 사람들에게 널리 알려졌던 것이다.

그러나 '안성꽃신 반저름(가죽신의 일종)은 시집가는 새아씨 발에 마침이다'라는 속요가 전해지고, '안성맞춤이다'라는 속담이 만들어질 만큼 안성유기를 비롯한 이 지역 생산품이 공물貢物 품목에 들게 되면서 이곳 사람들의 비극이 시작되었다. 한양에서 '안성유기 열 벌만 만들어 올려라' 하면 이곳의 관리들이 스무 벌 서른 벌을 만들어서 제가 가지는 통에 살 길이 막막해진 안성 사람들은 꾀를 내어 현감이나 군수가 새로 부임되어 오자마자 공덕을 기리는 영세불망비永世不忘碑부터 세워줬다고 한다. 그러한 사연을 지닌 영세불망비가 안성공원에 44개쯤 모여 있어 나라 안에 단일로는 가장 많다고 한다.

안성공원에는 《안성장날》을 쓴 소설가 이봉구李鳳九의 문학비도 있고, 이인좌의 난을 평정한 오명항吳命恒의 공적을 기리기 위한 오명항선생 토적송공비討賊頌功碑(경기도유형문화재 제79호)가 암행어사로 이름을 날렸

안성유기

물산의 집합체였던 안성에서 가장 유명한 것은 견고하고 정교하기로 이름난 안성유기였다.

던 박문수朴文秀의 글씨로 새겨져 있다. 또한 한편에는 석남사 주변에서 출토되었다는 보기에도 안타까운 불상 한 기가 서 있다.

이곳 안성시 도기동은 마을의 뒷산이 거북의 머리처럼 생기고 큰 돌이 박혀 있기 때문에 목머리, 도구머리, 도기동으로 불리고 있다. 이 마을에는 '안성 도기동 사람들은 트집쟁이'라는 말이 전해온다. 이는 갓의 명산지였던 이 마을 사람들이 갓을 만드는 과정에서 틀어진 갓을 바로잡을 때 '트집 잡는다'라고 말한 것이 와전된 것이다.

원나라의 침입을 받은 죽주산성

안성시 죽산면은 "땅은 메마르고 가난하여, 생계수단이 막막하다"라고 《여지도서》에 실려 있는데, 이 죽산면 매산리에는 죽주산성(경기도기념물 제69호)이 있다.

죽주고성은 고을의 동쪽 5리에 있다. 고려 고종 23년에 송문주宋文胄가 죽주 방호별감이었다. 그때 몽골군이 죽주에 이르러 항복을 권하자, 성안의 군사들이 성문을 열고 나가 공격하니 달아났다. 몽골군이 다시 돌로 성의 네 방향으로 공격하자 성문이 곧 무너졌다. 몽골군이 감히 가까이 오지 못했다. 몽골군은 사람의 기름을 준비하고 또 짚 다발에 부어 불을 붙여 공격했다. 성안의 군사들이 한꺼번에 문을 열고 돌격하니, 몽골군 가운데 죽은 자를 이루 셀 수 없었다. 몽골군은 여러 방법으로 공격했으나 끝내 성을 함락하지 못하였다.

송문주는 귀주에 있을 때, 몽골군의 성 공격 방법을 잘 알고 있었다. 몽골군의 계획을 먼저 모두 알고서는 번번이 때마다 군사들에게 말하기를, "오늘은 적들이 반드시 이러한 무기와 방비를 쓸 것이니, 우리는 마땅히 준비하여 대항해야 한다"고 했다. 적들이 공격해 오는데, 정말로 그의 이야기대로였다. 성안 사람들은 송문주를 귀신같이 신통하다 했다.

《여지도서》에 실린 죽주산성에 대한 글이다.

죽주산성은 둘레 1688미터, 높이 2.5미터의 토석성으로 지금은 거의 허물어지고 석축만 남아 있다. 이 산성은 통일신라시대에 처음 축성되었으며, 고려시대에 크게 중수했다. 성의 이름은 죽산의 옛 이름 죽주에서 유래한 것이며, 신라 후기 진성여왕 때 견훤甄萱이 이 성에 진을 치고 세력을 키웠다.

죽주산성은 서울에서 부산으로 이어지는 영남로의 길목일 뿐만 아니라 청주와 충주로 연결되기 때문에 교통의 요지이자 전략적 중요성이 강조되어 조선시대에도 성을 보수했다. 병자호란 때에는 진을 치기도 했던 죽주산성은 3겹 석성으로 이루어져 있으며 본성이 1688미터, 외성이 1500미터, 내성은 270미터에 이른다. 성안은 넓은 평지로 이루어져 있으며 당시의 동문 자리에 장대석과 석재의 흔적이 있으며 성 남쪽에는 장대지將臺址와 문터가 남아 있다. 죽주산성 안에는 몽골군이 침입해 왔을 때 큰 공을 세운 송문주 장군을 기리는 사당이 있고, 함께 싸우다 죽은 백성들의 넋을 기리는 당집이 있다. 이곳 죽산에서 충북 음성의 무극참無極站을 거쳐 충주를 지나 조령으로 이어진 큰길을 죽산로라고 불렀다.

임꺽정의 자취가 남아 있는 칠장사

《신증동국여지승람》에 "죽산현의 남쪽 15리 지점에 있다"고 기록되어 있는 칠현산은 속리산에서부터 비롯된 한남금맥정맥이 한남정맥과 금남정맥으로 나뉘어지는 산이다. 김정호는 《대동여지도》의 서문에서 명산이란 무엇인가에 대한 이야기를 다음과 같이 풀어놓았다.

이름난 명산과 그 산에서 뻗어 내린 지산支山은 산을 이루는 큰 근본이다. 그 사이에는 홀로 우뚝 솟은 것도 있고, 나란히 솟은 것도 있고, 줄줄이 겹쳐져 솟아 있는 것도 있다.

이렇듯 칠현산은 수많은 명산에서 이어져 내려와 2개의 정맥으로 나뉘는 이 지역의 명산이다. 칠현산으로 불리게 된 연유는 다음과 같다.

칠현산과 인접한 칠장산 칠장사에 혜소국사라는 고승이 있었다. 혜소국사가 아미산 중턱에 조그마한 암자를 짓고 불도를 닦고 있던 중에 암자 근처에 우물을 파고 표주박을 띄워 놓았다. 당시 칠장사 아래에는 일곱 명의 도적들이 살고 있었다. 어느 날 밤 혜소국사의 암자에 있는 우물터에서 현란한 빛줄기가 뻗쳐 나오는 것을 보게 되었다. 도적들이 우물로 다가가 보니 표주박처럼 생긴 황금덩어리들이 둥실둥실 떠다니는 것이 아닌가.

견물생심이라고 도적들은 금빛이 감도는 표주박을 하나씩 가지고 집으로 돌아왔다. 그러나 어찌된 일인지 집에 와서 꺼내 놓자 마자 조금 전만 해도 금빛이 찬란했던 것이 그냥 표주박으로 변하고 말았다. 실망에

칠장사 대웅전

칠현산의 칠장사는 일곱 명의 도적이 중이 되었다고 해서
칠장사라고 부르게 되었다고 한다.

빠진 도적들은 표주박을 가지고 가서 우물에 다시 띄웠더니 표주박은 다시 황금으로 변했다.

그러기를 몇 차례 반복한 뒤에 도적들은 뭐라고 설명할 수 없는 신령한 기운이 있는 것을 깨닫고서 이구동성으로 이렇게 말했다. "오늘 일어난 일은 아무래도 부처님께서 우리를 시험하신 모양이네. 저 암자에서 도를 닦고 있는 스님에게 사실대로 말하고 용서를 구하세." 늦게나마 자신들의 잘못을 뉘우치고 혜소국사에게 찾아가 사실대로 이야기하자 혜소국사는 이렇게 말했다. "헛된 욕심을 품지 않는다면 이 세상의 모든 것이 보물로 보이는 법입니다."

국사의 말을 들은 일곱 명의 도적들은 수도승이 되었고 마침내 도를 닦아서 도통하게 되었다. 그 뒤부터 이 산을 칠현산七賢山이라 부르고, 암자를 일곱 명의 힘센 장사가 중이 되었다고 하여 칠장사七長寺라고 부르게 되었다.

미리내에 있는 김대건 신부의 발자취

한편 안성시에서 40여 리 떨어진 양성면 미산리의 미리내에는 한국 초기 천주교의 산 역사를 간직한 마을로 김대건 신부의 묘소가 있다.

우리나라 최초의 신부인 김대건의 본관은 김해이며, 충청남도 내포에서 독실한 천주교도 집안에서 태어났다. 천주교의 탄압을 피하여 경기도 용인의 골배마을로 이사를 와서 살았다. 어려서부터 할머니와 부모에게

미리내 성지 · 미리내 성당

한국 초기 천주교의 역사를 간직한 미리내에는 우리나라 최초의 신부 김대건의 묘소가 있다.

서 천주교 교리를 익혔다.

김대건은 헌종 2년(1836)에 프랑스 신부 모방에게 영세를 받고 신학생으로 선발되어 최양업, 최방제 등과 함께 중국의 마카오에 건너가, 파리 외방 전교회의 칼레리 신부로부터 신학을 비롯한 서양 학문과 프랑스어, 라틴어를 배웠다. 그 후 마카오에서 민란이 일어나자 헌종 5년(1839)에 필리핀의 마닐라에 가서 공부하여 6개 국어를 익혔다. 헌종 8년(1842) 프랑스 군함 제독 세실의 통역관으로 있다가 몇 차례의 실패 끝에 헌종 11년(1845) 고국을 떠난 지 9년 만에 돌아왔다.

사람들의 눈을 피해서 포교에 힘쓰다가 페레올 신부를 데려오기 위해 쪽배를 타고 중국 상하이에 건너갔다 24세의 젊은 나이에 한국 최초의 신부가 되었다. 그 후 페레올 신부와 다블뤼 신부를 데리고 충청남도 강경을 거쳐서 귀국한 그는 지방 전도에 나서 10년 만에 고향에서 어머니를 만났으나, 아버지는 순교한 뒤였다.

헌종 12년(1846) 최양업과 다른 신부를 몰래 입국시킬 비밀 항구를 찾다가 나바우 성당에서 체포되었다. 서울로 끌려온 김대건은 40회에 걸친 문초를 받고 그해 9월 새남터(현 서울 용산구 이촌동)에서 참수형을 받고 죽었다.

목이 잘린 김대건의 주검은 그대로 형장 주변에 버려지듯이 묻혔는데, 신도인 이민식이 몰래 무덤에서 주검을 꺼냈다. 그는 김대건의 시신을 업고 150리 길을 밤에만 달려 일주일 만에 이곳 미리내로 와서 새 무덤을 만들었다. 그 뒤 김대건의 무덤 곁에는 프랑스 선교사였던 주교 페레올과 김대건 신부의 어머니인 고 우르슬라, 그리고 이민식이 차례로 묻혔다.

김대건은 1925년 7월 5일 교황 비오 11세에 의해 복자로 선포되었고, 1984년 5월 6일 교황 요한 바오로 2세가 우리나라에 와서 직접 거행한 시성식에서 가톨릭의 성인 반열에 올랐다.

'은하수'라는 뜻의 아름다운 우리말로 불리고 있는 미리내는 경기도 광주·시흥·용인·양평·화성·안성 일대 초기 천주교 선교 지역 중 하나였다. 이곳이 미리내로 불리게 된 사연이 이채롭다. 신유박해(1801)와 기해박해(1839)를 피해 이곳으로 숨어 들어온 천주교 신자들은 교우촌을 형성하여 살았는데, 밤이면 밤마다 집집에서 흘러나오는 불빛이 달빛 아래 비치는 냇물과 어우러져 마치 은하수처럼 보였다. 그래서 마을 이름이 미리내가 되었다고 한다.

땅은 넓고 기름지며 백성은 많고 부유했던 이천

안성의 북서쪽에는 이천시가 있다. 이천의 고구려 때 이름은 남천현이었는데 이곳의 이름이 바뀌게 된 연유가 《신증동국여지승람》에 실린 임원준任元濬의 〈애련정기愛蓮亭記〉에 다음과 같이 적혀 있다.

이천 고을이 고구려 때에는 남천현이었는데, 뒤에 신라의 영지로 되어 남매군南買郡이라 이름하여 군주를 두어 다스렸고, 또 황무군黃武郡으로 고치어 주위에 있는 여러 현을 관령하였다. 왕 태조가 남으로 정벌할 때에 대군을 거느리고 군에 이르니, 서목徐穆이란 이가 인도하여 남천을 무사히 건넜다. 태조가 기뻐하며 지금의 칭호를 주었다.

또 태조가 후백제를 정벌하려 할 때에 이 고을에 군사를 주둔시켰는데 점을 치자 '이섭대천利涉大川'이라는 점괘를 얻은 데서 왔다는 설도 있다. 이는 주역에 자주 나오는 말로 '큰물을 많이 건널수록 좋다'는 말이기 때문에 이천利川이라고 부르게 되었다는 것이다.

조선 초기의 문장가인 권근이 지은《이천신치향교기利川新置鄉校記》에는 "땅은 넓고 기름지며 백성은 많고 부유하다"고 기록되어 있으나 조선 후기에 집필된《여지도서》에서는 이천의 풍속에 대해 "주민들은 고달프기 그지없으며, 토호는 원래부터 없었다"고 한 것으로 보아 조선 후기에 들어서면서 백성들의 삶이 피폐해진 것으로 보인다.

이천에는 이천의 소금강산이라고 불리는 설봉산이 있고, 그 산 남쪽에 창건 당시 북악사라고 불리었다는 영월암이 있다. 그 외에도 건지산과 마이산을 비롯한 여러 산들이 있는데 이천군 청미면에 있는 설성산에 얽힌 전설이 눈에 띈다.

신라 때 무용과 지략을 겸비한 장수가 있었는데, 우연한 일로 죄를 지어 죽임을 당하게 되었다. 그의 재간을 애석하게 여긴 중신들이 임금에게 간청하여 용서해주기를 빌었다. 임금은 정 그렇다면 지금의 설성산에다 닷새 만에 성을 다 쌓으면 용서해주겠다고 했다. 이리하여 그 장수는 성을 쌓기 시작했는데 도저히 닷새 동안 성을 쌓을 수 없는 것을 탄식하고 있을 때 이것을 본 중신들이 임금 모르게 그를 도와서 성을 훌륭히 완공시켰다. 성을 다 쌓기 전날 밤, 임금이 꿈을 꾸니 흰 눈이 내리고 날씨가 몹시 찬데 가엽게도 그 장수는 곱은 손을 입김으로 녹이며 성을 쌓고 있었다. 임금은 이 성을 설성이라 이름 지었고 그 산을 설성산雪城山이라 했다고 한다.

동학의 2대 교주 최시형이 숨어 지낸 앵산동

이천시 설성면 수산리(당시 음죽군 앵산동)는 동학의 2대 교주인 해월 최시형 선생이 숨어 지냈던 곳이다.

고종 31년(1894) 요원의 불길처럼 일어났던 동학농민혁명이 종지부를 찍자 해월은 다시 잠행길에 접어들었다. 관군의 추적이 하도 심하자, 해월은 며칠 또는 보름, 한 달 길게는 두 달 이상을 한곳에서 머문 적이 없었다. 끊임없이 이 집에서 저 집으로 옮겨 다녔다. 그는 새끼를 꼬거나 짚신을 삼았고, 새끼를 꼴 짚이 남아 있지 않을 때는 다시 풀어서 새끼를 꼬거나 짚신을 삼았다. 또 다른 집으로 이사를 가면 곧바로 앞뜰에 능금나무를 심고, 커다란 멍석을 몇 개씩 짜곤 했다.

제자들이 "좀 쉬시지 않고 무엇 때문에 그렇게 몸을 움직이십니까"라고 물으면 "한울님이 쉬지 않는데 사람이 한울님이 주는 밥을 먹으면서 손을 놀린다면 한울님이 노하신다"고 말했다. 제자들이 "오래 있어야 따먹을 수 있는 능금나무 같은 것을 왜 심으십니까?"라고 물으면 해월 선생은 "내 뒤에 이 집에 들어오는 사람이 내가 심은 나무의 과일을 먹고 내가 만드는 물건을 쓴들 무슨 안 될 일이 있겠는가? 만약에 세상 사람들이 다 나와 같이 한다면, 누구나 이사 다닐 때에 세간을 가지고 다닐 필요가 없

205

을 것이다"라고 대답했다고 한다.

그는 교도의 며느리가 베를 짜는 것을 보고 "베 짜는 그 어려운 일을 당하고 있는 며느리를, 일 속에서 어려움을 당하고 계신 한울님으로 알고 한울님같이 섬기라"고 말했다. 그는 밥 한 그릇이 만고의 진리라고 설파했다. 고종 34년(1897) 4월 5일에는 앵산동에서 '향아설위向我設位'를 가르친다. 향아설위란 제사를 지낼 때 위패와 밥그릇을 벽 쪽에 갖다 놓았던 이제까지의 고금동서의 일관된 제사 양식인 향벽설위向壁設位를 바꾸어 제사 지내는 법이다. 그것은 살아 있는 사람, 즉 자기 앞에 위패를 갖다 놓고 제사를 지내는 혁명적 제사를 일컫는다.

그 밤을 지내고 해월 최시형은 손병희에게 향아설위에 대하여 이렇게 말했다. "내가 어젯밤에 앞으로 5만 년을 바꾸지 못할 법을 새로 만들었다." 이렇게 동학 특유의 새로운 제법인 '향아설위'는 물이 흔한 앵산동에서 해월 최시형 선생이 처음 발표한 것이다.

사십 평생을 보따리 하나 둘러메고 도망만 다녀 최보따리라고도 불린 최시형은 고종 35년(1898) 치악산 근처 원주군 서면 송동에서 붙잡혔다. 동학교도들이 그를 따르며 울음을 삼키자 군사들이 그들을 때리고 발로 찼다. 그때 해월은 "죄 없는 사람을 때리면 도리어 그 죄를 받게 된다. 너희들은 하늘이 두렵지 않느냐"며 그들을 나무랐다고 한다. 그는 재판장 조병직에 의해 좌도난정의 죄목으로 같은 해 6월 2일 교수형을 받았다. 다행인 것은 역모의 죄명은 추가되지 않았다. 그의 나이 일흔두 살이었다.

"사람이 곧 한울이요 한울이 곧 사람이니 사람 밖에 한울이 없고, 한울 밖에 사람이 없다"고 법설法說에서 말했고, 내수도문內修道文에서 "하

이천 앵산동

동학의 2대 교주인 해월 최시형은 앵산동에서 벽을 향하여 놓던 제사상을
살아 있는 사람을 향하여 놓는 문명의 대전환을 시행했다.

인, 어린이 동물들까지도 한울님처럼 대하라"고 가르쳤던 해월 최시형은 그렇게 세상을 하직했다.

육괴정과 신라군의 토성지

이천시 백사면 도립리에는 육괴정이라는 정자가 있다. 이 정자가 지어진 것은 중종 14년(1519) 기묘사화 이후였다. 조광조를 중심으로 이상정치를 추구하던 신진사류들이 크게 몰락하자, 난을 피하여 도립리로 낙향한 엄용순嚴用順이 건립했다.

엄용순은 이곳으로 함께 낙향한 당시의 명현名賢 김안국金安國을 비롯해 강은姜滬·오경吳慶·성두문成斗文·임내신任鼐臣과 이 정자에 모여 시를 짓고 학문을 논하며 우의를 다졌다. 사람들은 이들 여섯 선비를 가리켜 괴정육현槐亭六賢이라 했다.

여섯 선비는 각자 한 그루씩 여섯 그루의 느티나무를 이 정자 앞에 심고 육괴정六槐亭이라 불렀다. 엄용순이 육괴정을 건립할 당시에는 초당이었다고 하는데, 여러 차례의 중건을 거쳐 지금은 팔작지붕으로 된 본당과 이를 둘러싼 담장과 대문으로 되어 있어 정자가 아닌 사당의 형태를 띠고 있다. 정문 안쪽에는 임진왜란 때 여주 영릉을 지키려다 순절한 엄용순의 손자 유윤惟尹의 충신정문 편액이 걸려 있다.

한편 이천시 부발읍 마암리와 산촌리 효양산 중턱에 청동기시대의 유물과 신라시대에 쌓은 토성지가 있다.

단국대학교 고적조사단의 조사 결과 이 토성은 삼국시대 말기에 신라 군이 쌓은 것으로 밝혀졌다. 이 토성 내에서 민무늬토기편片 2점과 마제 석검편 1점이 출토되었다. 민무늬토기는 무문토기라고도 부르며 토기 겉면에 무늬가 없는 형태로 청동기시대의 대표적인 토기이다. 마제석검은 간돌검이라고도 부르며 돌을 갈아 만든 검으로 청동기시대 유적에서 많이 발견된다.

이곳에 '효양산 금송아지 전설'이 전해져 온다. 신라시대에 이 산에서 캐낸 황금으로 금송아지를 만들어 제사를 지낼 때 제기로 사용한 뒤부터 매년 풍년이 들고 신라의 국력이 튼튼해지자, 신라가 강성해지는 것을 두려워한 당나라에서 금송아지를 빼앗으려고 사신을 보냈다. 이 사실을 알게 된 이천 지역의 군관민이 합세하여 당나라 사신이 지나가는 지역의 이름을 먼 거리를 의미하는 지명인 제일역·오천역·구만리뜰·억만리·보름다리·억억다리·이천역 등으로 바꿔 불렀는데 이 이름들이 지금까지도 이어져 내려오고 있다.

나라 안에서 제일가는 여주와 이천 쌀

나라 안에 가장 이름난 쌀로 임금에게 진상되었던 쌀이 여주와 이천의 쌀이다. 이 지역의 쌀이 어떤 연유로 좋은지는 정확하게 알 수 없지만 이 일대를 흐르는 강물과 기후가 벼농사에 알맞아 쌀의 질이 좋을 것이다.

이 지역에는 두 하천이 흐르고 있다. 그중 하나가 경기도 용인시 처인구 양지면에서 발원하여 이천시의 중앙을 동류하여 여주시 흥천면에서 남한강에 유입되는 복하천이다. 복하천은 《성종실록》 성종 2년(1471) 10월 10일자에 "대가가 출발하여 이천의 복하천가에서 주정하고, 저녁에는 여주 강가 파오달波吾達에서 머물렀다"라는 기록이 처음 등장하며,《여지도서》에는 "주의 서쪽 30리에 있는데 이천에서 발원하여 북쪽으로 흘러 신은천莘隱川(양화천)과 합류하여 강으로 유입된다"라고 기록되어 있다.

《신증동국여지승람》이나 《동여도東輿圖》에는 합수하여 강에 이르는 하류 부분을 두두리천豆豆里川이라고 했다. 또한《신증동국여지승람》에는 "복하천은 여주 관할 하에 있는 천령현 앞을 경유하여 이포진梨浦津으로 들어간다"라고 되어 있는데, 이외에도 여러 기록들에 복하천은 다르게 기록되어 있다.《동국여지東國輿地誌》에는 "기천沂川은 부의 남쪽 8리에 있는데, 예전에 남천南川이라 불렸고 속칭 복하천이라 했다"라고 나오는 것으로 보아 기천이나 남천이 복하천의 다른 이름이었음을 확인할 수 있다.

옛날에 복하천은 수심이 깊어서 남한강에서부터 이천의 명물인 자채쌀을 직접 실어나르는 세곡선이 드나들었다고 전해진다. 그러나 지금은 상류 지역의 개발과 홍수로 인하여 하상이 높아졌고, 장마철을 제외하면 수량이 많지 않아서 그 옛날을 상상조차 할 수 없다.

또 하나의 큰 하천으로 청미천淸渼川이 있다. 용인시 처인구 원삼면에서 발원한 청미천은 동족으로 흘러서 안성시 일죽면을 지나 이천시 장호원읍과 충북 음성군 사이를 흘러서 경기도와 강원도 그리고 충북 삼도가 접하는 여주시 점동면 도리에서 남한강으로 들어간다.

이천 쌀밥

여주와 이천의 쌀은 임금에게 진상되었을 정도로 차지고 기름진 것으로 유명했다.

《세종실록》세종 26년(1444) 2월 30일자에 "거가車駕가 죽산현 천민천天民川 가에 머물렀다"고 기록되어 있는 이 하천의 발원지에 대해서도 여러 기록이 존재한다.《신증동국여지승람》에 "천민천은 현 동쪽 10리에 있는데 건지산과 정배산에서 발원하여 여주의 여강으로 들어간다"라고 했다. 명칭을 보면 이후《동국여지지》,《해동지도海東地圖》,《대동지지》에서 계속 천민천으로 기록되다가《죽산부읍지竹山郡邑誌》에는 "청미천은 양지와의 경계에서 발원하여 동쪽으로 흘러 여강에 들어간다"라고 하여 그 명칭이 청미천으로 바뀌어 있다.

경기도에서는 용인의 어비천魚肥川과 음죽의 청미천 일대의 땅이 삼남과 같이 비옥하고 기름져서 살 만한 곳이다.

《택리지》에 실린 글로 청미천이 여주와 이천 쌀이 생산되는 중요한 하천이었음을 알 수 있다.

이천의 명물은 대월면 장평리에서 나던 자채쌀이다. 임금에게 진상되던 자채쌀은 밥을 하면 밥의 빛깔이 아주 희어서 청백색 백자처럼 푸른 기운이 돌며, 매우 차지고 기름진 것으로 유명하다. 또 하나 이름난 것으로 게걸무를 들 수 있다. 게걸무는 이천시 갈산리 근처에서 재배되는 토종무로 잔뿌리가 많고 배추뿌리처럼 원뿔꼴로 생겼다.

충청도 땅에 바짝 붙어 있던 장호원의 우시장 풍경이 사라지고 계약재배로 전국의 수많은 사람들에게 보내지는 자채쌀의 명성이 날로 더해져 가는 이천의 서쪽에는 용인시가 있다.

남북으로 통하던 길목 용인

고구려 때 구성현이었던 용인시가 용인이라는 이름을 얻은 것은 태종 13년(1413)이었다. 용구현과 처인현을 합쳐 용인현이라고 칭하다가 후에 양지군을 합쳐 오늘의 용인시가 되었다.

조선 성종 때 문신 김수녕 金守寧은 용인에 대해 다음과 같이 설명했다.

> 용인은 작은 고을이다. 왕도와 인접한 까닭으로 밤낮으로 모여드는 대소 빈객이 여기를 경유하지 않는 적이 없는데, 이는 대개 남북으로 통하는 길목이기 때문이다. 옛 원관이 작아서 겨우 하룻밤을 묵을 수 있으나, 매우 더운 때이면 답답하고 트이지 않아서 손님이 와도 더운 느낌과 번울함이 가시지 않아 오랫동안 애먹었다.

이 기록을 보면 가난한 작은 고을에 오는 손님은 많았으니 얼마나 힘들었겠는가 싶다.

"생거진천, 사거용인 生居鎭川死居龍仁"이라는 말이 있는데 '살아서는 진천에서 살고 죽어서는 용인에서 산다'는 뜻이다. 이는 신라 말의 고승 도선국사 道詵國師가 용인 땅의 형세를 "금계 金鷄가 알을 품고 있는 형상"이라고 했다는 데서 비롯되었다. 그래서 그런지 이 지역뿐만이 아니라 우리나라 명문세가들이 이곳 용인에 많이 묻혀 있다.

처인구 모현읍 능원리 문수산 자락에는 포은 정몽주의 묘(경기도기념물 제1호)가 있는데, 고종 24년(1887) 개성에 있는 포은의 묘를 옮길 때 명정 銘旌(죽은 사람의 관직과 성씨 따위를 적은 기)이 바람에 날려 이곳에 떨어져 묘를 쓰게 되었다고 한다. 이곳 능원리에 조선 초기 문신인 문강공 이석형李石亨과 병자호란 때 강화도에서 전사한 죽창 이시직李時稷의 묘가 있다. 모현읍 동림리에는 임진왜란 때 순변사를 지낸 이일李鎰 장군의 묘가 있고, 갈담리에는 숙종 때의 문신인 남구만南九萬의 묘가 있다. 오산리에는 병자호란 때 청나라와의 화의를 반대한 사람 중 한 명인 오달제吳達濟의 묘와 이인좌의 난을 진압하고 공을 세워 우의정을 지낸 오명항의 묘가 있으며, 일산리에는 조선 영조 때 문신인 홍계희洪啓禧의 묘가 있다. 이 묘는 정조 때 그의 아들 술해述海와 손자 상범相範이 역모죄로 처형되면서 파헤쳐졌던 무덤을 복원한 것이다.

처인구 원삼면 맹리는 매골, 맹골 또는 맹동이라고 부르다가 1914년에 지금의 이름을 얻었다. 또한 이곳에는 멍석처럼 생겼다고 멍석바위, 부엉이처럼 생겼다고 부엉이바위, 봉화를 올렸던 곳이라 하여 봉화모롱이, 노리개 공기처럼 생겼다고 공기바위 등 재미있는 우리말 이름이 많이 남아 있다.

이 마을에 광해군 때 역적으로 몰려 삼대가 적몰당한 허균의 가족묘가 있다. 화담 서경덕의 제자로 동인의 영수였던 초당草堂 허엽許曄의 묘가 있고, 묘 앞에는 노수신盧守愼이 짓고 한석봉韓石峯이 글씨를 쓴 허초당許草堂의 신도비가 있다. 그리고 김성일金誠一과 함께 조선통신사로 갔던 허성許筬과 허봉許篈, 허균의 가묘가 있고, 누나인 허난설헌許蘭雪軒의 시비가 있다.

처인구 역북동에는 다산과 함께 화성을 건축한 채제공의 묘(경기도기념

정몽주선생묘

용인 문수산 자락에는 정몽주의 묘가 있는데 원래 개성에 있던 묘지를
고종 24년(1887)에 옮겼다고 한다.

물 제17호)가 있으며, 백암면 석천리에는 통치제도에 대한 개혁안을 담은 책 《반계수록磻溪隨錄》을 지은 유형원柳馨遠의 묘(경기도기념물 제32호)가 있다. 남사면 완장리에는 임진왜란 때 삭령전투에서 전사한 경기도관찰사 심대沈岱의 묘가 있고, 이동읍 천리에는 영조 때의 학자인 도암 이재李縡의 묘가 있으며, 시미리에는 우국지사 이한응李漢應의 묘가 있고, 묘봉리에는 충현공 안홍국安弘國의 묘와 김대중 전 대통령 부친의 묘가 있다.

한편 처인구 양지면 식금리의 가루쟁이(식송)에는 용인·광주·이천으로 통하는 갈림길이 있었고, 남곡리의 골배마을은 천주교의 성인인 김대건이 어린 시절 살았던 곳이다.

그 외 수지구 상현동에는 조선 중종 때의 성리학자인 정암 조광조를 모신 심곡서원과 그의 묘가 있다. 지금은 아파트 숲 속에 갇혀 있는 서원에서 조금 떨어진 그의 묘에는 노수신이 짓고 이산해李山海가 글씨를 쓴 신도비가 세워져 있다.

기흥구 마북동에는 구한말의 인물 민영환閔泳煥의 묘(경기도기념물 제18호)가 있다. 이 묘지는 높은 둔덕 위에 담을 설치한 독특한 구조를 지녔으며, 묘지의 입구에는 이승만 전 대통령의 친필로 쓰여진 신도비가 서 있다.

금이 많이 나는 지역 김량장

요즘의 용인은 죽은 사람들의 묘가 들어서는 곳이 아니다. 이 지역의

용인 김량장

김량장에서는 양질의 금이 많이 났다는 설이 있는데
실제로 이 지역 곳곳에 금을 캔 흔적이 있다.

땅값이 급등하면서 산 사람들의 삶터로 각광을 받고 있다.

현재 용인시의 위치는 김량대교 일대인 처인구 김량장동 부근이지만, 조선시대에는 용인의 중심지가 지금의 신갈분기점 부근(기흥구 구성동)이었다고 한다.《용인군지龍仁郡誌》에 보면, 이곳에 찰방이 있었다는 기록이 있기 때문이다. 또《대동여지도》상의 양지현과 용인현 사이에 오늘날 김량장동인 김량과 직하, 기흥 등 조선시대 지명이 있는 것으로 봐도 현 구성동 일대가 용인이었다는 것을 알 수 있으며, 일제가 제작한 조선총독부 지도에도 이렇게 나타나 있다.

고려시대 말부터 장이 개설되었다는 김량장은 장날에는 장작장수나 숯장수들이 길가에 즐비했고, 장사꾼들의 고함소리로 온 고을이 들썩거렸다고 한다. 지금은 김량장의 전통을 잇는 용인중앙시장이 들어서 명맥을 이어가고 있다.

'김량장金良場'의 유래는 김량이라는 사람이 시장을 개설했다는 설과 이 일대에서 양질의 금이 많이 났다는 설 두 가지가 있는데, 후자가 더 유력하다. 이 지역 곳곳에 금을 캔 흔적이 남아 있기 때문이다.

처인구 양지면 양지리에는 동촌이라는 마을이 있었는데, 이곳에는 '들 통곡 날 통곡'이라는 이야기가 전해온다. 옛날 이 마을에 원님이 부임하여 올 때는 "내가 무엇을 잘못했기에 이 산골로 귀양을 보내나" 하고 통곡하면서 들어왔다고 한다. 그러나 막상 부임하니 장작불에 쌀밥을 먹을 정도로 물산이 풍부하고 주민들의 인심까지 좋아서 그 원님이 다른 곳으로 이임하여 갈 때는 다시 통곡하며 떠나 "들 통곡 날 통곡"이라고 했다는 데서 마을 이름이 동촌이 되었다고 한다.

한편 용인은 수원에서 여주로 가는 협궤열차 수여선이 지나던 곳이다. 수여선은 1930년 일제에 의해 부설되어 일제강점기에 쌀 수탈을 위한 도구로, 해방 이후에는 도민들의 교통수단으로 사용되다가 1972년 폐선되었다. 2013년 4월 26일 개통된 용인경전철은 선로나 역 위치가 수여선 시절의 용인 구간과 비슷하다.

영남로가 지나던 교통의 요지 양지

용인시 처인구의 지명은 고려시대의 성곽인 처인성處仁城에서 유래한 것이다. 이 처인성에 관한 기록이 《여지도서》에 다음과 같이 실려 있다.

관아의 남쪽 25리에 있다. 흙으로 쌓았는데, 지금은 모두 무너져 내렸다. 군창軍倉이 있다. 고려 고종 때 강화로 도읍을 옮겼는데, 원나라 황제가 노하여 군대를 보내 따져 물었다. 원나라 장수 살알撒歹이 어사잡단 설신薛愼을 군중軍中에 잡아두고 개성에 이르러 강을 건너 남쪽으로 진격하려고 했다. 설신이 살알에게 말하기를, "우리나라에서 전하는 말에 따르면 다른 나라의 고위관리가 남쪽으로 강을 건너면 불길하다고 한다"고 했다. 그 말을 듣지 않고 한양에 이르러 산상을 공격하여 빼앗고, 다음에 처인성에 이르렀다가 어디선가 날아온 화살을 맞고 죽었다. 원나라 군대가 개성에 되돌아가 설신이 앞날을 내다보는 사람이라 하여 강화도로 들여보냈다.

한편 용인에 편입된 양지는 조선시대 현으로 영남로가 지나던 교통의
요지였다. 조선 초기 문신인 최숙정崔淑精은 이곳을 지나며 다음과 같은
시를 남겼다.

소조한 닭과 개는 십여 집이로구나
땅은 궁벽하고 인적이 드물어 고요하여 시끄럽지 않다
이로부터 성군 조정에 악한 정사가 없으니
날이 긴 영각에 아침 아참衙參(아전의 출근)이 늦도다

양지는 현재 수원·안성·인천 등과 영서지방을 이어주는 교통의 요지
로 항상 자동차들이 붐비는 현장이다. 그런데 고려 말 조선 초 문신 유사
눌柳思訥이 지은 시를 보면 조선시대만 해도 외딴 산기슭에 관아가 자리
잡아 오고가는 사람들이 많지 않았던 모양이다.

고을의 문은 쓸쓸해 산기슭에 의지하고
백성의 집은 소조하여 물가에 접하였네
반벽의 쇠잔한 등불은 나그네 꿈을 불사르고
궁벽한 마을에 쌓인 눈은 민가의 연기를 끊었다네

용인에버랜드와 한국민속촌 때문에 수많은 사람들이 즐겨 찾는 용인
시의 서편에는 의왕시가 있다.

자연의 도시 의왕

고려시대에는 과주군이었던 의왕시는 여러 번의 변천 과정을 거쳐 1914년에 광주군의 의곡면과 왕륜면을 통합하여 수원군 의왕면으로 변경되었으며, 이곳이 의왕시의 모체가 되었다. 1936년에 의왕면과 일형면이 일왕면으로 병합되었으며, 1949년에 수원읍이 시로 승격될 때 화성군 일왕면이 되었으나, 1963년 시흥군으로 편입되면서 의왕면으로 개칭되었다. 1980년에 읍으로 승격된 이후 인구가 계속적으로 증가해 1989년 의왕시로 승격되었다.

의왕시뿐 아니라 서울과 과천시·성남시의 경계에 자리잡은 청계산에서 가장 높은 석대의 이름은 망경대望京臺인데, 망경대의 원래 이름은 '만경 萬景'이라 하여 눈 아래로 만 가지 경치가 전개된다는 데서 유래했다. 그러나 고려가 망한 이후 조선이 건국되자 고려의 신하였던 조윤趙胤이 청계산에 올라 개성을 바라보며 한을 달랬다고 하여 망경대가 되었다고 전해진다.

조선 전기 문신 변계량은 청계산의 백화사를 두고 다음의 시를 지었다.

돌길은 일 천 억덕에 다 이르고
향 연기는 방 안에 맑게 피어오른다
손이 찾아와 차 끓여달라 하고
스님은 앉아 묵묵히 경전을 뒤적인다
오랜 나무는 어느 해에 심었는가

쇠잔한 종은 한밤중의 소리로다

공空을 깨달아 인간사를 끊었으니

높이 누워 무생을 즐기네

의왕시 내손동과 오전동의 경계에 모락산이 있다. 세조가 단종을 폐위시키고 왕위에 오르는 것을 목격한 임영대군臨瀛大君이 세조에게 반감을 품은 뒤 이 산에 은거한 뒤 매일 산에 올라서 낙양(서울)을 사모하며 소일했다고 해서 모락산慕洛山이라고 부르게 되었다고 한다. 그런데 근래의 지도를 보면 '帽洛山(모락산)'으로 기재되는 경우가 많으니, 하루속히 바로잡아야 할 것이다. 이 산 밑에는 길이가 30리가 된다는 굴이 있는데, 동학농민혁명 당시 동학군 수백 명이 이 굴에 숨어 있다가 일본군에게 죽임을 당했다고 한다.

의왕시 내손동에는 조선시대에 서울, 과천, 인덕원, 수원을 연결하는 교통의 분기점으로 나그네들이 쉬어가던 주막터가 남아 있다.

광명에 있는 왕이 하사한 오리 이원익의 집

오리 이원익 종택 및 관감당(문화재자료 제90호)이 있는 광명시 소하동은 조선시대에는 금천현이었다. 이곳에 조선 중기 인조 때 명신이자 청백리로 이름이 높았던 오리 이원익李元翼의 자취가 남아 있다. 이원익이 50여 년간의 공직생활을 마치고 살았던 이곳에 얽힌 이야기가《여지도

청계산

서울과 인접한 청계산 정상에는 석대가 있는데, 눈 아래로 1만 가지의 경치가
전개된다고 하여 만경 萬景이라고 불렀다.

서》에 다음과 같이 실려 있다.

정승을 지낸 완평 부원군 이원익이 늙어서 벼슬에서 물러나 오리현에서 살고 있었다. 인조가 승지를 보내 안부를 물었다. 승지가 결과를 보고하니, 어떻게 거처하고 있느냐고 임금이 물었다. 승지가 "초가집은 쓸쓸하며, 바람과 비를 가리지 못합니다"라고 대답하니, 임금이 말하기를, "40년간 정승을 지냈는데, 단지 몇 칸의 초가집만 남았으니, 만일 모든 벼슬아치들이 그를 본받도록 한다면 백성의 곤궁함에 대해 어찌 걱정하겠는가"라고 했다.

곧바로 경기도에서 번듯한 집을 지어주도록 시키고, 또 흰 명주이불과 요를 내려주어 검소한 행실을 표창했다. 이원익이 힘껏 사양하고 심지어 집 밖으로 달아나려고까지 했다.

임금이 말하기를, "그대를 위해 집 한 채 지으려는 이유는, 관원과 백성들이 보고 느낄 수 있는 곳으로 삼기 위해서이다"라고 했다.

선생이 마지못하여 그 집에 들어가 살았다. 병자호란 때에 집이 허물어졌다. 후에 자손들이 옛터에 몇 칸 규모의 정자를 세우고, '눈으로 보고 마음으로 느끼는 정자'라는 뜻으로 '관감정'이라는 이름의 편액을 걸었다.

이원익은 별시문과에 병과 8등으로 급제한 후 내외의 여러 벼슬을 거쳐 선조 20년(1587) 안주목사로 재직했다. 그 당시 백성들이 1년에 3개월씩 군역의 의무를 지도록 규정한 군병방술제軍兵防戍制를 개혁하여 2개월로 단축함으로써 백성들의 고된 군역을 덜어주었다.

임진왜란이 일어나자 이원익은 평안도순찰사가 되어 왕의 피난길을

관감당

인조가 하사한 이원익의 집은 병자호란 때 훼손되었다.
사진은 1916년 새로 지은 사랑채 관감당의 모습이다.

선도했고, 이듬해 원군과 함께 평양 탈환 작전에 큰 공을 세운 뒤 평안도관 찰사와 우의정을 거쳐 변무사辨誣使로 명나라에 다녀와 영의정에 올랐다. 이후 임진왜란 전후의 질서 회복에 공헌한 공을 인정받아 선조 37년 (1604)에 호성공신 이등으로 완평부원군에 봉해졌다. 영의정 재직 시에 백성들의 어려움과 상공업의 발달을 촉진시키기 위해 대동법의 시행을 건의했다.

왕이 하사한 이원익의 집은 병자호란 때 크게 훼손되었으나 1916년에 사랑채인 관감당을 새로 짓고, 이듬해에는 안채를 들이고, 1940년에는 문간채를 새로 지었으나 지금까지 경기 지역 살림집의 모습을 간직하고 있다. 관감당의 바로 뒤편에는 이원익의 영정을 모신 작은 영당이 있다. 팔작지붕에 방풍판防風板이 부착되어 있으며, 입구에는 삼문이 건립되어 있는 영당의 '오리 영우梧里 影宇'란 편액은 숙종 때 이조판서를 지내고 당대 해서의 일가를 이룬 근옹 이관징 李觀徵이 썼다.

한편 이곳 광명에는 기형도문학관이 들어서 있다. 연평도에서 태어나 광명시 소하동에서 어린 시절을 보낸 기형도 시인은 활발한 시작 활동을 하다 스물아홉 나이에 서울 종로의 한 심야극장에서 요절했다. 기형도문학관에는 시인의 필체가 담긴 노트, 상장, 동아일보 신춘문예 상패 및 생전에 발표했던 원고 등이 전시되어 있다.

5

수원 화성에서 서해안까지

수원 · 안양 · 과천 · 부천 · 인천 · 김포

삼남지방으로 통하는 요충지 수원

조선 후기 문신 이정보李鼎輔는 영주 16년(1740) 수원부사가 되어 관아 삼문인 공극루를 지으며 기문에 다음과 같이 남겼다.

자리잡은 땅은 삼남三南지방으로 통하는 요충지이니 영역은 사방 수백 리에 걸쳐 있고, 설치된 방어영防禦營은 한 도道의 웅대한 진영이니 무장한 군사가 8천 명이네, 방어시설을 대대적으로 갖추었으니 나라에서 가장 의지하며 중요시하네. 동쪽으로는 서울의 강산과 맞닿아 있으니 뗄 수 없는 긴밀한 형세이고, 서쪽으로는 강화의 바다를 제어하고 있으니 뱃길이 서로 통하네.

수원의 고구려 때 이름은 매홀군이고, 신라시대에는 수성군이라고 했다. 고려 원종 때 수원으로 고친 후 도호부가 되었다가 충렬왕 때 수주목으로 승격되었으나 충선왕 때 다시 지금의 이름으로 고치며 수원부로 낮추었다. 조선 태종 때 다시 도호부가 되었다가 정조 임금이 양주에 있던 아버지 사도세자의 능을 화산으로 옮긴 뒤 화성으로 명명하며 유수부로 격상시키는 등 행정상 명칭의 변화가 많았다. 시로 승격된 것은 1949년이다.

해발 582미터인 광교산 남쪽 아래에 있는 수원시는 북쪽으로 백운산 형제봉 등에 둘러싸여 있으며, 시내 중앙부에는 팔달산·여기산·숙지산 등이 솟아 있고 수원천과 서호천 등이 흐르고 있다. 이 중 팔달산의 이름에 전해오는 이야기가 있다.

고려 공민왕 때 한림학사를 지낸 이고李皐라는 사람이 정국의 어지러움을 잊기 위하여 팔달산에 살면서 호를 망천忘川이라고 지었다. 공양왕이 신하를 보내어 "무엇을 즐기느냐" 하고 물으니, 이고가 "이 산에 오르면 팔방으로 트여 있어서 옹색한 것이 없습니다" 하고 대답했다. 이성계가 조선을 건국하고 이고에게 다시 세상에 나와 벼슬하기를 여러 번 권했다. 하지만 그는 끝까지 거절하고 응하지 않았다. 이 말을 들은 이성계는 화공에게 그가 사는 곳을 그려오라고 해서 살펴보고 크게 감탄한 뒤에 그 산을 '팔달산八達山'이라고 이름 붙였다. 세종도 그를 가상히 여겨서 '고려효자한림학사이고지비高麗孝子翰林學士李皐之碑'라는 비석을 내려주었다. 수원의 권선동勸善洞은 벼슬에서 물러난 이고가 이곳에 살면서 후학에게 어질고 선함을 가르쳤다는 데서 유래한 지명이다.

정조가 세운 계획도시 수원 화성

우리나라 성곽 문화의 백미로 일컬어지는 수원 화성(사적 제3호)은 조

230

© 유철상

수원 화성

수원은 조선의 22대 임금인 정조가 뒤주 속에 갇혀 죽은
비운의 아버지 사도세자에 대한 효심으로 세운 계획도시다.

선 22대 임금 정조가 뒤주 속에 갇혀 죽은 비운의 사도세자에 대한 효심으로 조성한 계획도시로 유네스코 세계문화유산으로 지정되어 있다.

사도세자의 능은 본래 양주 배봉산(현재 동대문구 휘경동) 아래에 초라하게 있었다. 그 능을 정조 13년(1789)에 수원에서 20리쯤 떨어진 지금의 화성시 안녕동 화산花山 부근으로 옮겨 왕릉의 면모를 갖춘 현륭원으로 새롭게 단장했다. 이에 따라 당시 화산 아래에 있던 관청과 민가를 팔달산 아래로 모두 이전시켰다.

수원 화성華城은 정조 18년(1794) 2월 수원 땅의 한가운데에 솟은 팔달산 동쪽 기슭에 축성공사를 시작해 2년 6개월 뒤인 정조 20년(1796) 8월에 완성되었다. 정조는 오래전부터 수원을 '서울을 보좌하는 중요한 땅'이라 여겨 당시 좌의정이었던 채제공을 총감독으로 삼고 조심태趙心泰, 정민시鄭民始, 서유린徐有隣, 홍원섭洪元燮, 정약용 등으로 하여금 화성을 축성하는 계획을 세우고 실무를 진행하게 했다.

수원 화성을 건설하는 데에는 당대에 동원할 수 있는 모든 능력과 기술이 집약되었다. 세계 역사 속에서도 그 유례를 찾아볼 수 없을 만큼 아름다운 성곽도시로 세계 최초의 계획된 신도시라는 점에서 주목할 만하다.

성문城門은 성곽 내외를 연결하는 중요한 관문이다. 전시에는 적의 목표가 되지만, 평시에는 성곽의 외관을 돋보이게 하는 아름다운 의장 기능을 한다. 수원 화성의 사대문인 북문 장안문長安門, 남문 팔달문八達門, 동문 창룡문蒼龍門, 서문 화서문華西門은 모두 아치형의 홍예문을 이루며, 2층에는 적의 동태를 조망할 수 있는 누각이 설치되어 있다.

수원 성문 가운데 가장 화려하고 장엄한 것이 장안문과 팔달문인데, 그

중에서도 장안문은 수원의 상징처럼 여겨지고 있다. 장안문은 서울 장안으로 통하는 문이라고 해서 붙여진 이름이며 사대문 가운데 가장 크고 화려하다. 팔달문(보물 제402호)은 숭례문보다 더 정교하고 화려하다. 팔달문의 좌우로는 성벽이 연결되어 있었으나, 도로를 개설하면서 성벽을 헐어내어 현재는 좌우의 적대가 없어지고 성문만 남아 있다. 동문인 창룡문은 한국전쟁 때 큰 손상을 입어 1975년에 복원했다. 서문인 화서문(보물 제403호)은 규모와 형식이 창룡문과 거의 비슷하다.

화성에는 사대문 외에도 비밀통로인 암문暗門이 5개, 수문水門이 2개, 무기를 갖추어 두거나 적군을 감시하는 적대敵臺가 4개, 적군의 움직임을 감시하는 공심돈空心墩이 4개, 군사를 지휘하는 장대가 2개, 경비초소인 각루 4개가 있다. 그 외에도 봉화를 올리는 봉돈烽墩 1개에 포를 쏘는 포루砲壘 5개, 중무장 진지인 포사砲舍 등의 구조물을 치밀하게 배치했다.

이 중 공심돈은 우리나라에서 유일하게 수원 화성에서만 있는 볼 수 있는 시설이다. 공심돈은 글자 그대로 속이 빈 '돈대'라는 뜻으로 적군을 감시하도록 높은 곳에 설치했으며 망루와 비슷하지만 망루보다 더 웅장하게 건축되었다. 화성에는 동북공심돈, 서북공심돈, 남공심돈이 있었는데, 남공심돈은 현재 남아 있지 않다.

화성에서 가장 높은 팔달산 정상에 자리잡은 서장대는 수원성의 총 지휘 본부로 성안은 물론 수원 일대가 한눈에 들어온다. '화성장대華城將臺'라고 쓴 정조 임금의 친필 편액이 있었다고 전해지나 지금은 사라지고 없다. 서장대 뒤에는 노대, 옆에는 군무소가 있었다지만 그 또한 사라졌다.

수원 화성의 남문인 팔달문은 좌우로 성벽이 연결되어 있었으나 현재는 성문만 남아 있다.

서장대

화성에서 가장 높은 팔달산 정상에 자리잡은 서장대는 수원성의 총 지휘본부로
성안은 물론 수원 일대가 한눈에 들어온다.

수원 화성의 북수문인 화홍문

수원 화성의 북수문인 화홍문은 칠간수다리, 또는 칠간교, 연화교로도 불리는 문이자 다리의 역할을 하고 있다. 남북으로 흐르는 수원천의 범람을 막는 동시에 방어적 기능까지 갖추고 있는 화홍문은 화강암으로 쌓은 다리 위에 지은 문이다.

무지개 모양의 수문 7개와 그 위에 정면 3칸, 측면 2칸의 누각을 지은 화홍문은 안양의 만안교와 함께 가장 긴 무지개다리 중 하나다. 7개의 수문 중에 중앙의 1칸만이 높이와 폭이 크고 나머지는 모두 같다. 수문의 바깥쪽에는 철전문을 설치하여 적의 침투를 막았다. 광교산에서부터 흘러내려온 맑은 물이 7개의 수문을 통하여 넘쳐흘러 물보라를 일으키며 옥같이 부서지는 것을 즐겼다고 하는데, 현란한 무지개가 화홍문을 한층 더 아름답게 만든다. 이를 화홍관창華虹觀漲이라 하여 수원팔경 중의 하나로 꼽는다.

화홍문 동쪽 높은 벼랑 위에는 방화수류정(보물 제1709호)이 세워져 있다. 수원 화성 4개의 각루 중 동북각루인 이 정자는 쇠붙이를 하나도 쓰지 않고 오로지 나무로만 지은 특색 있는 건물이다. '방화수류訪花隨柳'라는 명칭은 '꽃을 찾고 버들을 따라 노닌다'라는 뜻으로 송나라 성리학자 정호程顥의 시 '춘일우성春日偶成'에 나오는 '운담풍경오천雲淡風經午天 방화수류과전천訪花隨柳過前川'이라는 구절에서 따왔다고 한다.

수원 화성의 동북쪽 군사지휘부로 만들어진 방화수류정은 군사를 지휘하는 역할도 하지만 경관이 좋은 위치에 자리하고 있어 경치를 조망하

화홍문과 방화수류정

수원 화성의 북수문인 화홍문의 동쪽 높은 벼랑 위에는 방화수류정이 세워져 있다.

고 풍류를 즐기는 정자의 기능을 함께 지니고 있다. 형태가 불규칙하면서도 조화를 이루고 있는 이 건물은 주변 경관과 어울림이 뛰어나 조선 후기를 대표하는 정자의 하나로 손꼽힌다.

방화수류정 아래에 있는 못이 용지라고 불리는 용못이다. 물이 맑고 깊어서 정자가 물속으로 비치는 광경이 선경처럼 아름다운 못이다.

정조는 수원 화성을 축조하는 내용을 《화성성역의궤 華城城役儀軌》에 모두 기록하게 했다. 이 책에는 설계부터 동원된 사람과 장비, 공사 과정에서 일어난 사소한 일까지 모두 기록되어 있는데, 다음은 동원 인원과 경비에 대한 부분이다.

석수 642명, 목수 335명, 미장공 295명 등을 비롯해 총 동원된 사람이 1만 1820명이었다. 그때 사용된 돌덩이가 18만 7600개에 벽돌은 69만 5000장, 목재는 2만 6200주, 철물이 55만 9000근, 기와 53만 장, 돈 87만 3250냥, 곡식은 1만 3300석이 소요되었다.

화성 건설에 사용된 경비는 관가에서 염출하거나 백성들에게서 거두지 않고, 금위영과 어영청의 상번군을 10년 정지한 재원과 지방에 있는 예비비로 지출했다. 성을 축조하는 과정에서 일반 백성들이나 승군을 동원하지 않았고, 동원된 인부와 장인들에게는 노임을 주고 일을 시켰다. 우리나라 대부분의 성이 자연석을 다듬어 쌓았던 데 반하여 화성은 중국 성벽의 장점을 살려 벽돌을 섞어 사용하면서도 돌의 규격에 맞추어 성을 축조했다.

그 당시 화성 건설에서 과학정신이 가장 효율적으로 표현된 것은 거중기였다. 거중기는 다산 정약용이 고안한 기계장치로 도르래 원리를 이용해 무거운 물건을 적은 힘으로도 들어 올릴 수 있게 만든 것이었다. 중국에서 가져온 《기기도설奇器圖說》이라는 책을 참고하여 정약용이 개발한 거중기는 중국의 것보다 4배 정도 더 큰 힘을 발휘할 수 있었다고 한다. 화성 건설에 사용된 거중기는 모두 11대로 공사 기간을 단축하고 공사비를 줄이는 데 큰 공헌을 했다. 수원 화성을 완성한 뒤 정조는 정약용을 불러 "기중기를 사용하여 돈 4만 냥을 절약할 수 있었다"라고 그 공을 높이 치하했다.

조선시대 행궁 중 가장 규모가 큰 화성행궁

성곽 둘레가 5743미터인 수원 화성 안에 건립한 화성행궁(사적 제478호)은 조선시대 행궁 중 규모나 기능 면에서 으뜸으로 꼽힌다.

행궁行宮은 왕이 궁궐을 벗어나 임시 거처하는 곳이며, 행궁의 기능은 대체로 세 가지로 분류된다. 전란이 일어났을 때 그 난을 피하기 위하여 머무는 경우와 지방에 있는 능에 참배하러 가는 경우, 휴양을 위해 지방으로 나들이를 하는 경우에 머물게 된다.

화성행궁은 정조가 사도세자의 능을 참배하러 올 때 머물기 위해 지은 것이다. 그러나 엄밀하게 분석하면 사도세자의 능을 참배할 때 머물 목적보다 정조와 수원유수 등이 정무를 보기 위해 지은 것으로 볼 수 있다. 정조의 개혁정치가 펼쳐질 중요한 공간이었으나 정조가 갑자기 승하하면서 그 뜻을 펼치지 못한 것이다.

화성행궁의 당시 모습은 《화성성역의궤》 중 '행궁전도'를 보면 짐작할 수 있다. 국내 행궁 중 가장 큰 규모인 576칸으로 가정집의 본채와 같은 기능을 하는 봉수당奉壽堂은 69칸이었고, 내당인 복내당福內堂이 67칸, 정문격인 신풍루新豊樓가 27칸, 서리청·집사청이 83칸 등 행궁 안에 필요한 전각들이 적재적소에 넉넉하게 들어섰다.

봉수당의 원래 이름은 정남헌인데, 정조가 모친 혜경궁 홍씨(현경왕후)의 장수를 기원하며 '만년萬年의 수壽를 받들어 빈다'는 뜻에서 봉수壽堂라 지었으며, 이곳에서 현경왕후의 회갑연을 성대하게 거행했다. 봉수당 북쪽에 위치한 낙남헌은 각종 행사를 치르던 곳으로 곱은 ㄱ자형으로 배치된 초익공 양식의 팔작지붕집인데, 지금은 꺾인 부분이 잘라 없어지고 ㅡ자형 건물로 바뀌었다.

일제강점기에 화성행궁의 주 건물인 봉수당에 의료기관인 자혜의원이 들어서면서 행궁은 수난기에 접어들고 낙남헌만 남게 되었다. 그러다 1996년 화성 축성 200주년을 맞아 수원시가 '역사 바로 세우기'의 일환으로 복원공사를 시작했다. 2003년 7월 말 봉수당, 득중정, 궁녀와 군인들의 숙소 등 482칸의 복원을 완료한 1단계 공사가 끝났고 그해 10월 9일에 화성행궁 21개 건물 중 18개 건물과 정조의 영전影殿인 화령전 등을 일반인들에게 공개하는 개관식을 가졌다.

화성행궁

정조가 사도세자의 능을 참배하러 올 때 머물기 위해 지은 화성행궁은
조선시대 행궁 중 가장 규모가 크다.

관악산 아래 고을 안양과 과천

　수원의 북쪽에 자리잡은 안양시의 고구려 때 이름은 율목군이었다. 현재 안양시의 대부분의 지역이 조선시대 과천현 하서면과 상서면에 속해 있었다. 1941년에 안양면으로 이름이 바뀌었으며, 1949년에 안양읍으로 승격되었다. 1973년에 시로 승격한 안양의 지명은 만안구 석수동에 있는 사찰 안양사로부터 유래된 것이다.

　조선 전기 문신 변계량은 안양의 지세에 대해 "산은 관악과 연하여 평야를 둘렀고, 물은 청계로 내리어 큰 하수로 들어간다"라고 했다.

　《동국여지승람》에 안양시의 진산이라고 표기되어 있는 관악산과 삼성산이 솟아 있고, 삼성산의 안양사에서 발원한 안양천이 한강을 향해 흐른다. 안양시와 군포시의 경계에 위치한 수리산은 예로부터 견불산이라고도 불리는데, 수리산 둘레길이 조성되어 안양과 군포 사람들뿐만 아니라 산을 좋아하는 사람들이 즐겨 찾는다.

　'감사면 다 평안감사고, 현감이면 다 과천현감이냐'라는 속담이 있는데, 조선시대에 감사 중에는 평안감사가 으뜸이고 현감 중에는 과천현감이 으뜸이라는 말로 좋은 자리라고 해서 다 높은 것만은 아니라는 뜻이다. 관악산 아래 자리잡은 과천시는 조선시대에는 과천현 현내면에 속해 있었다. 1986년 시로 승격한 과천시는 1975년 12월에 발표된 정부 제2청사 건립 계획에 따라 정부과천청사가 들어서며 행정도시의 기능을 수행했으나 대다수 부처가 세종시로 이전해 규모가 다소 줄어들었다.

　《여지도서》에는 과천의 풍속을 두고 "농업과 양잠에 힘쓰지 않으며, 인

© 문정원

안양 만안교

정조가 사도세자의 능을 참배하러 가기 위해 지금의 안양시 만안구에 축조한
홍예 虹霓 양식의 석교로, 만 년 동안 편안하게 건너라는 의미에서
만안교 萬安橋라는 이름이 붙었다.

정이 많지도 야박하지도 않다. 백성들이 부유하지는 않으나 예의를 지키고 공손하다"라고 했으며, 형승에 대해서는 다음과 같이 기록되어 있다.

산은 관악산과 이어져 있고, 물은 청계산 아래를 흐른다. 북쪽으로는 호현虎峴이 막고 있고, 남쪽으로는 갈치葛峙가 두르고 있다. 여러 봉우리가 빙 둘러 있고, 긴 강이 띠처럼 가로질러 흐른다. 삼남을 오가는 중요한 길목이며, 경기도의 명승지이다.

관악산 북쪽 기슭에 흙으로 쌓은 토성이 있었다. 둘레는 10리쯤 되는데, 전해오는 말에 의하면 조선 초기에 목장을 설치했는데, 계속해서 호랑이에게 피해를 당하자 다른 곳으로 옮겼다고 한다. 그 아래 시골 마을을 사복촌司僕村이라고 불렀다.

이곳 과천에 악랄했던 과천현감의 송덕비頌德碑에 얽힌 이야기가 전해온다. 조선 팔도 어디나 고을의 수령이 갈리면 송덕비를 세우는데 경기도 과천현감이 고을을 떠나면서 옷깃을 여미고 종이로 싸놓은 송덕비를 제막했더니 그 비면에 공덕을 기리기는커녕 '금일송차도今日送此盜(오늘 이 도둑을 보내노라)'라고 쓰여져 있는 게 아닌가. 탐욕스럽고 대범했던 현감은 이방에게 붓을 가져오라고 한 다음 비문에다 다음과 같이 써 붙이고 과천을 떠났다고 한다. '명일래타독明日來他盜(내일이면 또 다른 도둑이 오려니), 차도래부도此盜來不盡(이 도둑은 끊임없이 오노매라).'

이러한 벼슬아치들의 폐단을 막기 위해 정조는 아무리 바빠도 현지로 부임하는 수령들을 일일이 만나서 올바른 정사를 베풀 것을 당부했다. 정조의 시문집 《홍재전서弘齋全書》에도 수령의 역할을 강조하는 글이 실려 있다.

나의 생각은 오직 백성들이 편안하게 사느냐, 근심에 찌들어 사느냐에 집중되어 있다. 이는 수령의 손에 달려 있다. 나는 자나 깨나 '택수령擇守令(수령을 선택한다)' 이 세 글자를 마음속에 두고 있어 수령이 현지로 부임할 때 반드시 불러 만나서 힘써 경계하라는 말을 일러 보낸다. 그런데도 수령을 임명하는 자들은 나의 뜻을 헤아리지 못하고 함부로 골라 올리니 참으로 유감스럽다.

정조의 우려에도 불구하고 과천현감 같은 탐관오리들의 명맥이 현재에도 도지사, 시장, 군수라고 이름만 바뀐 채 이어지고 있다.

과천과 안양은 정조가 사도세자의 능을 행차하는 길에 지나는 곳이었다. 당시에는 왕가의 법도에 따라 도성에서 100리 밖에 떨어져 있는 능에는 임금이 참배를 갈 수 없었다. 당시 도성에서 현륭원까지는 120리가 넘어 90리로 줄여 부르게 하고서 능행을 갔다.

원래 한양에서 현륭원까지 가는 길은 과천로로 동작나루를 지나 남태령을 넘어 과천을 거쳐 사그내(현재 의왕시 고천동)를 지나는 것이었으나 정조는 새로운 능행로를 개척했다. 정조는 과천로 대신 노들나루(노량진)를 지나 금천(현재 서울시 금천구)을 거쳐 안양을 지나 사그내를 지나는 금천로를 통해 현륭원에 참배를 갔다.

처음에는 과천로를 이용해 능행을 갔던 정조가 새로운 능행로를 개척한 데 대한 재미있는 설이 있다. 정조가 자신의 아버지 사도세자를 죽게 한 김상로의 고향이 과천인 것을 알고 과천 쪽으로 가지 않고 금천 쪽으로 길을 바꾸었다는 것이다. 그러나 실제로는 과천로는 다리가 많고 남태령 같은 험한 고개가 있어 백성들의 노고가 심한 것을 걱정한 정조가 신하들에게 민폐를 줄일 방도를 연구하게 했고, 그 결과 길이 넓고 평탄한 금천로를 능행로로 정비하게 되었다고 한다. 금천로가 만들어진 뒤 정조는 금천현감을 현령으로 승격시키고 읍호를 '금천'에서 '새로운 흥성'을 의미하는 '시흥始興'으로 개칭했다. 이에 따라 금천로는 시흥로로 이름이 바뀌었다.

정조가 현륭원으로 가는 길에 경유하는 과천에는 정조가 머무르던 온온사(경기도유형문화재 제100호)라는 객사가 남아 있다. 온온사穩穩舍는 정조가 이곳에서 쉬는 동안 매우 편안했다고 해서 붙여진 이름이다. 시흥에도 정조가 쉬어가는 행궁을 설치했는데 길이 넓혀지면서 지금은 남아 있지 않지만 정조 19년(1795) 윤2월 15일에 능행에서 돌아오는 길에 시흥행궁 앞에 다다른 모습을 그린 〈시흥환어행렬도〉가 남아 그 규모를 가늠해볼 수 있다.

복사꽃이 많이 피는 고을 부천

고구려 때 이름이 주부토군이었던 부천시는 고려 충선왕 때 부평이라는 이름을 얻었고 태종 13년(1413)에 부평도호부로 승격되었다. 1914년 행정구역 개편 때 인천부는 개항장 일대로 한정되고, 부평부와 남양군의

246

남태령 옛길

남태령 옛길은 삼남지방에서 한양으로 통하는 중요한 관문으로
과거를 보러 가는 이들의 중요 교통로 역할을 했다.

영흥면·대부면과 강화군의 섬들을 통합하여 부천군이 신설되었는데 이때 부천이라는 이름이 처음 사용되었다. 1973년 부천군이 폐지되고 소사읍을 중심으로 하여 부천시로 승격되었다.

소사라는 지명은 모래가 많으므로 소새 또는 소사라 한 데서 유래되었다. 소사동은 소시민들의 다양한 삶의 모습을 담은 양귀자의 소설 《원미동 사람들》에서 원미동과 함께 소설의 배경이 되었던 곳이기도 하다. 원미동에는 부천시의 진산인 원미산이 있고, 굴포천과 소사천이 흐른다. 소사복숭아로 이름 높은 부천은 복숭아나무 꽃, 즉 복사꽃이 많이 피는 고을이라 하여 복사골이라고도 불린다. 해마다 5월 초에 문화예술축제인 복사골예술제가 열린다.

고려 후기 부평부사를 지낸 이규보는 자신의 관할 지역인 부평에 대한 글을 많이 남겼다. 그중 다음의 시에서는 이 지역 백성들의 생활상을 엿볼 수 있다.

사람이 순박하고 일이 간단한 것은 비록 가상하나
땅이 메마르고 백성이 쇠잔하여 차마 볼 수 없구나

그가 살았던 시기는 무신의 난으로 나라가 어지럽기 이를 데 없었다. 수많은 농민과 천민들이 고향을 떠나 유랑민이 되거나 산속으로 숨어들어 도적이 되어는 상황을 지켜봐야 했던 이규보의 마음이 얼마나 착잡했을까.

바다 가운데 여러 섬이 남북으로 나뉘었고

구름 밖 먼 멧부리는 혹 있다 없다 하네

궁벽한 골짜기에 눈 녹으니 시내에 푸른 물결 일고

굽은 언덕에 바람이 지나니 버들이 누른빛을 흔든다

조선 전기 문신인 홍여방洪汝方이 지은 시를 보아도 부평 지역은 왕조가 바뀐 뒤에도 풍요로운 고장이 아니었음을 알 수 있다.

비류백제의 도읍지 인천

인천은 고구려의 시조 주몽의 아들 비류가 고구려를 떠나 비류백제를 세운 곳이었다. 《신증동국여지승람》에는 당시의 상황을 다음과 같이 전하고 있다.

주몽朱蒙의 두 아들 중 맏아들은 비류요, 다음은 온조인데, 졸본부여(고구려)로부터 10명의 신하를 거느리고 남쪽으로 행하니 백성들이 많이 따랐다. 드디어 한산 북악에 올라 살 만한 땅을 찾았다. 비류가 바닷가에 살고자 하니 10명의 신하가 간하기를 '오직 이 한남 땅이 북쪽으로 한수를 띠고, 동쪽으로 높은 산악에 의지하고, 남쪽으로 비옥한 소택지대를 바라보고, 서쪽으로 큰 바다가 막혔으니 천연의 험함과 땅의 이로움을 얻기 어려운 형세입니다. 여기에 도읍을 세우는 것이 또한 마땅하지 않습니까' 하였다. 비류가 듣지 않고 그 백성을 나누어 미추홀로 돌아가고 온조는 10명의 신하를 거느리고 위례성에 도읍하

249

였다. 오랜 뒤에 비류가 미추홀은 땅이 비습하고 물이 짜서 편안히 살 수 없으므로 돌아와 위례성을 보니 도읍이 정리되고 백성이 안돈되었다. 드디어 비류가 부끄럽고 분하여 죽으니 그 신하와 백성이 모두 위례성으로 돌아왔다.

《신증동국여지승람》에서는 비류가 비류백제를 세운 미추홀이 지금의 인천이라고 언급하고 있다. 역사 속에서 금세 사라진 비류백제의 도읍지 인천은 백제시대에는 미추홀이라 했으며, 고구려의 영토일 때는 매소홀현이라 불렸으며, 이후 신라 경덕왕 때 소성현으로 개명되었다. 고려시대 들어 다시 인주로 바뀌었다가 태종 13년(1413) 군현의 이름이 전면적으로 개편될 때 지금의 인천이 되었으며, 1949년 지방자치법에 따라 인천시로 정립되었다.

인천에는 계양산, 철마산, 문학산 등 여러 산이 있으나 진산은 소래산이다. 《여지도서》에도 소래산은 "관아의 동쪽 20리에 있는 진산鎭山이다. 과천의 수리산 서쪽 기슭에서 갈라져 나온 산줄기가 30리에 이르러 소래산을 이룬다"라고 기록되어 있다. 또한 《여지도서》에는 조선 후기 인천의 풍속을 다음과 같이 기록하고 있다.

고기잡이와 소금을 구워서 이익을 취하고, 농업과 양잠에 힘쓰지 않으므로 가난한 사람이 많고 부유한 사람은 적다. 또 토지가 메말라서 자주 흉년이 들고 가난한 사람이 많아 저속하고 인색한 풍속이다.

인천의 포구 풍경

조선 전기에 제물포라 불렸던 인천항이 상업항으로 개항한 것은 1883년으로,
조선 후기 흥선대원군의 통상수교거부정책이 종지부를 찍은 이후이다.

문학산에 얽힌 사연

비류의 도읍지로 알려져 있는 문학산의 정상에는 평평하고 돌로 쌓은 성터가 있다. 이곳에는 봉수대터가 남아 있는데, 산 정상에 축대를 쌓고 봉수를 설치한 모양이 멀리서 보면 볼록하게 올라온 배꼽처럼 생겼다고 하여 문학산을 배꼽산으로도 불렀다.

문학산 주봉과 연경산 사이에 있는 사모지고개 또는 삼호현은《여지도 서》에 '삼해주현三亥週峴'이라고 적혀 있는데, 이 고개에는 다음과 같은 전설이 서려 있다.

고개 위에 큰 바위가 하나 있고 바위에는 마치 물동이와 같이 생긴 구 멍이 뚫려 있는데, 옛날에 그 구멍에는 삼해주三亥酒라는 술이 가득 차 있어 그 고개를 넘는 사람들이 갈증을 풀었다고 한다. 이 술은 한 잔만 마 셔도 갈증이 풀렸으므로 더 이상 마시지 않기로 되어 있었는데 어떤 사 람이 한 잔 더 마신 뒤로 그만 술이 말라버려 나오지 않게 되었다고 한다. 그 뒤로 이곳을 삼해주현이라고 불렀는데, 다른 이야기도 남아 있다.

옛날 중국으로 가는 사신들이 이 고개를 넘어 서해안의 능허대凌虛臺 (현 연수구 옥련동)에서 배를 타고 떠났는데, 사신을 배웅하는 가족과 친지 들이 이 고개까지 따라와서 멀어져 가는 사신을 크게 세 번 불렀다고 해 서 삼호현三呼峴이 되었다고 한다. 또 이 고개만 넘어서면 울창한 숲이 나타나서 사신이 보이지 않기 때문에 가족들이 못내 그리워 사모한 고개 라 해서 사모재라고 불렀다는 설도 있다.

사모지고개의 유래에 등장하는 능허대는 백제 근초고왕 27년(372)부

옛 인천항

여러 기록들을 보면 과거 인천항을 통해 많은 사람들이 중국을 오갔다.
사진은 인천항의 옛 풍경이다.

터 개로왕 21년(475)까지 중국을 왕래할 때 출발하는 나루터가 있던 곳이다. 당시 백제는 고구려와 적대관계에 놓여 있어서 육로를 이용해 중국에 갈 수 없어서 능허대 밑의 한나루(大津)에서 중국을 오갔다. 지금은 개발되어 공원으로 단장된 능허대지(인천시기념물 제8호)에 대한 기록이 《여지도서》에도 다음과 같이 실려 있다.

> 관아에서 서쪽으로 10리 다소면多所面에 있다. 고구려·백제·신라 삼국이 정립하였을 때 백제에서 중국에 가는 길을 고구려가 막았기 때문에 중국으로 가는 사신이 이곳에서 배를 띄워 산동반도의 등주登州·내주萊州에 도착하였다고 한다.

사신들이 배에 올라 중국으로 출발하는 한나루에는 기녀바위가 있었다. 민간에 전해지는 말에 의하면 백제 사신들이 순풍이 불면 떠우려고 나루터 주변에서 기녀를 끼고 머물렀다. 배가 떠나는 날 기녀가 멀리 헤어지는 이별의 정을 이기지 못하고 바위에서 스스로 몸을 던져 목숨을 끊었다. 후대의 사람들이 그 바위를 '기녀바위'라는 뜻으로 기암妓巖이라고 이름 붙였다고 한다.

장명이고개에 남아 있는 임꺽정의 흔적

인천시 서구 공촌동에서 계양구 계산동으로 넘어가는 계양산 서쪽의 고개를 장명이고개〔景明峴〕라고 부른다. 인천 지역에서 가장 길고 높은 이 고개는 예로부터 도둑들의 소굴이었다고 하는데, 조선시대의 큰 도둑 임꺽정이 이곳에 산채를 열었다고 한다. 그래서 이 고개를 안전하게 넘으려면 1000명이 모여야 한다는 뜻에서 천명千名고개라고 불렀다는 설이 있다.

장명이고개 정상에는 산성이 축조되었던 흔적이 남은 중심성지가 있다. 고종 즉위 후 병인양요, 신미양요, 운양호사건 등 외세의 침입이 계속 일어나자 조정에서는 연해의 관문인 이 산에 성을 축조하여 인천과 부평의 방비를 튼튼히 할 필요성을 느꼈다. 이에 고종 20년(1883) 부평부사 박휘방이 주민들을 동원하여 성을 축조했는데 백성들의 마음을 모아 쌓았다는 뜻에서 중심성衆心城이라는 이름이 붙었다고 한다. 현재 성은 완전히 없어지고 초석만 남아 있다.

한편 계양산은 높이가 395미터로 강화도를 제외한 인천광역시에서 가장 높은 산으로《동국여지승람》에는 인천의 진산 또는 안남산이라고 기록되어 있으며, 진달래가 유난히 많이 핀다. 정상에 오르면 사방이 탁 트여 있어 서쪽으로는 영종도와 강화도 등 주변 섬들이 한눈에 들어오고, 동쪽으로는 김포공항을 비롯한 서울특별시의 전경이, 북쪽으로는 고양시가, 남쪽으로는 인천광역시가 펼쳐진다.

계양산에는 고려 후기 이규보가 거처하던 자오당지와 초정지가 남아 있다. 다음은 이규보가 이 지역에 머물 당시 쓴 글이다.

길이 사면으로 계양지경(계양산 근처)에 났는데, 오직 한 면만이 육지로 통하고 삼면은 모두 물이다. 처음에 내가 조정에서 쫓겨나서 이 고을의 원이 되었을 때에, 물이 푸르고 넓은 것을 사방으로 돌아보매 섬 가운데에 들어왔는가 의심하여, 근심스러워 즐기지 않아서 문득 머리를 숙이고 눈을 감고 보려고 하지 않았다.

인천 이씨 이자연의 고향 인천

이곳 인천을 이야기할 때 빼놓을 수 없는 인물이 고려의 문신인 이자연 李子淵과 그의 후손인 이자겸李資謙이다. 인천 출신인 이자연의 세 딸이 고려 문종의 왕비가 되면서부터 인주 이씨의 외척정치가 시작되었기 때문이다. 이자연의 할아버지인 이허겸의 딸이 김은부의 아내였다. 그때부터 고려 왕실과 인주 이씨의 인척관계가 이루어졌고 문종에서 인종까지 7대에 걸쳐 80~90년간 외척정치가 이어졌다. 인주 이씨는 왕실과 겹치기로 혼인관계를 맺어서 당시 왕실에서는 인주 이씨의 외손이나 생질이 아닌 사람을 찾아볼 수가 없었다고 한다.

인주 이씨는 왕실과의 혼인뿐만이 아니고 그 당시의 이름난 성씨인 파평 윤씨, 평산 박씨, 해주 최씨, 경주 김씨 등과도 혼맥을 통해 커다란 벌족관계를 형성했다. 그러나 그렇게 견고했던 그들만의 세상은 이자겸의 반란이 실패로 돌아간 뒤 막을 내리고 말았다.

인천을 '7대 어향御鄕'이라고 부르는 것도 인주 이씨와 관련이 있다. 어향은 '왕의 고향'이라는 의미인데, 고려시대 7대 동안 왕의 외갓집이거나 왕비의 친정이었다고 해서 붙은 말이다. 그 예로 현종과 숙종은 어머니가 인주 이씨였고, 문종과 예종은 그 왕비가 인주 이씨였으며, 순종·예종·인종은 어머니와 아내가 모두 인주 이씨였다.

작은 포구에서 개항의 중심지가 된 제물포

지금의 중구 중앙동과 항동 일대의 작은 포구였던 제물포는 고종 21년(1884)에 일본의 강압에 못 이겨 개항을 한 후 일본을 비롯한 유럽 각국의 공동 조계지가 되면서 급속도로 변모하기 시작했다. 부산에서 배를 타고 제물포에 도착했던 영국인 지리학자 이사벨라 비숍Isabella Bishop은 다음과 같은 글을 남겼다.

조수가 11미터나 오르내리는 제물포의 정박지는 낮 동안에 질퍽거리는 진흙 펄과 다름이 없다. 모래톱에 있는 좁은 도랑인 정박지는 현대적인 용량의 배 다섯 척을 수용할 수 있다. 진흙만이 현저히 눈에 띄고, 마을 뒤편의 낮은 언덕은 칙칙한 고동색이었으며, 부슬비까지 뿌리고 있었지만, 제물포는 내가 예상했던 것보다는 나아 보였다. 나는 곧 제물포에 익숙해졌다. 그 후 4년 동안 여러 계절과 다양한 상황 속에서 제물포를 찾을 때마다 나는 고향을 다시 찾은 듯한 그런 다정한 감정이 일어나는 것을 느꼈다.

정박지에서 바라보면, 제물포는 바닷가의 한 모서리를 따라 뿔뿔이 흩어져 있는 초라한 집들의 덩어리였다.

인천의 다른 이름이기도 했던 제물포는 조선 초기 태종 때 한양에서 가까운 해안을 수비하기 위해 설치된 수군기지 제물량에서 유래한 것으로 보인다.《세종실록지리지》에는 "제물량은 인천군 서쪽 15리에 있다. 성창포城倉浦에 수군 만호萬戶가 있어 수어한다"라고 했으며,《동국여지승람》에도 "제물량영濟物梁營은 인천부 서쪽 19리 되는 곳에 있고 수군 만호 1인이 있다"라고 나온다. 이 같은 기록들로 보아 인천항의 옛 이름은 성창포였으며, 제물포는 그 안에 있는 작은 포구였음을 알 수 있다.

조선 효종 때 북벌 계획을 수립하면서 바다를 통한 외적의 침입을 방어하기 위해 수군 체제를 개편했는데, 제물포에 주둔하던 수군 만호를 강화도로 옮기고 제물포에서 강화도로 가는 수로를 개척했다. 또한 유사시에 대비해 제물량에는 수륙 양군을 배치하고 2척의 배를 대기시켜 두었으며, 왕이 강화도로 피난을 떠날 때 잠시 머물 용도로 월미도에 행궁을 지었다.

이곳 제물포는 조선과 일본 양국 간의 불평등 조약이 체결된 곳이기도 하다. 고종 19년(1882) 구식군대의 군인들이 신식군대인 별기군과의 차별대우와 밀린 급료에 불만을 품고 군제개혁에 반대하며 임오군란을 일으켰다. 이를 계기로 대원군이 다시 정권을 잡고 사태를 수습하려 했으나 실패하자 결국 조정은 임오군란으로 빚어진 양국 간 문제를 처리하기 위해 제물포조약을 체결하게 된다.

임오군란 때 일본의 조선 침투에 분노한 군인과 시민들은 일본 공사관을 불태우고 별기군 교관 호리모토 레이조堀本禮造를 비롯한 여러 명의 일본인을 살해했다. 그러자 일본공사 하나부사 요시모토花房義質는 난을 피하여 귀국했다. 이후 청·일 양군의 출병과 청나라의 대원군 납치로 임오군란이 수습되고 조선에서 청나라의 정치적 영향력이 커지자, 일본은 청나라를 견제하면서 다시 조선에 침투하려는 정책을 수립했다. 일시 귀국했던 하나부사 공사는 이러한 일본의 정책에 따라 군함 4척, 수송선 3척에 1개 대대 병력을 인솔하고 고종 19년(1882) 8월 12일 제물포에 상륙하여, 조선에 대해 피해보상과 거류민 보호를 내세워 협상을 요구했다.

조선은 8월 27일 봉조하 이유원李裕元을 전권대신으로, 공조참판 김홍집金弘集을 부관으로 임명하여 제물포에서 일본과 회담하도록 했다. 회담은 8월 28일 오후부터 인천 앞바다에 정박 중인 일본 군함에서 진행되었다. 8월 30일 일부만이 수정된 채로 일본 측 요구안이 타결되었고, 본조약과 수호조규속약을 조인했다.

본조약의 내용은 임오군란과 직접 관계되는 일의 뒤처리를 위한 것으로, ① 지금으로부터 20일 안에 조선은 흉도를 체포하고 주모자를 색출하여 엄히 처벌할 것, ② 일본 관리로 피해를 입은 자는 조선국이 융숭하게 장사 지낼 것, ③ 조선은 일본 관리로 피해를 입은 자의 유족 및 부상자에게 5만 원을 지급하여 위로할 것, ④ 일본이 입은 손해 및 공사를 호위한 군비 중에서 50만 원은 조선이 매년 10만 원씩 5년 내에 지급할 것, ⑤ 일본 공사관에 병사 약간을 두어 경비하게 하며, 병영의 설치·수선은 조선이 책임질 것, ⑥ 조선은 대관大官을 파견하고 국서를 보내어 일본에 사과할 것 등 6개조로 되어 있다.

또한 조선에서의 상권을 보다 확고히 다져두려는 일본의 요구가 관철된 2개조의 수호조규속약의 내용은 ① 부산·원산·인천 각 항의 간행이정間行里程을 사방 각 50리로 확장하고, 2년 후 다시 각 100리로 할 것, 1년

안에 양화진楊花津을 개시開市할 것, ② 일본공사·영사 및 수행원·가족의 조선 내지 여행을 허락하며, 여행지를 지정하면 예조에서 증서를 발급하고 지방관은 증서를 대조하여 호송한다는 것이었다.

제물포조약은 일본의 야심을 그대로 관철시킨 불평등조약이었다. 본조약 1조의 규정은 조선의 치안 주권을 무시하는 규정이며, 5조에 의해서 1개 대대의 병력을 한성에 진주시키고 이에 필요한 병영의 설치·수선비까지도 조선에 부담시키는 횡포를 부렸다. 또한 속약의 체결은 임오군란과는 직접 관련이 없는, 조선에서의 일본 상권 확보를 위한 강제적 요구였다. 이 조약이 체결됨에 따라 조선은 배상금 55만 원 중 우선 15만 원을 지불했고, 박영효朴泳孝·김옥균金玉均·김만식金晩植 등을 수신사로 파견하여 사과의 뜻을 표했다.

굴포천이 변해서 경인운하 아라뱃길이 되다

판개라고도 불리는 굴포천이 사람들에게 널리 알려진 것은 4대강 공사를 시작하면서부터였다. 굴포천은 인천시 철마산에서 발원하여, 북동쪽으로 흐른 뒤 부천시 복판을 지나 계속 북쪽으로 흘러 부평평야를 이룬다. 계양의 동북쪽을 거쳐 김포 고촌읍 전호리 평야를 지나 신곡리 경계에서 한강으로 들어가는 21킬로미터의 하천으로 유역 면적은 143.3제곱킬로미터이다.

고려 때에도 이 하천에 운하를 만들려고 시도된 적이 있다. 고려 고종

굴포천

굴포라는 명칭은 글자 그대로 하천이 없는 곳을 인공적으로 파서 하천으로 만든 것을
말하는데 고려 고종 때에도 운하 공사를 시행하다 중지되었다.

때 권세를 잡고 있던 무신 최이崔怡는 한강물을 끌어들여 운하를 만들려고 전호리에서 계양면 상하리(지금의 계양구 하야동)까지 파다가 중지했다. 이를 '김포 굴포' 작업이라 했는데, 현재의 인천시 앞바다 들머리에서 남구 간석동에 있는 원통이고개까지 곧바로 뚫어서 양천현(지금의 서울시 강서구)으로 거슬러 올라가 한강으로 들어가려는 공사였다. 굴포掘浦라는 명칭은 자연 하천이 아니라 글자 그대로 하천이 없는 곳을 인공적으로 파서 하천으로 만든 것을 말한다.

고려 때부터 조선시대 후기까지 대규모의 물량 수송은 거의 다 수운에 의지했다. 삼남지방에서 올라온 대동미大同米를 서울로 운반하려면 강화해협에 있는 손돌목이라는 바닷길을 꼭 거쳐야 했다. 당시 대동미는 갯말 전조창(지금의 서구 원창동)에서 밀물 때에 맞춰 손돌목을 지나 조강포를 거쳐 한강을 거슬러 올라가 용산의 경창에 도착했다. 손돌목은 수로의 바닥에 사슴뿔 모양의 암초가 수없이 깔려 있고 여울이 험난하여 능수능란한 사공이 아니면 건널 수 없는 곳이었다. 그뿐만이 아니라 밀물과 썰물이 교차하는 시간이 5시간 남짓밖에 되지 않았고, 수위가 가장 높은 사리 때라야 수심이 5.5미터 정도가 되었다.

고려 때 중지된 운하 공사는 조선 중종 때 김안로金安老에 의해서 다시 착공되어 중간 지점으로 40리에 달하는 원통이고개까지 이르렀으나 현재 부평에서 백운으로 넘어가는 호명사가 있는 원통이고개를 뚫지 못해 다시 중단되고 말았다. 인천과 한강 양쪽에서 땅을 파 들어가다가 중단된 이유를 풍수가들은 풍수지리상 좋지 않기 때문일 것이라고 하지만 그보다는 당시 기술력으로는 공사 진행이 어려워 중지되었을 것으로 추정된다.

그 뒤 4대강 공사를 진행하면서 경인운하京仁運河, 즉 아라뱃길을 조성한다고 굴포운하를 완성했으나, 사람들의 이용이 저조해서 이런저런 말들이 끊이지 않는 것이 굴포천이다.

한편 굴포천 공사가 중단되었던 원통이고개에 대해 여러 이야기가 전해져 내려온다. 하나는 굴포천 운하를 파던 당시 인조반정의 주역인 김자점金自點이 굴포천 운하 공사를 중단시킨 고개를 지나며 "이 고개만 아니면 수로를 낼 텐데, 원통하구나!"라고 했다는 것이다.

또 하나는 조선 태조와 무학대사가 조선 건국 당시 이곳을 답사할 때의 이야기이다. 태조의 명으로 도읍지를 물색하고 있던 무학대사가 부평 땅에 이르니 들이 넓고 기름지며 멀리 한강까지 끼고 있었다. 이만하면 도읍지가 될 만하다고 느낀 무학대사가 골짜기 수를 세어보았다. 예로부터 나라의 도읍지가 되려면 골짜기가 100개는 되어야 한다고 전해져 왔기 때문이다. 그런데 아무리 세어도 99개밖에 되지 않았다. 그래서 "아! 원통하구나. 한 골짜기가 모자라는구나"라고 원통해하여 고개 이름이 그렇게 지어졌다는 것이다.

마지막은 이성계가 무학대사와 함께 부평 땅에 이르러서 골짜기를 세어보니 꼭 100개였다. 기뻐한 이성계가 개성으로 돌아갔다가 신하들을 데리고 다시 세어보니 이상하게도 한 봉우리가 야트막한 언덕으로 바뀌어 있었다. 그래서 "아! 원통하구나. 이 봉우리가 언덕으로 바뀌다니" 하고 원통해하여 원통이고개가 되었다는 것이다.

해상교통의 중심지 인천 앞바다

인천시 앞바다에 자리잡은 옹진군은 덕적도·백령도·대청도 등 관할 지역 전체가 섬으로 구성되어 있다.

옹진군의 덕적도는 원래 '물이 많은 섬'이라는 뜻의 덕물도였으나 일제강점기에 주민들이 어질고 덕이 많다 하여 덕적도로 바뀌었다고 한다. 덕적도는 백제와 통일신라시대 해상교통의 중심지였다. 이때 중국과 연결된 해상항로로는 인천 능허대에서 덕적도를 거쳐 산동반도에 이르는 등주항로(동로)와 예성항을 떠나 흑산도를 거쳐 양자강 입구에 이르는 명주항로(남선항로)가 있었다. 등주항로의 길목에 있는 덕적도는 백제가 중국과 교류할 때 거점 지역이었으며, 통일신라가 동아시아 해상왕국으로 발돋움할 때 바다로 나아가는 관문이었다.

삼국이 각축전을 벌이던 시절, 김춘추와 김유신의 요청으로 당나라 장수 소정방蘇定方이 13만 대군을 이끌고 왔을 때에도 이곳 덕적도에 40일간 군사를 주둔시켰다. 당시 신라 태자 법민法敏이 병선 100여 척을 이끌고 덕적도로 와서 소정방과 백제를 공략할 작전을 수립했다고 한다. 덕적도에 속하는 소야도에도 당나라 군사가 정박했다고 하는데, 소야도는 소정방이 머물렀던 섬이라 하여 붙여진 이름이라는 설이 있다.

옹진군 백령도는 서해 최북단의 섬으로 《고려사》에 "곡도鵠島라는 지명을 백령白翎으로 개칭하였다"고 기록되어 있는 것으로 보아 고려 때 이름이 바뀐 것으로 추정된다. 백령도白翎島는 따오기가 흰 날개를 펼치고 공중을 나는 모습처럼 생겼다 하여 붙여진 이름이라고 한다.

덕적도 · 백령도

인천 앞바다에는 크고 작은 여러 섬들이 흩어져 있다.
사진은 덕적도(위)와 백령도(아래)의 모습이다.

백령도에는 대청도와 소청도가 속해 있었는데, 대청도는 고려시대의 유배지로 유명했다. 특히 송나라와 원나라 사람들이 이 지역으로 유배를 많이 왔었다. 조선 건국 이후인 태조 6년(1397)에 옹진현에 진이 설치되고 병마사로 하여금 현령을 겸임하게 했고, 숙종 45년(1719) 황해도수영으로 승격되어 수군절도사가 설치되면서, 옹진현이 도호부로 승격되어 수군절도사가 옹진부사를 겸임하게 되었다.

여러 차례의 변천 과정을 거친 옹진군은 한국전쟁 이후 1953년 휴전협정이 체결됨에 따라 두 개의 지역으로 나뉘었다. 백령도·대청도·소청도·연평도 등 도서 지역은 경기도 옹진군이 되고, 휴전선 이북에 위치한 육지 전 지역은 북한의 황해남도 옹진군이 되었다. 1995년 대부도를 제외한 옹진군의 섬들은 경기도에서 인천시로 행정구역이 바뀌었다.

익령군이 숨어 지낸 영흥도

인천에서 남서쪽으로 약 23킬로미터 떨어져 있는 영흥도는 이제는 대부도와 영흥대교로 연결되어 차를 타고도 쉽게 접근할 수 있는 섬 아닌 섬이다.

이 섬의 원래 명칭은 연흥도였으나 고려 말기에 종실宗室이었던 익령군 왕기王奇가 정국의 불안으로 목숨이 위태로워지자 온 가족과 함께 이곳으로 피신하여 익령군의 영靈 자를 따서 영흥도로 바뀌었다는 설이 있다. 고려가 망한 뒤 대다수의 왕씨들은 물에 빠져 죽임을 당했으나 영흥도로 온 익령군의 후손들은 신분이 낮아져서 말을 지키는 목동이 되었다고 한다.

이중환의 《택리지》에는 영흥도 익령군 생가에 대한 기록이 다음과 같이 전해진다.

익령군이 머물던 세 칸짜리 집은 지금까지 엄중하게 잠겨져 있어, 누구도 들어가보는 것을 허락하지 않는다. 방 안에는 서책과 기명器皿을 쌓아두었으나 어떤 물건인지 알지 못한다. 예전에 한 관리가 바람 쐬러 섬에 왔다가 잠깐 문을 열어 보고자 하였다. 그러자 목장의 말을 치던 여러 남녀가 애걸하면서 이렇게 호소하였다. "이 문을 열면 번번이 자손 중에 누군가 죽게 되는 변고가 일어났습니다. 그 까닭에 서로 경계하여 열어 보지 못한 지가 삼백 년이나 되었습니다." 그 말을 들은 관리는 문을 여는 것을 중지하였다.

국제공항이 들어선 영종도

영흥도 북쪽에 있는 무의도를 지나 영종도가 있다. 《고려사지리지高麗史地理誌》나 《세종실록지리지》, 《신증동국여지승람》과 같은 지리지에는 영종도가 자연도라고 나와 있다. 고려시대에 송나라와 교류할 때 남선항로의 거점이었던 영종도에는 송나라 사신들을 접대하던 경원정이라는 객관이 있었다.

영종도는 《여지도서》에 다음과 같이 실려 있다.

영종진(영종도)은 강도(강화도)와 가까운 거리에 있다. 마치 거북이가 엎드려 있는 듯한 모습의 지형으로, 동쪽이 머리이고 서쪽이 꼬리에 해당한다. 해자처럼 바다가 두르고 있고, 성곽처럼 산이 둘러 있다. 영종진은 강도의 한쪽 면을 가리고 있어서 서로 잡아당기려는 듯한 형세를 이루고 있다.

조세를 운반하는 배와 장삿배가 모두 이곳을 통과하니 수로의 요충지이다. 동쪽에 제물진이 있어 위급할 때나 겨울철에 강화도의 갑곶진으로 얼음이 떠내려가 강을 뒤덮어 뱃길이 이어지기 어려울 때, 인천부에서 영종진으로 건너오면 강도와 통한다. 남쪽에 있는 월미도에 행궁을 세운 이유는 긴급사태에 임금이 머무는 곳으로 활용하기 위해서이다. 아울러 수군과 육군 병사를 배치한 목적은 오로지 임금의 행차를 맞이해 호위하기 위한 계책의 일환이다.

서쪽에 있는 용유도는 10리 떨어져 포구가 있는데, 밀물이 들면 바다가 되었다가 썰물이 되면 육지가 된다. 갯벌에 사람이 빠졌는데, 만일 밀물마저 든다면 비록 토박이라 할지라도 길을 찾기 어렵다. 형주荊州의 하구나 금릉金陵의 채석이 어떤지 직접 보지는 못했지만, 서울 형세가 의지할 만한 곳으로는 영종진보다 나은 데가 없다.

이러한 여러 가지 지형상의 이점을 고려해서 그랬는지는 몰라도 영종도는 현재 국제공항이 들어서 세계 교역의 중심지로 부상하고 있다.

비류백제가 터를 잡았던 인천의 북쪽에는 김포가 있다.

인천대교

인천대교는 인천국제공항이 있는 영종도와 송도국제도시를 연결하는 다리로
우리나라에서 가장 크고 길다.

서해로 가는 길목에 있는 김포

김포의 고구려 때 이름은 금포현이며, 신라 경덕왕 때 지금의 이름으로 바뀌어서 장제군의 속현으로 만들었다가 태종 14년(1414) 김포는 부평부에 편입되어 김포라는 이름조차 사라졌다가 태종 16년(1416) 다시 김포현이 설치되었다. 고종 32년(1895) 인천부 김포군이 되었다가 1914년 김포·통진·양천현이 김포군으로 편입되었다. 이후로도 여러 차례 변화를 거친 김포는 1998년 시로 승격되었다.

《세종실록지리지》에 "땅이 기름지고 메마른 것이 반반되며, 기후는 바다가 가까워서 일찍 따뜻해진다. 간전이 3032결이요, 논과 밭이 반반이다"라고 기록되어 있는 김포군의 당시 호수는 318호이고, 인구가 651명이요, 군경은 시위군이 2명, 선군이 59명이었다.

조선 전기 문신 양성지梁誠之가 그의 시에서 "지역이 고양과 닿았으니 응당 술은 있으렸다/강이 한수와 통했는데 어찌 물고기 없으랴"라고 노래했던 김포시에는 문수산·승마산 등이 솟아 있고, 그 아랫자락으로 굴포천과 계양천이 흘러 한강으로 들어간다.

이곳 김포에서 생애의 마지막을 보낸 사람이 조선 중기의 문장가인 신흠申欽이다. 영의정을 지낸 신흠은 벼슬에서 물러나 김포 상두산 아래에 시냇물이 굽어다 보이는 곳에 작은 집을 짓고, 물을 끌어들여 굽이굽이 휘돌아가게 만들고선 그 사이에서 시를 읊고 노닐었다. 다음은 신흠의 글 〈야언野言〉에 적힌 한 구절이다.

김포국제조각공원

김포는 휴전선 남쪽 끝에 위치해 있다.
월곶면 고막리에는 통일을 주제로 한 조각 작품들을 전시한 조각공원이 있다.

서리 내려 나뭇잎 빌 때 성긴 숲속으로 들어가 나무 그루터기 위에 앉는다. 바람에 나부끼는 노란 잎은 옷소매에 점점이 떨어지고, 들새는 나무 우듬지에서 날아올라 사람을 엿본다. 황량한 땅이 이 순간 맑고 드넓어진다.

《동국여지승람》에 "서쪽으로 갑곶을 등지고, 동쪽으로 세 봉우리를 바라본다. 푸른 바다가 오른편에 둘렸고, 큰 강이 왼편으로 지나간다"라고 기록되어 있는 김포군에 애기봉이 있다. 애기봉은 일명 쑥갓머리산으로, 높이 155미터이다. 이 산에는 평안감사와 사랑을 나누었던 애기의 슬픈 사연이 서려 있다.

의좋게 살던 평안감사와 애기는 병자호란으로 피난길을 떠나게 되었다. 그러나 평안감사는 종로에서 청나라 군사에게 잡혀가고, 애기 홀로 조강리에 와서 날마다 쑥갓머리산에 올라가 북쪽을 바라보며 애타게 평안감사를 기다렸다. 하지만 불행하게도 평안감사는 오지 않고, 애기는 "내가 죽거든 저 봉우리에 묻어주시오"라는 유언을 남긴 채 죽었다. 그 유언에 따라 애기를 산꼭대기에 묻고 그때부터 애기봉이라 불렀다고 한다.

이곳에는 북한 들녘이 보이는 애기봉전망대가 있는데 민간인통제구역이기 때문에 출입하려면 신고서 작성 후 신분증을 제시해야 한다. 이 전망대에서는 1954년부터 매년 크리스마스에 트리 정등식이 열렸었다. 그러나 '애기봉 트리'로 불리던 철탑은 노후화되어 2014년 철거되었다. 대신 이곳에는 애기봉평화생태공원이 조성되고, 고층 전망대가 설치될 예정이다.

애기봉

애기봉은 일명 쑥갓머리산으로, 평안감사와 사랑을 나누었던 애기의 슬픈 사연이 서려 있다.

273

이규보가 기록한 조강 일대의 밀물과 썰물

애기봉에서 서쪽을 바라보면 멀리 한강의 하구에 있는 유도라는 섬이 보이고, 바로 아래에는 조강포祖江浦라는 이름난 포구가 있었다.

월곶면 조강리에 있던 조강포는 서해 뱃길과 한양, 개성을 잇는 큰 포구였다. 그러나 1953년 휴전협정이 맺어지면서 잠정폐쇄되고 말았다. 조강포는 한강을 건너기 위해 나룻배를 기다리는 사람들과 개성이나 한양으로 세미稅米를 싣고 가기 위해 만조滿潮 시간을 기다리는 장사꾼과 뱃사공들이 모이는 곳이었다.

조세를 납부하는 철이면 전국 여러 지역에서 모여든 배들과 뱃사공들로 인산인해를 이루었으며, 포구에는 주막과 음식점 숙박업소들이 성시를 이루었다. 그래서 이곳 조강에 들어서서 한강을 왕래하던 뱃사람들에게 조강을 넘나드는 밀물과 썰물, 곧 사리와 조금 현상은 중요한 관심사였다. 그런 연유로 고려시대 문신 이규보는 조강 일대의 밀물과 썰물이 드나드는 현상을 다음과 같이 시로 남겼다.

초사흘간은 토끼 때〔卯時〕, 다음 사흘은 용 때〔辰時〕
또 다음 사흘은 뱀 때〔巳時〕 그다음 1일은 말 때〔午時〕
양 때〔未時〕가 사흘이요, 그다음이 잔나비 때〔申時〕
달이 기운 후에도 이와 같으니라

이규보가 살펴본 것처럼 바다 조수의 밀물은 매달 음력 초하루에서 보름까지를 주기로 하고, 16일부터 다시 그 주기가 되풀이된다. 조강 근처의 조수는 초하루부터 3일까지는 아침 5시부터 7시 사이까지인 묘시에 밀물이 들고, 4일부터 6일까지는 7시부터 9시까지인 진시에 들며, 7일에서 9일까지는 9시부터 11시까지인 사시에, 10일 하루만은 11시부터 오후 1시까지인 오시에 든다. 11일에서 13일까지는 오후 1시에서 3시까지인 미시에 들고, 14일과 15일 이틀 동안은 오후 3시부터 5시까지인 신시에 주기적으로 물이 들어온다는 것이다. 그리고 16일부터 그믐까지는 초하루에서 보름 때처럼 반복된다는 것이다.

조강 부근의 물살은 다른 곳과 달리 유달리 세찼다고 한다. 다음은 이규보가 귀양을 가던 길에 조강을 건너던 심경과 당시 조강 풍경을 담은 시 '조강부祖江賦'의 일부다.

넓디넓은 강물이

경수涇水처럼 흐린데

시커먼 빛 굼실굼실

굽어보기도 무서워라

여울져 솟구치는 모양

구당(협곡)에 비할쏜가

달리는 뭇 내를 모았으니

솥의 물이 들끓는 듯

이무기와 악어가 입을 벌리고

독룡이 숨어 엿보는 듯

물살을 거슬러 나아가려 하나

배가 가는 양 그대로 멎는구나

저녁이 아닌데 어두워지고

바람도 없는데 물결친다

눈 같은 물결이 쾅쾅 돌에 부딪는 모양

진秦과 진晉이 팽아(격전지)에서 싸우는 듯

저 사공은 집채 같은 물결에 익숙해도

빙빙 도는 소용돌이를 무서워하네

고려 때의 문인 백원항白元恒은 조강을 다음과 같이 노래했다.

나룻배 띠나라고 늦은 조수潮水 제촉하는데

말을 세우고 나루터에 서서 홀로 웃음 짓네

언덕 위 세상 사정 언제쯤 끝날지

앞사람 건너기도 않았는데 뒷사람 오누나

그토록 번성했던 조강포는 현재 형체도 없이 사라지고 기름진 들판이 되고 말았고, 강화에서 마포까지 오고가던 시선배 역시 사라진 지 오래이다.

시선배는 보통 고깃배처럼 이물(배의 앞부분)이 뾰족하게 빠져나오지 않고, 고물(배의 뒷부분)과 거의 같은 모양으로 되어 앞뒤가 둥글며, 배 밑바닥은 평면이고 넓다. 시선배는 원래 장작을 싣고 서울에 드나들던 배였다. 그런데 언제부터인지 몰라도 서해안 일대를 중심으로 한 고기잡이

조강포 표지석

조강포는 1953년 휴전협정이 채결된 뒤 형체도 없이 사라지고 현재는 표지석만 있다.

배로 많이 쓰였다. 이 시선배들의 중요한 거래처는 주로 마포나루에 있었다. 그러다 보니 바다보다 수심이 얕은 한강이나 예성강으로 드나들기 위해 이런 모양의 배로 만들었던 것이다.

아이 아범아 빨리 져서 아차차 도루루 에이야 행주참을 대야겠네

아무렴 그렇구 말구 에이야 에헤에 어서 들르라 아으하에헤 허이야어

어서 가자 막걸리도 좋지마는 어엿차 자차 마누라도 봐얏네

아에헤 집 떠난 지가 여러 날 되어서 어이냐 어엿차 자차

처자식 생각이 간절하네 자네 말이 옳은 말일세

한양 마포 들어가서 좌정이나 하세 이이야

어이야아 어으하으이 차아으

시선배를 타고 오르내리던 뱃사람들이 불렀던 〈시선 뱃노래〉의 노랫소리가 들리지 않은 지는 이미 오래다.

어디 그뿐인가? 통진현에서 매년 11월에서 2월까지 거둬들인 전세田稅를 갑곶나루에서 배를 띄워 이틀 걸려 경강에 도착해서 광흥창에 바쳤다는데, 그 또한 전설 속의 옛 이야기가 되고 말았다.

한편 김포시 고촌면 향산리의 석굴마을과 섭골나루 일대에서는 웅어가 많이 잡혔다. 《신증동국여지승람》에 김포의 토산물로 "숭어·웅어·면어·석화·토화·게·푸른 게·물고기 부레·뱅어"가 실려 있는데, 웅어는 생김새가 몸이 옆으로 납작하고 뾰족한 게 갈치와 비슷하다. 잔뼈가 많고 살이 얇아 맛은 그리 좋지 않았는데, 예로부터 '진귀한 고기'로 알려져서

한강 건너편에 있는 고양군에는 이 고기를 왕가에 진상하던 사옹원司饔院의 관원이 머무르기도 했다. 가장 맛이 좋을 때는 단오 무렵이었고 회를 쳐서 먹었으며 그 회를 우어회라고 불렀다. 물이 들기 전에 강바닥에 개매기 그물을 쳐놓으면 그물 가득 웅어가 잡혔다고 하는데, 지금은 사라진 지 오래고 금강 하류인 강경과 웅포에서만 우어회를 맛볼 수 있다.

《여지도서》에 "성격이 온순하며 법을 잘 지킨다. 농사, 고기잡이, 소금 굽는 일은 한다"고 실린 김포 북쪽을 흐르는 한강을 따라 거슬러 올라가면 서울에 이른다.

6

서울 동쪽의 고을들

구리 · 양주 · 남양주 · 의정부

삼국시대의 석축산성인 아차산성

아차산성(사적 제234호)은 삼국시대에 만들어진 석축산성으로 구리시 아천동에서 서울시 성동구 광장동에 걸쳐 있다. 일명 아단성, 장한성, 광장성으로도 불린다.

성안에 작은 계곡을 아우르고 있을 정도로 규모가 매우 큰 편인 아차산성의 둘레는 약 1킬로미터에 달하며, 해발 200미터의 산꼭대기에서 시작하여 동남쪽 한강변의 경사진 산허리 윗부분을 둘러싸고 있다. 이 산성의 성벽은 기본적으로 경사진 땅을 깎는 삭토법削土法을 이용하여 대강의 형태를 쌓은 뒤 그 윗부분에 낮은 석루石壘를 둘러쌓은 모습이다. 현재 석루 부분은 무너져 흙과 돌을 함께 섞어서 쌓아놓은 듯한 모습만 확인된다. 성 밖에서 강변나루터에 이르는 구간에는 양쪽의 지형을 이용해 흙을 깎아 성벽을 대신한 흔적이 있다. 아차산성은 백제 도성의 운명을 좌우하는 도하처를 수비하기 위하여 쌓은 것으로 추정된다.

《삼국사기三國史記》의 백제본기에는 다음과 같은 글이 실려 있다.

　고구려의 장수왕이 가만히 백제를 치기 위하여 백제에 가서 간첩할 만한 자를 구하였다. 이때 중 도림道林이 응모하면서 "소승이 원래 도는 알지 못하지만 나라의 은혜를 갚으려고 생각한 바가 있사오니 원컨대 대왕께서는 저를 어리석은 자로 돌리지 마시고 지정하여 시키신다면 결코 왕명을 욕되게 하지 않겠습니다"라고 말하였다.

　도림은 고구려에서 죄를 짓고 도망친 것처럼 꾸며 백제로 가서 개로왕으로 하여금 궁궐을 개축하는 거대한 토목공사를 일으키도록 부추겼다. 이로 말미암아 나라의 창고는 텅텅 비고, 백성들이 곤궁해지자 나라가 위태로워졌다. 소기의 목적을 달성한 도림이 도망을 쳐 돌아와 왕에게 실정을 고했고 장수왕은 백제를 치기 위해 장수들에게 군사를 나누어 주었다. 개로왕이 그 소식을 듣고, 아들 문주에게 다음과 같이 말하니 문주가 목협만치와 조미걸취 등을 데리고 남쪽으로 떠나 공주로 갔다.

　내가 어리석고, 총명하지 못하여 간사한 사람의 말을 믿고 신용하다가 이렇게 되었다. 백성들의 생활이 쇠락하여지고 군사가 약하자 아무리 위급한 사태가 일어난들 누가 나를 위하여 힘들여 싸우려 하겠는가? 나는 당연히 나라를 위하여 죽어야 하지마는 너는 여기 있다가 함께 죽어도 나라의 유익함이 없으니 어찌 난을 피하여 왕통을 잇지 않을 수 있겠느냐.

　곧이어 고구려의 군사들이 쳐들어와서 성을 친 지 7일 만에 함락시키고 남쪽 성을 치자 성안이 위험에 빠지고 말았다. 개로왕이 도망쳐 나가

아차산성

구리 코스모스 꽃 너머 보이는 아차산성.

항복했다. 고구려의 장수 걸루 등이 왕이 내려서 절하는 것을 보고 직접 왕의 낯을 향하여 세 번 침을 뱉고 곧 죄목을 따져 물었다. 그리고 아차산 밑으로 보내어 개로왕을 죽이도록 했다. 이처럼 비참한 최후를 당한 개로왕의 아들 문주왕은 금강 아래 공주에 터를 잡고, 두 번째 백제의 천도를 단행했다.

한편 고구려 평원왕의 사위였던 온달장군이 신라에게 빼앗긴 한강 유역을 되찾기 위해 출정했다가 아차산성 아래에서 전사했다는 전설도 남아 있다.

동구릉에 얽힌 사연

조선을 건국한 태조 이성계와 9명의 임금들이 잠들어 있는 구리 동구릉(사적 제193호)은 경기도 구리시 동구동에 있는 조선시대의 능이다. 조선 왕조 9명의 왕과 17명의 왕비와 후비 등이 이곳 동구릉에 안장되어 있다. 태종 8년(1408)에 태종이 그의 아버지 태조의 건원릉健元陵을 조성한 뒤 여러 임금을 모신 왕릉군王陵群이다. 기록에 따르면 태조가 죽은 뒤 태종의 명을 받아 서울 가까운 곳에서 능지를 물색하다가 검교참찬의 정부사 김인귀金仁貴가 이 자리를 추천하자 하륜河崙이 살펴보고 능지로 택정했다고 한다.

일설에는 태조가 생전에 무학대사를 시켜 자신과 후손이 함께 묻힐 적당한 능지를 정했다고 하지만 이는 어디까지나 무학의 법술이 신통함을

©박동규

건원릉·건원릉 정자각

건원릉의 봉분에는 잔디를 심지 않고 억새를 심었는데 고향을 그리워했던 아버지를 위해
태종이 태조의 고향에서 흙과 억새를 가져다 덮었다는 일화가 전해진다.

빙자해 만든 전설에 불과하다. 오히려 9개의 능 하나하나가 조성된 사정을 보면 여러 곳에서 길한 능지를 물색하다가 이곳으로 정한 것이라고 볼 수 있다.

동구릉은 전체 능의 영역이 59만여 평에 달하고, 울창한 숲이 조성되어 있다. 이곳을 동구릉이라고 부른 것은 헌종의 능인 경릉이 아홉 번째로 조성된 이후다. 그 이전에는 동오릉, 동칠릉이라고 부르던 사실이 실록에 남아 있다.

동구릉의 지세는 풍수지리에 가장 합당한 곳이라고 알려져 있다. 그 이유는 감여가堪輿家(풍수지리를 공부한 사람)들이 여러 대를 이어서 9개의 능지를 찾아낸 것으로 미루어 짐작할 수 있다. 태종 때 건원릉을 둘러본 명나라 사신들이 "어떻게 이와 같은 천작지구天作地區가 있는가? 필시 인간이 만든 조산造山일 것이다"라며 산세의 묘함에 대해 찬탄했다고 한다.

동구릉에서 가장 깊숙한 곳에 자리잡은 능이 태조의 건원릉이다. 건원릉에 올라서 사방을 바라보면 풍수지리에 문외한이라고 할지라도 '과연 명당자리로구나' 하는 감탄을 금할 수 없다. 태조의 건원릉은 고려 왕릉 중 가장 잘 조성된 현정릉(공민왕과 노국공주의 묘)의 능제를 기본으로 삼았다고 전해지고 있다.

신라 왕릉에 있던 병풍석이 고려왕조를 거쳐 조선으로 이어졌고, 조선 왕릉은 고려의 호석護石제도를 고치지 않고 이어받았다. 태조의 건원릉은 조선왕조 500년 능제의 기준이 되어 그 뒤의 능들은 차이는 있지만 대체로 비슷하게 조성되었다.

이 동구릉에는 세종의 맏아들이자 단종의 아버지였던 제5대 문종과 현덕왕후의 능인 현릉이 있고, 임진왜란과 정유재란이라는 전대미문의 국 난을 겪은 제14대 선조와 의인왕후, 계비 인목왕후의 능인 목릉이 있다. 제18대 현종과 명성왕후의 능인 숭릉이 있으며, 제16대 인조와 계비 장 렬왕후의 능인 휘릉이 있다. 제20대 경종의 부인 단의왕후의 능인 혜릉 과 탕평책을 실시했던 제21대 영조와 계비 정순왕후의 능인 원릉이 있 다. 제23대 순조의 세자 익종과 신정왕후의 능인 수릉 그리고 제24대 헌 종과 효현왕후, 계비 효정왕후의 능인 경릉 등 9개의 능이 자리잡고 있다.

나라 안의 왕릉 중 가장 많은 임금과 왕비들이 잠들고 있는 동구릉은 서울 시민들의 가까운 답사처이자 휴식처로 자리하고 있으며, 그 옆에 남 양주시가 인접해 있다.

산이 많고 평지가 적은 양주

고려 말 문신인 목은 이색은 양주를 지나며 다음 시구를 읊었다.

> 깎아지른 듯한 세 영이 푸른 하늘에 꽂힌 듯한데
> 가파른 길이 얼어붙어 말이 못 가네

양주의 고구려 때 이름은 매성군 또는 창화군으로도 불렸다. 신라 경 덕왕 때 내소군으로 되었다가 고려 초기에 견주로 바뀌었고, 고려 현종 9 년(1018)에 양주에 내속되어 감무를 두었다. 조선시대에 양주부로 승격되기도 하고, 양주목이 되기도 했으나, 고종 32년(1895)에 양주군이 되었다. 양주군이었던 이곳은 의정부, 동두천, 구리, 남양주 지역이 분리되어 면적이 크게 줄어드는 등 서울 및 수도권의 도시화에 따라 행정구역의 잦은 변화를 겪었다. 양주군은 2003년 시로 승격되었다. 고려 충렬왕 때 한양부에 속했을 만큼 서울과 가까운 양주는 동쪽으로 포천시, 서쪽은 파주시와 고양시, 남쪽은 서울시와 의정부시, 북쪽은 동두천시와 연천군이 경계를 이룬다.

《세종실록지리지》에 양주는 "세 봉우리가 우뚝 빼어나서 높이 하늘에 들어가 있고 논이 10분의 3이 좀 넘는다. 양주도호부 동쪽 도혈리에 도기소가 있고, 남쪽에 나라의 말을 놓아먹이는 목장과 동남쪽에 봉화가 있다"고 기록되어 있으며, 《여지도서》에는 "농업과 누에치는 일을 주업으로 하며 1년 내내 열심히 일한다. 토지가 메마르고 백성들이 가난하기 때문에 장사와 수공업도 즐겨 종사한다"라고 실려 있다.

양주에는 '양주현감 죽은 말 지키듯 한다'라는 속담이 전해오는데 이는 조선시대 효종의 애마愛馬를 강화도로 보내는 도중 양주에서 갑자기 말이 죽자 양주현감이 이를 보고한 뒤 왕명을 기다리며 말을 지키고 있었다는 데서 유래한 것이다. 겁을 먹고 어찌할 바를 모르고 오랫동안 지켜만 보는 상황에서 사용한다.

송나라 사람 서긍徐兢이 고려를 다녀간 후 쓴 견문록 《고려도경高麗圖經》에서 "양주 밤이 복숭아 맛에 견줄 만하다"라고 했을 만큼 예부터 양주는 밤 맛이 좋기로 유명했다.

양주 일대

양주는 고려 충렬왕 때 한양부로 불렸을 만큼 서울과 가깝다. 양주라는 이름은 고려 때부터
사용되었으며, 행정구역 개편을 거쳐 2003년에 시로 승격되었다.

신명 나는 한판 축제 양주별산대놀이

지금의 양주시 유양동은 조선시대 한강 북쪽에서 가장 큰 고을 중 하나로 중종 6년(1511)부터 양주목의 중심지였으며 양주별산대놀이(중요무형문화재 제2호)가 전승된 곳이기도 하다.

산대놀이는 '산대山臺'라는 무대 구조물 앞에서 놀았던 연희를 일컫는 말로 고려 예종 때부터 연극적 요소를 가미한 가면극으로 발전했다. 조선 초기에는 궁중에 별도로 산대도감山臺都監을 두고서 외국에서 온 사신들에게만 보여줬다고 한다. 그런 연유로 양주별산대놀이의 근원을 서울 중심의 경기지방에서 연희되어온 산대도감극山臺都監劇의 한 분파에서 시작된 것으로 추정하고 있다.

양주별산대놀이가 사람들에게 널리 알려지게 된 것은 약 150여 년 전쯤이다. 당시 양주에서는 해마다 초파일과 오월 단오, 유월 유두, 칠월 백중 때 서울의 '사직골 딱딱이패'를 불러들여 산대놀이를 벌였다. 그런데 그들이 다른 지방 공연 때문에 약속을 어기는 일이 많아지자 양주 사람들이 스스로 가면을 만들어 산대놀이를 공연하기 시작하면서 양주별산대놀이라는 명칭이 붙었다.

양주별산대놀이는 먼저 길놀이부터 시작되는데, 사직골 당집에서 가면과 다른 도구를 내려다가 복장을 갖추고 동네 마을을 한 바퀴 돌며 길놀이를 한다. 이때 일부 집을 방문해서는 쌀이나 돈을 찬조받았다. 길놀이 일행 외의 연기자와 주최자들은 먼저 공연 장소에 가서 개복청改服廳을 설치하고 고사를 준비한다.

길놀이 일행이 공연 장소에 이르면 노장과 소무는 개복청 안으로 들어가고, 나머지 탈들은 놀이판에서 춤을 추고 나서 개복청에서 놀이 복색을 벗고 도포나 두루마기만 입은 채 고사에 참여한다. 고사는 놀이패 중에서 제관과 집사가 나와 지내며, 제사상을 마련하고 그 뒤에 가면을 순서대로 배열한다.

제관이 술을 붓고 절을 하며, 고사 지내는 말로써 순서를 마치는데, 놀이패와 관중의 무사를 빌고 이때에 소지를 올려 이미 고인이 된 놀이패들의 성을 부른다. 고사를 지낸 뒤 음복으로 거나하게 취한 뒤 놀이를 시작한다. 놀이는 대체로 8과장이나 10과장 혹은 12과장으로 세분해 주제별로 전개되며, 밤이 깊은 저녁에 시작하여 다음 날 새벽까지 흐드러지게 웃고 즐기면서 판을 이어간다.

극의 내용은 춤과 무언극, 덕담과 익살이 어우러진 산대도감극과 비슷하다. 조선시대 일반 백성들의 놀이에서와 같이 파계승과 몰락한 양반, 무당, 사당, 하인 및 늙고 젊은 사람들이 주인공으로 등장하며, 현실을 풍자하면서 호색과 웃음, 백성들의 생활상을 보여준다.

양주별산대놀이의 가면은 봉산탈춤의 가면에 비해 사실적이다. 가면의 재료는 주로 바가지이고, 그 외 종이·나무 등으로도 만든다.

나라 안의 모든 민속놀이가 그렇듯이 양주별산대놀이는 지역 공동체 구성원들의 화합과 단결을 도모하면서 백성들의 애환을 풀어내는 신명 나는 한판 축제였다.

고려시대 걸출한 선승들이 머물렀던 회암사지

양주시 회암동에 위치한 고려시대 절터 회암사지(사적 제128호)는 면적이 1만여 평에 달할 정도로 규모가 크다.

이 절은 대다수 기록에 인도에서 원나라를 거쳐 고려에 들어와 불법을 폈던 지공화상이 고려 충숙왕 15년(1328) 인도 최고의 불교대학이었던 나란타절을 본떠서 266칸의 대규모 사찰로 창건한 것으로 나온다. 그러나 《신증동국여지승람》에 "1174년 금나라 사신이 왔는데 춘천 길을 따라 인도하여 회암사로 맞아들였다"고 기록되어 있으며, 고려 때 스님인 보우의 비문에 "13세 나이(1313년)로 회암사 광지선사께 출가하였다"라고 적혀 있는 것으로 보아 절이 창건된 것은 그 이전으로 추정된다.

고려 우왕 2년(1376) 지공화상의 제자이며 고려 말의 뛰어난 스님이었던 나옹화상이 회암사를 중건했다. 나옹화상이 절을 맡으면서 이곳에 많은 사람이 모였고 나옹에 이어 조선을 건국한 태조를 도운 무학대사가 머무르며 회암사는 최고의 전성기를 맞게 된다.

그 후 회암사는 성종 3년(1471) 세조의 부인 정희왕후의 명으로 3년에 걸쳐 중창했으며, 명종 때 불심이 깊었던 문정왕후의 신임을 얻은 허응당 보우대사가 회암사를 중심으로 불교 중흥을 기도했다. 그러나 명종 20년(1565) 4월 7일 문정왕후가 세상을 떠나자 유생들은 보우를 처형하라는 상소를 올리게 된다. 사월 초파일날 제주도로 유배당한 보우대사는 제주 목사 변협邊協에 의해 피살당하고 나옹화상 이후 200여 년간 전국 제일의 도량이었던 회암사도 같은 운명에 처하게 되며 불태워졌다.

양주 회암사지 부도

양주시 회암동에 위치한 고려시대 절터 회암사지는
면적이 1만여 평에 달할 정도로 규모가 크다.

폐사가 되었던 회암사는 순종 때인 1800년대에 또다시 수난을 당하게 된다. 회암사지 북쪽에 모셔져 있던 지공·나옹·무학의 부도와 부도비 등 유물이 광주의 토호 이응준에 의해 제거되고 만 것이다.

홍선대원군이 그의 아버지 남연군의 묘를 예산 가야사 절터를 부수고 이장한 것처럼 당시 대부분의 지방 토호들은 절을 빼앗아 자신들 선조의 묘택으로 삼고자 했다. 이응준은 당시의 이름난 풍수사 조대진이 "삼화상의 부도와 부도비를 없애버린 후 그곳을 묘역으로 삼고 법당 터에다 묘지를 세우면 크게 길한다"고 부추기자 이를 실행했다. 이 일은 7년 뒤인 순조 28년(1828)에 세상에 알려졌다.

이에 이응준과 조대진은 외딴 섬으로 유배를 갔고 경기지방의 스님들이 모여 상의한 결과 현재의 절터에서 800여 미터 떨어진 천보산 중턱에 절을 짓고 회암사의 이름을 계승하기로 했다. 그리고 그 산 언덕배기에 지공·나옹·무학의 부도와 부도비를 다시 세우고 흩어진 유물들을 수습했다고 무학대사의 음기에 기록되어 있다. 하지만 그 과정에서 지공선사와 무학대사 부도비의 몸돌은 복구되지 못하고 말았다.

양주에서 분리된 남양주시

양주에서 분리되어 남양주시로 변모한 남양주시 삼패동 평구마을에는 조선시대 역참인 평구역平丘驛이 있었다. 《신증동국여지승람》에 의하면 평구역은 경기도의 11개 역을 관할하는 도찰방이 소재하는 평구도平

丘道의 중심 역으로 강원도로 통하는 큰 역이었다. 이곳은 본역이었기 때문에 숙박하는 건물이 있었고, 역마가 9마리, 역리가 24명, 역노가 44명, 역비가 9명이 소속되어 있었다. 조선 후기에 들어 역마를 함부로 이용한다든가 역전驛田의 사유화 등으로 인한 폐단이 가중되어 그 기능이 마비 상태에 놓이게 되자, 파발擺撥을 설치하여 역참과 병행했다. 조선 중기 문신 신흠은 이곳 평구역을 지나며 다음과 같은 시를 남겼다.

평구에서 총총히 작별 인사 나누는데
언제 또 만날지 아득키만 하였네
오늘날 마음 상해 흐르는 이 눈물을
목릉 서쪽 지는 햇살 비추어주네

고려 때 문장가인 이규보가 시에서 "역졸은 손[客]을 보내고 맞는 일을 언제나 그만둘 것이며/사신들 내왕이 잦아서 어느 때 쉴 것인가"라고 한 것을 보면 역졸들의 삶이 힘들었던 모양이다.

한강물이 크게 패어서 못이 되어 있기 때문에 덕소德沼라 이름 지었던 덕소 남서쪽에는 옥호저수형이라고 하는 안동 김씨 김번金璠의 묘가 있다. 안동이 본향인 김번이 과거에 급제하고서 양주 땅에 터를 잡고 살던 남양 홍씨를 아내로 맞이했다. 처가의 근거지인 덕소에 무덤이 자리잡게 된 것이다. 이 못자리는 옥병에 물을 담은 형국이라고 하여 옥호저수형玉壺貯水形이라는 이름이 붙었다. 그의 후손이 병자호란 당시 척화파의 중심이었던 김상헌이다.

남양주시 수석동에서 가장 큰 마을이었던 석실마을에는 석실서원이 있었다. 석실서원은 김상헌의 도덕과 충절을 기리기 위해 세워진 서원으로, 그 뒤 김상용金尙容, 김수항金壽恒, 민정중閔鼎重, 이단상李端相, 김창집金昌集, 김창협金昌協, 김창흡金昌翕, 김원행金元行, 김이안金履安, 김조순金祖淳이 이곳에서 배향되었다.

> 가노라 삼각산아 다시 보자 한강수야
> 고국산천을 떠나고자 하랴마는
> 시절이 하 수상하니 올동말동 하여라

위의 시로 사람들에게 알려져 있는 김상헌은 조선 중기 문신으로 본관은 안동, 자는 숙도叔度이고 호는 청음淸陰이다. 조선 중기 대표적 문장가 윤근수尹根壽에게 수학했다. 선조 23년(1590) 진사시에 합격하고, 선조 29년(1596) 문과에 급제한 그는 이조좌랑·홍문관수찬 등을 역임했다.

북인들과 관계가 원만하지 않았던 김상헌은 광해군 대에는 그다지 뚜렷한 관직을 역임하지 못했다. 인조반정 이후 다시 조정에 나가 대사간·이조참의·도승지로 임명되었다. 인조 2년(1624) 이괄의 난이 일어난 직후 붕당을 타파하고 언로를 넓힐 것을 주장하는 상소를 올렸으며, 이후에도 강직한 성격으로 누차 시사를 비판하다가 반정 주체들의 뜻에 거슬려 향리로 귀향하기도 했다.

인조 5년(1627) 정묘호란이 일어났을 때 진주사로 명나라에 갔다가 구원병을 청했고, 돌아와서는 청나라와 화의를 끊을 것과 강홍립姜弘立의 관직을 복구하지 말 것을 강력히 주장했다. 예조판서로 있던 인조 14년 (1636) 병자호란이 일어나자 남한산성으로 인조를 호종하여 대의를 지키고자 청과 맞서 싸워야 한다는 선전후화론先戰後和論을 강력히 주장했다. 대세가 기울어 항복하는 쪽으로 굳어지자 최명길이 작성한 항복문서를 찢고 통곡했다. 인조가 청에 항복한 뒤 안동으로 낙향했던 그는 인조 18년(1640)에 심양으로 끌려가 4년여 동안 청에 묶여 있는 고초를 당했다. 당시에도 강직한 성격과 기개로써 청인들의 굴복 요구에 불복하여 끝까지 저항했다.

인조 23년(1645) 소현세자와 함께 귀국했지만, 여전히 척화신斥和臣을 탐탁지 않게 여기는 인조와 관계가 원만하지 않아 벼슬을 단념하고 고향 석실마을로 돌아가 은거했다.

청나라에 의해 강화도가 함락되자 강화 남문에서 화약더미에 불을 지르고 자폭한 김상용이 김상헌의 동생이다. 이 두 형제는 안동 김씨를 조선 후기 대표적 가문으로 도약시킨 사람들이었고 조선 후기 세도정치의 중심으로 자리잡게 한 사람들이었다. 한말 안동 김씨의 세도가들인 김수근·김병학·김병국 등이 모두 김상헌의 후손이다.

영의정을 3명이나 줄지어 배출한 안동 김씨 가문은 율곡栗谷 이이李珥의 적통을 이어받은 우암 송시열과 같은 노론의 종갓집 역할을 자임했다. 그들을 모신 석실서원은 이경석李景奭을 위시한 당대 조정의 명사들과 사림士林의 발의로 효종 7년(1656) 창건되었다. 처음에는 서인계 서원으로, 노·소론 분당 후에는 노론계, 그리고 노론 내에서 인물성人物性 논쟁으로 호론湖論·낙론洛論이 갈릴 때는 낙론의 진원지였으며 다른 한편으로는 조선 후기 사대부문화의 큰 특색인 진경문화眞景文化의 산실로서 그 역할을 수행했다.

또한 석실서원은 그들의 사상적 바탕을 마련했으며 조선 후기의 사상과 권력의 중심 역할을 했던 곳이다. 그렇게 역사 속에 중요한 역할을 담당했던 석실서원은 1868년 홍선대원군의 서원철폐령에 의해 철폐된 후 유적·유물이 흔적도 없이 사라지고 말았다.

한강이 아름다운 정취를 뽐내는 석실서원지에 고려 말 조선 초 문신인 조말생趙末生의 묘소와 영모재永慕齋가 들어섰다. 1900년 고종의 묘가 홍릉(현 남양주시 금곡동)으로 정해지면서 그곳에 있던 조말생의 묘소가 옮겨오고 양주 조씨의 영모재까지 들어서면서 그렇지 않아도 대원군의 서원철폐령으로 훼철되어 있던 석실서원지는 폐허로 변하고 말았다.

한강 경치 중에서도 아름답기로 손꼽히는 석실서원은 그 정확한 위치나 건물 규모 및 배치는 알 수 없으나 석실서원에서 배출한 겸재 정선과 시인 이병연의 그림과 시 속에 남아 전해온다. 조말생 묘역 입구에 이곳이 과거 석실서원이었음을 알리는 화강암비가 세워져 있다.

한편 이곳 남양주시 진접읍 장현리에 청백리로 뽑힌 정갑손鄭甲孫과 그의 아버지 정흠지鄭欽之의 묘가 있다. 정갑손은 태조 5년(1396) 중추원사 정흠지의 아들로 태어났다. 정갑손은 태종 17년(1417) 문과에 급제해 승문원 부정자로 관직에 나섰다. 공과 사의 구분이 뚜렷하고 성격이 충직하여 청렴하고 곧은 관리로 이름이 높았다. 그래서 세종은 그를 중용해 여러 번 직접 사헌감찰로 임명했다. 정갑손은 병조좌랑으로 있을 때에도 사사로운 일에 관노를 부리지 않고, 사사로운 청탁을 받아들이지도 않

석실서원지

석실서원은 청음 김상헌의 도덕과 충절을 기리기 위해 세워진 서원이었으나
서원철폐령으로 사라지고 지금은 흔적조차 찾을 수 없다.

았다고 전해진다.

또한 덕소 일대에는 조선을 뒤흔들었던 박원종·김육·김상헌 등 기라성 같은 사람들의 묘소가 즐비하다. 이렇게 조선의 고관대작들이 이곳 남양주 덕소 부근에 삶터를 정하고 사후에도 머물고자 했던 것은 이중환이 《택리지》에도 언급했듯 강이 흐르고 산천이 빼어난 길지였기 때문인지도 모르겠다.

운악산 자락에 있는 광릉과 국립수목원

남양주시 진전읍 부평리 운악산 자락에는 조선 제7대 임금인 세조가 잠든 광릉(사적 제197호)과 국립수목원이 있다.

운악산은 예로부터 조선의 5대 명산 중 하나로 알려져 왔다. 동쪽에 금강산, 서쪽에 구월산, 남쪽에 지리산, 북쪽에 묘향산, 그 동서남북 한가운데에 자리잡은 명산이 운악산이었다.

경기도 남양주시 진접읍 부평리에 자리한 광릉은 조선 7대 왕인 세조와 부인 정희왕후의 무덤이다. 세조는 1468년 9월 52세의 나이로 승하했는데, 생전에 이곳의 숲과 산림에 반해서 자신이 묻힐 무덤의 '부속림附屬林'으로 지정하고 나무는커녕 풀 한 포기 못 베게 했다. 그 뒤 세조가 정희왕후와 함께 이곳에 묻힌 뒤 약 31만 평의 '광릉내'라는 능역으로 조성되었다.

조선 왕릉 최초로 왕과 왕비의 능을 서로 다른 언덕 위에 따로 만든 동

조말생 묘와 석상

남양주시 수석동에는 조선 초기의 문신인 조말생의 묘가 있다. 1900년에 고종의 묘가
홍릉으로 결정되면서 본래 금곡에 있던 조말생의 묘가 이곳으로 옮겨왔다.

원이강릉同原異岡陵 형식을 취한, 두 능의 중간 지역에 하나의 정자각
丁字閣을 세웠다.

세조는 당시 능제가 지나치게 화려한 것을 마땅치 않게 여겨서 자신의
능에는 석실과 병풍석을 쓰지 말라는 유언을 남겼다. 세조의 유언에 따라
능을 간소하게 조성하면서 부역 인원과 조성 비용을 감축했는데 이는 조
선 초기 능제에 일대 혁신을 가져왔고, 이후의 왕릉 조성에 모범이 되었
다. 능 주위에는 난간석을 세우고 그 밖으로 문석인·무석인·상석·망주
석·호석·양석을 세웠다. 병풍석을 세우지 않았기 때문에 난간석의 기둥
에 십이지신상을 새겼다.

200여 년 이상 된 아름드리 고목들이 즐비한 광릉 내에는 국립수목원(광
릉숲)과 산림박물관이 들어서 있다. 국립수목원은 1983년부터 1986년까
지 4년에 걸쳐 광릉시험림 내 500만 제곱미터에 걸쳐 조성되었으며, 산
림박물관에서는 산림에 관한 모든 자료를 보존하고 전시한다.

국립수목원 입구에 있는 봉선사

광릉과 국립수목원 입구에 있는 봉선사는 대한불교조계종 제25교구
본사로 고려 광종 20년(969)에 법인국사法印國師 탄문坦文이 창건했
다. 그때의 이름은 운악사였고, 작은 절이었다. 그 뒤 "조선 세종 때에 이
전의 7종을 선교양종禪敎兩宗으로 통합할 때 이 절을 혁파하였다"라는
기록이 남아 있다.

광릉 · 국립수목원

조선 7대 왕인 세조와 부인 정희왕후의 무덤인 광릉 내에는
국립수목원과 산림박물관이 들어서 있다.

이 절이 크게 중창된 것은 예종 1년(1469) 때였다. 세조의 위업을 기리고 능침을 보호하기 위해 정희왕후가 89칸의 규모로 중창한 뒤 봉선사奉先寺라고 이름을 고쳤다. 당시 예종이 봉선사의 현판을 직접 썼다고 하는데, 지금은 남아 있지 않고 같은 해에 주조한 봉선사대종(보물 제397호)이 남아 있다.

명종 6년(1551)에 문정왕후가 불교중흥정책을 펴면서 이곳 봉선사는 선교양종 중 교종의 우두머리 사찰[首寺刹]로 삼아 전국의 승려 및 신도에 대한 교학진흥의 중추적 기관이 되고, 명종 17년(1562) 교종 본산이 되지만 문정왕후의 죽음과 함께 봉선사의 전성기는 막을 내린다.

봉선사는 임진왜란 때 전소되어 선조 26년(1593)에 주지 낭혜朗慧가 중창했으나 병자호란으로 다시 소실되어 인조 15년(1637)에 주지 계민戒敏이 중창했다. 정조 14년(1790)에는 나라에서 전국 사찰을 관할하기 위한 오규정소五糾正所를 설치할 때 이 절은 함경도 일원의 사찰을 관장했다. 고종 39년(1902)에 도성 안의 원흥사元興寺를 대법산大法山으로 삼았다. 그때 봉선사는 16개의 중법산中法山 가운데 하나로 지정되어 경기도의 전 사찰을 관장했다. 1911년에 사찰령이 반포되었을 때는 31본산의 하나가 되었고, 교종대본산으로 지정되어 교학진흥의 주역을 담당했다. 그러나 한국전쟁으로 법당 등 14동 150칸의 건물이 완전히 소실된 것을 여러 차례 중건하여 오늘에 이르고 있다.

봉선사 입구에는 보운당 부도, 운하스님 부도와 함께 '춘원 이광수기념비'가 세워져 있다. 신문학의 선구자이자 계몽주의자이며, 친일파였던 이광수는 금강산 답사 길에서 월하 노스님을 만났다. 노스님으로부터《법화경》에 심취하게 되었고, 이 절에 있던 사촌 형 운허스님에게서 불교를 배워《원효대사》와《삼국유사》중 조신 調信의 설화를 바탕으로《꿈》이라는 소설을 썼다. 그 뒤 이광수를 기려 운허스님이 이곳 봉선사에 기념비를 세운 것이다.

오십이 넘고 보니 내일에 대한 기대 때문에 산다는 생각은 물거품과 같이 허망한 것이고, 이제 나에게 왜 사느냐고 묻는다면, 사람과 사람 사이에서 반짝이는 사랑의 섬광 때문에 산다고 대답하겠다.

춘원 이광수의 수필〈인생의 향기〉에 실린 글이다.

사람과 사람 사이에서 반짝이는 사랑의 섬광, 아니 신뢰의 섬광일 수도 있으리라. 그 섬광이 반짝하는 그 순간 사람들은 어떤 한계 내지는 가로막고 있던 벽이 무너지고 새로운 관계를 설정해 나갈 수 있다. 일제강점기에 주옥같은 글로 사람들의 마음을 사로잡았던 춘원 이광수는 현재 친일파로 기억되고 있다. 그가 현세에서 만났던 수많은 사람들과는 어떤 '사랑의 섬광'이 스치고 지나갔고, 내세에서는 그런 '섬광'이 남아 있기나 할까.

양수리에 들어선 팔당댐

남한강과 북한강이 합류하는 남양주시 조안면 양수리에 팔당댐이 있다. 호수 둘레에 당집이 여덟 군데가 있었다고 해서 팔당이라는 이름이 붙었다고도 하고, 한강가에 넓은 나루가 있었으므로 바다나루, 바대이, 바당이 하다 팔당이라 부르게 되었다고도 한다. 한강의 본류 남한강과 북한강이 합류하는 지점에서 하류로 7킬로미터, 서울에서 상류로 동북쪽 35킬로미터인 남양주군 조안면 능내리와 하남시 배알미동을 잇는 팔당댐은 1966년 7월에 공사를 시작하여 1974년 5월에 준공한 다목적댐이다. 댐의 높이는 28미터이고 제방의 길이는 575미터, 총저수용량은 2억 4400만 톤이며, 유역 면적은 2만 3800제곱킬로미터이다.

팔당댐에 이어서 우리나라 수자원 개발사업 사상 최초의 대역사였던 소양강댐이 1968년에 시작되어 1973년에 완성되었고, 충주댐이 1978년에 기공하여 1986년에 완공되었다.

팔당댐 아랫자락의 배알미동은 관리가 낙향하거나 귀양 갈 때 이곳에서 임금이 계신 삼각산을 향해 마지막으로 배알拜謁하였다는 데서 유래한 지명으로 하남시에 속한다. 하남시 미사동에는 미사리 선사유적(사적 제269호)이 있고, 불교 유적으로는 춘궁동에 있는 동사지 오층석탑(보물 제12호)이 있고, 북동쪽에는 도미 부인에 대한 애틋한 사연이 서려 있는 도미나루가 있는데,《한국지명총람》에는 다음과 같이 실려 있다.

백제 4대 임금이었던 개루왕이 도미의 아내가 얼굴이 아름답고 지조가 곧다는 말을 듣고 도미를 불러 일렀다. "여자들이란 정절을 주장하지만 어둡고 으슥한 곳에서 꾀면 안 넘어가는 사람이 드물다"고 하니 도미가 대답하기를 "세상인심은 알 수 없으나 신의 아내 같은 사람은 죽더라도 듣지 않을 것입니다"라고 하였다. 왕은 시험하기 위하여 도미를 잡아두고, 왕의 복색을 한 신하

남양주 양수리

남한강과 북한강이 합류하는 양수리에는 팔당댐이 있다.
호수 둘레에 당집이 여덟 군데가 있었다고 해서 팔당이라는 이름이 붙었다고 한다.

를 도미의 부인에게 보내었다. "내가 오래전부터 너를 좋아하였는데 도미와 내기를 하여 내가 너를 얻었으니 너는 나의 것이다"라고 한 후에 강압적으로 그를 취하려 하자, 도미의 부인이 "임금은 망령된 말이 없사오니 내 어찌 순종하지 아니 하겠습니까. 잠깐 내 방에 들어가 옷을 갈아입고 오겠습니다" 하고는 물러가 대신 여종을 단장시켜 임금의 침실에 들여보냈다. 임금이 그 뒤에 속은 것을 알고 크게 노하여 무고죄로 도미의 두 눈을 뺀 후 작은 배에 실어서 강물에 띄워 보냈다. 그 후 다시 그 부인을 끌어다 범하려 하자 부인이 말하기를 "남편은 이미 죽어 홀몸이 되었사온데 어찌 거역하겠습니까. 마침 달거리 중이니 며칠만 기다려 주시기 바랍니다" 하니 임금이 허락하였다. 그 사이 도미 부인은 도망을 하여 이 강 나루에 이르렀는데 배가 없자 하늘을 우러러 통곡하였다. 그때 작은 배 하나가 나타나 그것을 타고 천성도라는 섬에 이르자 그 남편이 기다리고 있었다. 그들이 풀뿌리를 캐어 먹으며 고구려에 이르니 고구려 사람들이 반겨 맞아 그곳에서 살았다고 한다.

팔당댐을 내려다보는 운길산 깊숙한 곳에 수종사 水鐘寺가 있다. 다음은 수종사를 "동방 사찰 중 제일의 전망"이라고 극찬한 조선 초기 문장가 서거정이 지은 시다.

가을이 오매 경치가 구슬퍼지기 쉬운데
묵은 밤비가 아침까지 계속하니 물이 언덕을 치네
하계下界에서는 연기와 티끌을 피할 곳이 없건만
상방上方 절 누각은 하늘과 가지런하네

흰 구름은 자욱한데 뉘게 줄거나

누런 잎이 휘날리니 길이 아득하네

내 동원東院에 가서 참선 이야기하려 하니

밝은 달밤에 괴이한 새 울게 하지 말라

수종사는 운길산 바로 아랫자락에 있는 절로, 봉선사의 말사다. 창건 연대는 확실하지 않으나 세종 21년(1439)에 세워진 태종의 다섯 번째 딸 정의옹주의 부도가 있는 것으로 보아서 그 이전에 창건했을 것으로 추정되며, 세조 4년(1458)에 왕명으로 크게 중창되었다.

금강산을 순례하고 돌아오던 세조는 날이 저물어 두물머리(현 양수리)에서 하룻밤을 묵게 되었다. 그날 저녁 한밤중에 세조는 귀를 의심했다. 어디선가 종소리가 들려오는 것이 아닌가. 이상하게 생각한 세조는 날이 밝자 그 종소리가 들리는 곳을 따라 운길산으로 올라갔다. 종소리가 들리는 곳에는 바위굴이 있었고 그 굴속에는 18나한이 앉아 있었다. 굴속에서 물 떨어지는 소리가 암벽을 울려 마치 종소리처럼 들린 것을 알게 된 세조는 그곳에 절을 짓게 하고 수종사라고 이름 지었다. 이때 5층의 돌계단을 쌓아 터를 닦고 절을 지어 18나한을 봉안했으며 5층석탑을 세웠다.

현재 약사전 앞에는 아무리 큰 가뭄에도 마르지 않는 물줄기가 있어 이곳을 찾는 사람이 많다. 여러 차례 절을 중수했는데 한국전쟁 때 불타버린 것을 1974년 다시 지었다. 맑은 날 수종사에서 바라보는 북한강과 남한강이 펼쳐놓는 장관은 한 폭의 산수화 같다.

정조 7년(1783)에 이곳을 찾았던 다산 정약용은 하룻밤을 머무른 뒤

〈유수종사기〉를 지었다.

　소내로 돌아온 후에 수종사로 가려 하였다. 따르는 젊은이들이 또한 십여 인이었다. 어른들은 탈것을 타고 갔는데, 어떤 사람은 소를 타고 가고, 어떤 사람은 노새를 탔다. 젊은이들은 모두 걸어갔다. 절에 도착하니 해가 막 서산으로 넘어가려 하였다. 동남쪽의 여러 봉우리에는 저녁 햇살이 막 붉게 비쳤다. 이에 강물빛과 햇빛이 창에 어리비치었다. 같이 있는 사람들과 즐겁게 노닐었다. 한밤이 되니 달빛이 낮처럼 밝아, 서로서로 배회하며 관망하였다. 술을 내오게 하고 시를 지었다. 술이 한 순배 돌자, 나는 3가지 즐거운 일에 대해 말하며 사람들에게 들려주었다.

　이 글을 보면 당시 시대부들은 걷기를 선호하지 않고 말이나 노새, 그리고 소를 타고 산행을 했음을 알 수 있다.

다산의 숨결이 깃든 능내리

　북한강과 남한강이 만나는 두물머리는 한자로는 양수두兩水頭라고 쓰는데, 두 강줄기가 합수하는 모서리 가장자리라는 뜻이다. 일제 때 양수리 근처에 올라갔던 일본인이 두물머리를 내려다보고 "조선에도 이런 명당이 있었나" 하고 감탄했다고 한다. 나라의 젖줄인 한강의 두 물줄기가 만나는 두물머리는 조선 후기 실학사상으로 한민족을 감싸고자 했던

운길산 수종사

서거정이 "동방 사찰 중 제일의 전망"이라고 극찬했다는 수종사는
운길산 바로 아랫자락에 자리하고 있으며, 봉선사의 말사다.

313

다산 정약용이 태어나고 말년을 보낸 뜻깊은 곳이다.

남양주시 조안면 능내리에 있는 현재의 다산 생가는 1925년 여름 홍수 때 떠내려가 1975년 새로 복원했다. 다산 생가 창문에는 구멍이 숭숭 뚫려 있다. 저 방에는 무엇이 있을까 하는 호기심이 창호지를 뚫었으리라. 옛 맛을 느낄 수 없는 생가 뒤편으로 여유당與猶堂이라 새긴 빗머리돌을 지나 작은 언덕에 오르면 정약용과 그의 부인 풍산 홍씨를 합장한 묘가 나타난다.

정약용은 사도세자가 죽임을 당했던 영조 38년(1762) 6월 16일에 진주목사를 역임했던 정재원丁載遠과 해남 윤씨의 넷째 아들로 태어났다. 어머니는 송강 정철과 쌍벽을 이루는 가사문학의 대가 고산 윤선도의 직계 후손이었다. 그의 호는 다산茶山·삼미三眉이고 당호는 여유당이었다. 여유당이란 당호를 짓게 된 연유가 《여유당전서與猶堂全書》에 다음과 같이 실려 있다.

내가 노자의 말을 보니 이르기를, "여輿처럼 마치 겨울 냇물을 건너듯이 유猶처럼 마치 사방 이웃을 두려워하듯이 하라" 하니 슬프다. 이 두 말은 내 병에 약이 되는 것이 아닌가. 무릇 겨울 내를 건너는 자, 한기가 뼈에 사무치니 심히 부득이한 경우가 아니면 건너지 않는 것이요, 사방 이웃을 두려워함도 핍신逼身함을 보고 살펴서 비록 심히 부득이하더라도 하지 않는 것이다.

그처럼 이웃을 두려워하고 살았던 정약용은 얼마나 많은 핍박과 고통 속에서 한 세상을 보냈는지, 한편 그의 호 다산은 유배지였던 귤동의 뒷산 이름이다.

두물머리

북한강과 남한강이 만나는 두물머리는 한자로는 양수두라고 하는데,
두 강줄기가 합수하는 모서리 가장자리라는 뜻이다.

정약용은 4세에 천자문을 배우기 시작했고, 7세 되던 해에 천연두를 앓았지만 기적적으로 후유증 없이 회복되었다. 눈썹에 약간의 흉터가 남아 삼미三眉라는 호를 짓기도 했다. 15세의 나이에 풍산 홍씨와 혼인을 했으며 22세 때 진사시에 합격하여 생원이 되었고 5년 뒤에 문과에 급제했다. 다산은 정조를 도와서 수원화성을 준공했으며 여러 직책을 거쳤다.

청년 시절 다산에게 가장 많은 영향을 주었던 사람은 8년 연상의 이벽李檗이었다. 그는 한국 천주교에서 창립 성조로 받드는 인물이면서 다산과는 사돈관계로, 다산의 큰형수의 동생이었다. 다산이 둘째 형 약전과 함께 "일찍이 이벽을 따랐다"는 기록을 남겼던 것에서 보듯이 정조에게 중용을 가르치다가도 의문사항이 있으면 이벽에게 자문을 구하곤 했다. 물이 흐르듯 하는 담론으로 사람들을 따르게 했던 이벽은 뛰어난 활약으로 천주교를 전파했는데, 정조 9년(1785) 을사박해 때 15일간 방 안에서 기도와 명상을 하다가 탈진해 죽었다.

한국인으로 중국에 가서 서양 선교사에게 최초의 세례를 받은 이승훈李承薰은 다산의 매형이고, 최초의 천주교 교리연구회장으로 순교한 정약종丁若鍾은 셋째 형이며, 고산 윤선도의 6대손으로써 순교한 윤지충尹持忠은 외종형이다.

정조의 죽음 이후 다산은 마재라고도 불리는 마현馬峴에 낙향해 오고, 순조 원년(1801) 대왕대비 김씨는 천주교를 금하는 법령을 선포했다. 이때 다산의 셋째 형이던 정약종이 교리서·성구聖句 그리고 신부와 교환했던 서찰 등을 안전한 곳으로 옮기다가 압수당하는 사건이 일어났다. 전 공조판서였던 이가환李家煥과 전 천안현감이었던 이승훈, 전 승지였던

316

정약용을 국문하라는 사헌부의 대계가 올라갔다.

숙질간이었던 이가환과 이승훈은 죽임을 당했고 정약용과 정약전은 천주교를 청산한 사실이 드러나 경상도 장기와 신지도로 유배를 떠났다. 셋째 형 정약종은 그의 장남 철상과 함께 서소문 밖에서 처형되었고, 청나라 신부 주문모周文謨도 자수했지만 처형되었다. 그런데 신유교옥辛酉敎獄은 황사영 黃嗣永이 청나라 황제가 조선의 국왕에게 천주교도를 박해하는 것을 중지해달라는 청원서를 써서 프랑스 선교사에게 보내려던 백서사건으로 더욱 크게 번진다. 백서는 조선의 천주교도 박해를 중지하도록 청나라 황제가 애써 달라는 청원을 담고 있었다.

황사영은 16세에 장원급제한 수재였으며 정약용의 큰형 정약현의 사위였다. 정약전과 약용 형제는 다시 붙들려와 국문을 받았고, 정약용은 강진으로 정약전은 흑산도로 귀양을 간다. 형제는 나주 율정점 栗亭店(지금의 나주시 대호동 부근)이라는 주막에서 눈물로 헤어진 후 살아생전 다시 만나지 못했다. 강진에서 귀양이 풀려 율정을 지나던 정약용은 "살아서는 증오한 율정점이여! 문 앞에는 갈림길이 놓여 있었네"라는 시를 읊으며 눈물을 뿌렸다. 형제간의 우애가 얼마나 깊었는가를 보여주는 장면이다.

다산은 17년 동안의 강진 유배생활에서 헐벗고 굶주린 이 땅의 민중들과 나라를 위해《목민심서牧民心書》,《흠흠신서欽欽新書》,《경세유표經世遺表》등 500여 권의 저술을 남겼다. 이 가운데 44권 15책만이 남아서 전해진다. 유배에서 풀려 마재로 돌아온 다산은 17년을 살고 헌종 2년(1836)에 75세의 나이로 세상을 떠났다. 당시의 내로라하던 사람들은 양수리 그의 집 앞을 지나면서도 다산을 외면했다. 그는 한없이 외로웠을

다산의 집·여유당

정약용의 호는 다산이고 당호는 여유당인데, 여유당이란 '겨울 냇물을 건너듯이 네 이웃을
두려워하라'는 뜻이며, 현재 남양주시 조안면에 있는 다산 생가의 이름이기도 하다.
'다산'은 그의 유배지였던 귤동의 뒷산 이름이라고 한다.

것이다. 흔한 말로 '정치범에게는 감옥이 대학'이라고 하지만 다산의 적소 강진과 마재야말로 한국 최고의 학자이며 최다작 저술가를 위한 옥고의 산실이었다.

다시 《여유당전서》를 보자.

1797년 여름 석류꽃이 처음 필 무렵 내리던 부슬비도 때마침 개었다. 고향 소내에서 천렵하던 생각이 간절했다. 조정의 허락도 받지 않고 도성을 몰래 빠져나와 고향에 돌아왔다. 친척 친구들과 작은 배에 그물을 서둘러 싣고 나가 잡은 고기를 냇가에 모여 실컷 먹었다. 그러자 문득 중국의 진나라 장한張翰이 고향의 노어(물고기의 종류)와 순채국이 먹고 싶어 관직을 버리고 고향에 돌아갔다는 이야기가 생각났다. 산나물이 향기로울 때라는 것을 깨닫고 형제 · 친척들과 함께 앵자산 천진암에 들어가 냉이 · 고비 · 고사리 · 두릅 등 산채들을 실컷 먹으며 사흘이나 놀면서 20여 수의 시를 짓고 돌아왔다.

정약용은 이처럼 매인 데 없는 여유로운 마음으로 스스로의 의지대로 살고자 했기에 그 힘겨운 유배생활 중에도 역사에 길이 남을 다산학을 완성했던 것이다.

나라의 일을 옮겨 의논했던 의정부

양주시의 남쪽에 위치한 의정부시의 지명은 이 지역에 조선시대 최고의결기관인 의정부가 옮겨왔다는 데서 유래한 것이다.

아들들의 왕위 계승을 둘러싼 골육상쟁을 지켜본 태조 이성계는 결국 다섯째 아들 태종에게 왕위를 물려준 뒤 함흥으로 돌아갔다. 함흥에 가 있는 태조에게 태종은 신하들을 보내어 여러 차례 한양에 돌아오기를 청했다. 그러나 태조는 돌아오기를 거절했고 함흥차사라는 말도 여기에서 유래되었다. 태종과 신하들의 간곡한 부탁으로 함흥에서 돌아온 태조가 그의 유일한 벗 무학대사가 머물러 있던 회암사에 머무르자 태종이 회암사를 찾는 발걸음도 잦아졌다. 그러자 조정의 대신들이 이곳까지 와서 정무를 의논하고 윤허를 받았다는 데서 의정부라고 불렀다고 전해진다.

의정부가 지명으로 사용되기 시작한 것은 1911년 경원선 철도역인 의정부역이 생긴 이후이다. 이 역을 중심으로 도심이 형성되자 사람들은 이 지역을 '의정부'라고 불렀다. 의정부는 1942년 양주면이 의정부읍으로 승격되면서 정식 지명이 되었으며, 1963년 시로 승격되어 양주군에서 독립되었다.

의정부는 조선시대의 중요한 국도였다. 서울에서 의정부를 지나 양주 주내면과 동두천을 거쳐 함경도 원산을 거쳐 서수라로 이어지는 길은 조선시대 9대로 중 제2로였다. 주요 노정은 다음과 같다.

서울→다락원→만세교→김화→금성→회양→철령→안변→원산 →문천→고원→영흥→정평→함흥→함관령→홍원→북청→이성→ 마운령→마천령→길주→명천→경성→부령→무산→회령→종성→ 온성→경원→경흥→서수라

이 길이 바로 태조 이성계가 함흥에 있을 때, 차사가 갔던 길이고, '철령 높은 재에'라는 시를 지으며 유배를 떠났던 이항복, 그리고 서수라에서 근무했던 이순신을 비롯한 수많은 사람들이 지나갔던 길이다.

박세당이 살았던 장암동

의정부시 장암동은 마당처럼 생긴 바위가 있어서 마당바위 또는 장암長岩이라고 했고 석천이라고도 불렸는데 이 장암동에 조선 후기 문신인 서계西溪 박세당朴世堂의 자취가 남아 있다.

박세당은 전북 남원에서 태어났다. 그는 당시의 정국을 주도하던 노론계의 반대 입장에서 주자학을 비판하고 독자적 견해를 주장했다. 현종 9년 (1668)에는 이조좌랑에 임명되었으나 취임하지 않고 있다가 동지사의 서장관으로 청나라를 다녀온 후 당쟁에 혐오를 느껴 관료생활을 그만두고 양주로 내려와 살았다. 그 뒤 숙종 23년(1697) 4월에 한성부판윤을 비롯하여 예조판서, 이조판서 등 수차례 관직이 주어졌지만 모두 부임하지 않고 오로지 학문 연구와 제자 양성에만 주력했다.

그가 살았던 시기는 송시열을 축으로 한 노론계가 정국을 주도하고 있었기 때문에 반주자학적 입장에 섰던 그로서는 정치적으로 많은 제약을 받았다. 그는 병자호란 당시 송시열이 삼전도비의 비문을 지은 이경석을 비판한 것은 잘못된 일이라고 하여 노론의 반발을 불러일으켰다. 또한 조선의 성리학이 중국 중심적 학문 태도를 보이는 것에 회의적이었다.

의정부시 일대

태종이 태조가 머무르던 회암사를 자주 찾아 나랏일을 의논했으므로
그때부터 이곳의 이름이 의정부가 되었고 1942년부터는 정식 지명이 되었다.

그는 만년에 14년에 걸쳐 《사변록思辨錄》을 저술했는데, 이 책은 《대학》, 《중용》, 《논어》, 《맹자》에 대한 주자의 해석을 비판하고 독자적 견해를 밝힌 것이다. 다음은 《사변록》 중 '논어'에 대한 글로 배우고 마음으로 깊이 생각하는 것이 학문에 대한 올바른 자세임을 논하고 있다.

공자가 말하기를, "배우고 생각하지 아니하면 얻는 것이 없고, 생각만 하고 배우지 않으면 위태롭다"라고 하였다. 스승을 따라 글을 읽는 것이 곧 학문이요, 마음에 간직하고 이치를 연구하는 것이 곧 생각이니, 배우기만 하고 생각하지 않으면, '마음'이 공허하고, 공허해서 얻음이 없는 까닭에 망罔이라 한다. 또 생각만 하고 배우지 않으면 또 바른 데로 흐르기 쉬운고로 위태롭다고 할 것이다.

결국 박세당은 노론으로부터 사문난적斯文亂賊의 낙인이 찍혀 관직을 삭탈당하고 유배 도중 전라도 옥과玉果에서 죽었다.

그는 죽으면서 아들에게 "장례를 지낸 후에 아침저녁으로 올리는 상식上食을 설치하지 말라"고 유언했다. 이 말은 조선후기 성리학자들의 행동양식 표준으로 인식되어 오던 예론禮論의 근간을 흔드는 것으로서 당시 정치세력에게 커다란 파문을 일으켰다. 이와 같이 그는 조선 유학을 지배하던 주자설의 절대화된 권위를 인정하지 않았을 뿐만 아니라 회의에 빠져 있었다. 따라서 정주학적程朱學的 학풍과 사상이 강요되던 테두리에서 벗어나 실사구시적인 태도로 고전의 본뜻을 찾아보고자 했기 때문에 관념화된 성리학과는 근본적인 차이를 두고 있었다. 이러한 점에서 그의 사상은 이후 진보적인 학문을 촉진시키는 데 선구적인 역할을 했다고 볼 수 있다.

그가 죽은 지 얼마 지나지 않아 신원伸寃되었고, 20년이 지난 경종 2년 (1722)에 문절文節이라는 시호를 받았다. 현재 의정부시 장암동의 수락산 서쪽 기슭에 서계 박세당의 묘(문화재자료 제113호)가 있다.

한편 의정부시 용현동에는 대한민국 육군에 입대하는 장병의 35퍼센트가 거쳐가는 3군사령부 소속의 306보충대가 있었다. 매주 한차례씩 군입대자들이 이곳에서 3박 4일간 머물다 각 사단의 신병교육대로 갔으나 2014년 국방개혁의 일환으로 보충대가 해체되고 사단에 직접 입소하는 것으로 바뀌면서 306보충대는 역사 속으로 사라졌다.

7

경기 북부의 땅

포천 · 연천 · 가평

고을이 작아 송사하는 백성이 없던 포천

포천시는 조선시대 포천현과 영평군이 합하여 이루어진 곳이다. 옛 포천현은 고구려 때 마홀현이었으며, 신라 경덕왕 때 견성군으로 고쳤다. 고려 초 포주로 개칭했으며, 현종 9년(1018) 양주와 병합되었고, 조선 태종 13년(1413)에 포천현이 되어 유지되다가 고종 32년(1895)에 포천군이 되었다. 옛 영평군은 고구려 때 양골현이었으며, 신라 경덕왕 때 동음현으로 개칭되어 견성군의 영현이 되었다. 고려 현종 9년(1018)에는 동주(철원)와 병합되었다가 예종 때 처음으로 감무를 두었다. 조선 태조 3년(1394)에 영평현으로 개칭되었다가 헌종 때 군으로 승격했다. 1914년 영평군이 포천군에 병합되어 오늘에 이르게 되었다.

1945년 포천 북부 지역은 북한에 편입되었다가 한국전쟁의 결과 모두 수복되었으며, 이후 여러 차례 변화를 거친 포천은 2003년 시로 승격되었다.

조선 전기 문신 성임成任은 포천에 편입된 옛 영평현에 대해 "고을이 작아서 송사하는 백성이 없고, 전지가 비옥하여 해마다 풍년이 든다"고 했고, 《여지도서》에는 "토지가 메마르기 때문에 백성들은 한결같은 마음이 없다"라고 실려 있다. 경관이 수려해 많은 문인이 찾았던 영평에 대해 한음 이덕형은 다음의 시를 남겼다.

드넓고 평평한 금빛 물결에 은빛 모래사장

구름 낀 골짜기 비 오는 강에 산뜻한 갈매기

경치 찾아 우연히 무릉도원의 길로 들어서니

고깃배를 보내어 골짜기를 나가게 말아다오

포천시에는 태백산맥의 북단 철령 부근에서 시작되어 남서 방향으로 뻗어 서울 부근에 이르는 광주산맥의 주맥이 동북에서 남동 방향으로 뻗어 있어 남부 중앙에 자리한 포천분지를 제외하면 대부분의 지역이 높은 산지로 되어 있다. 산지가 발달한 포천의 성산(지금의 청성산)에 대해서는 《여지도서》에 다음과 같이 기록되어 있다.

성산城山은 관아의 북쪽 1리에 있다. 수원산水源山에서 뻗어나와 관아 뒤쪽의 주산主山을 이룬다. 다른 이름으로 반월산半月山이라고도 하는데, 반달처럼 생긴 산 모습 때문에 이런 이름을 얻었다.

조선 중기 문장가인 봉래蓬萊 양사언楊士彦은 포천의 또 다른 산에 대해 다음의 시를 남겼다.

갈라 뉘어 온전히 고리 모양 이루고

수레바퀴 잘라놓은 듯 반원 모양 이뤘네

하늘을 바라보니 초승달 떠오르려 하더니

호수 너머로 초승달 물결에 잠기려 하네

구름이 초승달을 놀리듯이 스쳐 지나가고

밤안개는 미인 눈썹 같은 초승달 가리네

삼태성 앞에 안산案山이 기묘히 자리해

정승 감 길러내기에 안성맞춤인 듯하네

양사언은 자신의 시에 대해 "예로부터 반달이 삼태성三台星을 얻으면 앞에 있는 안산의 땅 기운이 모여서 정승이 끊임없이 배출된다. 포천은 아주 작은 고을이지만 지금 많은 정승을 배출했으니 그 말이 입증되었다고 하겠다"라는 뜻이라고 풀이했다. 양사언이 삼태성처럼 생겼다고 한 산은 포천시 군내면 구읍리와 용정리의 경계에 있는 풍류산을 일컫는다. 《동국여지승람》에는 금강산 유람길에 오르는 관리와 선비들이 머무르던 포천의 안기역安奇驛에 대한 다음의 글이 실려 있다.

안기역은 포천현의 속역으로서 고을 안에 있으며, 서울과 거리는 100리쯤이다. 서울에서 북쪽으로 오는 자는 양주를 지나서 반드시 여기에 머문다. 그러나 사신들의 큰 행차는 모두 고을로 들어가고, 여기에 머무는 자는 모두 사사로운 여행이며, 잡스런 빈객들이므로, 관장하는 자는 오직 눈앞에 닥쳐온 급무에만 힘쓴다.

위의 글로 보아 안기역에는 그렇게 중요한 인물들이 머물지 않았던 것으로 추정된다. 《여지도서》에 실린 바로는 관아의 북쪽 4리에 있던 안기역에는 역마 9마리, 역노 15명, 역비 5명이 있었다.

포천에 안기역이 있었다면 영평에는 양문역이 있었다. 영편현의 동쪽 9리쯤에 떨어져 있는 양문역은 《신증동국여지승람》에 "항간에서는 독흘獨訖이라고 부르는데, 양골이 와전된 것이 아닌가 의심된다"라고 실려 있다. 이 역에는 역마 10마리가 있었으며, 역졸이 47명, 역노 49명에 역비 56명이 있었다.

조선시대 영평현이었던 이 지역은 임진강의 지류인 한탄강 유역의 산간분지에 자리잡고 있어 조선시대에는 포천과 평강 지역을 연결하는 도로가 발달했으며, 한탄강을 따라서 마전, 적성, 파주를 지나 바다와 연결되었다. 영평이라는 지명은 이제 사라졌지만 이 일대를 흐르는 영평천의 이름으로 남아 있다. 영평천은 포천시 이동면 광덕산에서 발원하여 영평 팔경의 하나인 선유담을 이루고, 백운계곡을 받아들인 뒤 연천군 청산면 궁평리에서 한탄강과 합류하는 하천이다.

한편 포천을 가로지르는 한탄강의 옛 지명은 대탄大灘으로 '큰 여울'이라는 뜻을 가진다. 《신증동국여지승람》에도 한탄강을 "철원부의 동쪽 20리 지점에 있고, 근원이 회양부 철령에서 나온다. 남쪽으로 흘러 경기 양주 북쪽으로 들어가 대탄이 된다. 양쪽 언덕의 석벽이 모두 계석체階石切와 같아 '체천切川'이라 했다"라고 기록하고 있다. 그리고 한탄강 하류의 사람들은 한탄강을 '한여울'이라고 부르고 있다.

'살아서는 포천 가야 양반이고 죽어서는 장단 가야 양반이다'라는 말이 있는 것처럼 포천에는 빼어난 인물들의 흔적이 많이 남아 있다. 사육신의 한 사람인 유응부柳應孚와 영의정을 지낸 유순柳洵·이덕형·이항복 그리고 한말의 유학자 최익현崔益鉉이 그들이다. 또한 포천은 한양과 근접했고, 경관이 수려해 왕자와 사대부의 은거지로 이용되었고, 이들의 무덤 또한 많이 남아 있다. 태종의 외손인 이즙李檝, 선조의 아들인 인흥군, 인조의 아들이자 효종의 동생인 인평대군 등의 무덤이 있고, 이 밖에 박순·이덕형·이항복·조경 등의 무덤이 있다.

포천 이동막걸리의 본고장

포천시 이동면은 한때 온 나라를 제패했던 이동막걸리가 떠오르는 곳이다. 1970년대 철원이나 포천·연천에서 군대생활을 한 사람이라면 계급장이 무엇이든 이동막걸리에 대한 추억 하나쯤 가지고 있을 것이다. 연천과 포천 일대로 동계작전을 나가게 되면 이동막걸리를 사 먹기 위해 몇 달 전부터 한 푼 두 푼 모아 사먹었다. 이동막걸리가 유명해진 것은 포천에서 군대생활을 한 군인들의 향수 때문인지도 모를 일이다.

《여지도서》에 포천 지역의 "산과 물의 기원이다"라고 되어 있는 백운산에 대해《택리지》에서는 다음과 같이 언급했다.

위에서 언급한 여러 산들은 큰 것은 도읍이 될 만한 산이고 작은 것은 도인과 은사가 숨어 살 만한 땅이다. 사람이 살 수는 없으나 명승이라 일컫는 산은 영평

백운산인데 삼부연 폭포가 기이하고 웅장하다.

백운산 정상에서 서쪽으로 흘러내리는 맑고 깨끗한 물이 모여 백운계
곡을 이룬다. 백운계곡 아래에는 신라 말엽에 도선국사가 세웠다는 흥룡
사가 있다.

흥룡사의 옛 이름인 내원사의 사적에는 "백운산은 세 곳 중의 으뜸이
요, 네 산 중에 뛰어나다. 태백산은 웅장하고 가파르며, 봉래산은 여위고
험준하며, 두류산은 살찌고 탁하며 구월산은 낮고 민둥산이다. 그러나 이
산은 백두산의 정맥으로 단정하게 뻗어내려 봉우리가 유하고 높으며, 계
곡이 깊고 멀고 지세가 정결하며 수기가 청백하다"라고 기록되어 있다.

포천팔경 중 하나인 선유담과 신선이 목욕을 하고 놀다갔다고 하며 봉래
양사언이 즐겨 찾았다는 양봉래골이 있는 백운산을 조선 후기 문신 미수 허
목은 자신의 시문집 《미수기언 眉叟記言》에서 다음과 같이 언급했다.

백운산이 영평의 동쪽 20리에 있는데 여기에 와룡대가 있으며 수중에로 석
대가 수십 발을 뻗었다. 물이 깊고 돌이 많으며 강변 위에 사당이 있다. 십리천
의 물이 이 산중에서 나오는데 양안에 넓고 편평한 큰 돌과 험한 바위가 많다.
강안의 30리 어간이 모두 이렇다. 깊이 들어가면 수백 명이 넉넉히 앉을 만한
석장산이 있는데, 냇물이 이 돌 아래에 이르러 깊은 못이 되고, 그 아래에 석만
이 있다. 석장산을 지나서부터는 산이 더욱 깊고 물이 더욱 맑으며 못의 물이
푸르고 깨끗하여 피라미가 많다.

산정호수

포천 영북면 산정리에는 '산속에 있는 우물'이란 뜻의 산정호수가 있다.
호수와 주변 산세가 아름다워 많은 사람들이 찾는 관광지이다.

《증보문헌비고增補文獻備考》에는 "백운산 아래에 있는 동을 백운동이라고 부른다. 산양천으로부터 냇물을 따라서 산골짝 어귀에 들어가면 비로소 넓은 평야가 있어서 속칭 주루평注婁坪이라고 한다"라고 했다.

아름다운 호수인 산정호수가 있고, 나라 안에서도 군부대가 많기로 소문난 포천에서 43번 국도를 따라가면 연천에 이른다.

산은 첩첩 물은 구불구불한 연천

예전에는 산골짜기 사람들이라서 꾸밈없고, 순수하여 다스리기가 좋았다고 한다. 그런데 여러 번 굶주림과 전염병을 겪은 뒤로 미풍양속이 매우 무너졌다.

《여지도서》에서 연천의 풍속을 설명한 글이다.

연천군은 고구려 때 공목달현이었으며, 고려 충선왕 때 지금의 이름이 되었다. 조선시대에도 연천현을 유지하다 몇 차례 변경되었다가 고종 33년 (1896) 지방제도가 개편되면서 경기도 연천군이 되었다. 1914년 군면 통폐합 때 삭녕군·적성군·마전군·양주군의 일부를 편입해 면적이 크게 넓어졌다.

조선 전기 문신 홍귀달洪貴達은 연천에 대해 다음과 같은 글을 남겼다.

산은 첩첩이 돌아오고 물은 구불구불 흐르는데, 난간에 의지해 앉으니 눈이 훤하네. 책상머리에 처리할 문서가 많은데, 산새 울음소리 정이 있는 듯하여라.

연천읍 통현리 한탄강 서쪽 깊숙한 곳에 자리잡은 재인폭포는 연천 최고의 명소이다. 이 폭포에는 줄 타는 광대의 슬픈 전설이 전해 내려온다.

재인폭포는 고을 동쪽 24리 원적사 어귀에 있다. 수십 장丈 높이에서 떨어져 흐르고, 양쪽에 절벽이 우뚝 솟아 있다. 옛날에 한 광대才人가 있었는데, 마을 사람들과 함께 이곳에서 놀다가, 그 마을 사람 아내의 미모에 빠져 약속하기를, "두 절벽 사이에 밧줄을 걸어놓고 걸어서 건널 수 있다"고 했다. 마을 사람이 믿지 않다가 마침내 그의 아내를 걸기로 했다. 광대가 춤을 추면서 평지를 걷듯이 절반을 건너자 마을 사람이 그 밧줄을 끊어버렸다. 광대는 물구덩이 속으로 떨어져 죽었다. 이로 인해 '재인폭포才人瀑布'라고 부른다.

한탄강과 임진강이 흐르는 연천군에도 산이 적지 않다. 고대산·지장봉·보래산 등의 산 사이를 한탄강이 흐른다. 이러한 연천군의 지세를 보고 서거정은 다음의 시를 지었다.

봄 진흙탕 길 미끄러워 말도 가기 겁내는구나
양주서 오는 길 울퉁불퉁 높고 낮고 하네
한탄강에선 얼음이 외려 얇은 걸 겁냈더니
돌아보니 여러 산봉엔 눈이 아직 그득하구나
해진 모자 얇은 옷이 봄 추위를 더하는데
벼슬 정황 나그네 생각은 도리어 처량하구나

왕씨들의 제사를 지내는 숭의전

연천군 미산면에는 조선시대 고려 태조 이하 7왕(혜종·정종·광종·경종·선종·목종·현종)의 위패를 모신 사당인 숭의전이 있다. 조선시대의 문신 홍귀달은 이에 대해 다음과 같이 말했다.

마전은 본래 작은 현인데, 군으로 승격한 것은 무엇 때문이냐. 우리 태조가 하늘 뜻에 순응하여 혁명하고, 왕씨의 제사가 아주 없어질까 염려하여, 여기다가 사당을 짓고 왕씨 시조 이하 몇 대의 제사를 지내게 한 것이다. 문종조에 와서 왕씨의 후손을 찾아 제사를 주관하게 하며, 사당 이름을 숭의전崇義殿이라 하고, 고을의 이름을 군으로 승격시켰다.

중종 때에 마전군수를 지낸 박세무朴世茂에 따르면 숭의전에서는 "매년 봄가을로 임금님께서 향과 축문과 예물을 내려주고 경기의 여러 고을에서 제물을 바치도록 하고, 관리를 보내 제사를 지내게 했다"고 한다. 또한 숭의전에서는 고려의 왕 외에도 정몽주를 비롯한 고려시대 충신 15명의 제사도 지냈다. 《택리지》에서는 숭의전을 지어 제사를 지내게 된 연유를 다음과 같이 설명하고 있다.

더욱 괘씸한 것은 정도전이 목은 이색의 문인門人으로서, 고려 말기에 재상 반열에 있으면서 왕검王儉과 저연褚淵이 하던 짓을 따른 일이다. 나라를 팔아서 제 자신의 사리를 채우고 스승을 해하며 벗을 죽였다. 뿐만이 아니었다.

한탄강

강원도 평강군에서 발원한 한탄강은 연천군 고대산·지장봉 사이를 흐르다가 임진강으로 흘러든다. 강물이 골짜기를 따라 형성된 현무암 용암지대 위를 흐르면서 협곡을 만들었다.

고려가 망하자 또 왕씨의 종친을 없애는 꾀를 내었다. 즉 자연도(지금의 영종도)에 귀양 보낸다는 말로 속인 후, 큰 배 한 척에다 왕씨들을 가득 태워 바다에 띄운 다음, 비밀리에 배 밑에 구멍을 파서 가라앉게 한 것이다.

자신도 조선왕조에서 희생되어 집도 절도 없이 떠돌았으면서도 이중환은 정도전을 역적으로 보고 괘씸하다며 비판하고 있다.

고려 임금이던 공양왕이나 왕씨들이 그렇게 비참한 최후를 맞게 된 것은 결국 이성계의 위화도회군에서 비롯된 것이다. 위화도회군으로 실권을 잡은 이성계는 우왕과 그의 아들 창왕이 모두 왕씨의 후손이 아니라는 이유를 들어 내쫓고, 조선을 개국하기 전까지 고려 신종의 7세손인 왕요(공양왕)를 허수아비로 내세웠다. 이성계에게 이용당할 뿐이라는 것을 간파한 왕요는 여러 번 고사했으나 결국 왕위에 오를 수밖에 없었다. 공양왕을 통해 우왕과 창왕을 죽인 이성계는 덕이 없고 어리석다는 이유를 들어 공양왕을 폐위시키고 새 왕조의 태조로서 왕위에 올랐다.

공양왕은 왕비, 세자와 함께 강원도 원주로 쫓겨났으며, 공양군으로 강등되어 간성에 머무르다가 삼척으로 유배를 간 지 한 달 만에 태조 3년(1394) 두 아들과 함께 사사되었다. 그는 태조 16년(1416)에야 공양왕으로 다시 복위되었으며, 태종은 사신을 보내 그의 능에 제사를 지내게 했다.

비극은 비극을 낳는다는 말처럼 공양왕이 죽은 뒤에도 수많은 왕씨들이 죽어갔다. 그러던 어느 날 이성계가 꿈을 꾸었는데 그 꿈에 분노에 가득한 왕건이 나타나 "내가 삼한을 통합하여 백성들에게 공을 세웠거늘 네가 내 자손을 모조리 죽였으니 오래지 않아 보복이 있을 것이다. 너는

숭의전

연천군 아미산에 위치한 숭의전은 고려 태조와 7왕의 신위를 봉안하고
정몽주 등 충신을 배향한 곳이다.
사진은 숭의전(위)과 고려 태조의 신위를 모신 사당의 내부(아래) 모습.

이 사실을 분명히 알아두어라"라고 했다. 그 말에 깜짝 놀라 꿈에서 깬 태조는 왕씨의 선원보璿源譜(왕실의 족보)를 찾아 그중 한 장에 적혀 있는 왕씨들을 사면해주었는데 당시의 일이《태조실록》태조 3년(1394)에 다음과 같이 기록되어 있다.

> 4월 15일, "윤방경 등이 왕씨들을 강화나루에 던졌다."
>
> 4월 20일, "손흥종 등이 왕씨들을 거제 바다에 던졌다."
>
> 4월 26일, "고려 왕조에서 왕씨王氏로 사성賜姓이 된 사람에게는 모두 본성本姓을 따르게 하고, 무릇 왕씨의 성을 가진 사람은 비록 고려왕조의 후손이 아니더라도 또한 어머니의 성姓을 따르게 하였다."
>
> 7월 17일, "임금이 왕씨王氏의 복을 빌기 위하여 (…) 금金으로《법화경法華經》4부를 써서 각 절에 나누어 두고 때때로 읽도록 하였다."

그런 와중에 성이 바뀐 사람들이 많았다. 왕씨 성을 가진 사람으로 벼슬을 했던 사람들은 모두 도망쳐 숨어서 성명을 바꾸고 살아남았다. 마馬씨로, 전田씨로, 혹은 옥玉씨로 바꾸어 모두 글자 속에 '왕王' 자를 숨겼던 것이다. 그로부터 세월이 한참 지난 뒤인 세종 때 와서야 비로소 왕순례王循禮라는 왕씨 성을 가진 한 사람을 찾아 전답과 노복을 주고 전참봉을 세습하여 숭의전에서 대대로 제사를 받들게 하면서 말하기를 "왕씨를 없앤 것은 태조의 의사가 아니고 공신들의 모략으로부터 나온 것"이라고 말했다고 한다.

고려 진사 이양소와 태종

이곳 연천의 인물로 이양소李陽昭가 있다. 이양소는 훗날 태종이 된 이방원李芳遠과 함께 우왕 8년(1382)에 사마시에 합격한 절친한 사이였다. 조선 건국 후에 이양소는 은둔하며 세상에 나오지 않았다. 태종이 임금이 된 후 이양소의 집에 행차하여 술을 내리고 시를 지어 노래했다.

가을비 반쯤 개이니 사람도 반쯤 취하네

그러자 이양소가 곧바로 화답의 시를 지었다.

저물 무렵 구름 처음 걷히니 달이 새로 나오는구나

태종이 평상에서 내려와 이양소의 손을 감싸 쥐면서 "자네는 진정으로 나의 친구일세"라고 말하며 곡산부사에 임명했지만 이양소는 끝내 벼슬길에 나서지 않았다. 이양소가 관직을 거절한 뒤 태종이 기와집을 내려주라고 지시했는데 그는 이 또한 거절했다. 죽을 때가 되어서는 명정銘旌에 스스로 '고려 진사 이양소'라고 쓰고 세상을 하직했다. 임금이 그 소식을 듣고는 매우 슬퍼하면서, 장례를 치르도록 무덤으로 쓸 산을 내려주었다.

자신의 이익을 위해서는 옛정이나 명분마저 가볍게 여기는 세상 풍토에서 절의를 위해 이익을 가볍게 여긴 이양소 같은 사람이 그립고도 그립다.

미수 허목이 잠든 연천

연천군 왕징면 강서리에는 조선 후기 문신인 미수 허목이 벼슬을 그만두고 내려와 살았던 은거당恩居堂터가 있다.

그림과 글씨, 문장에 능했던 허목은 특히 전서에 뛰어나 동방의 일인자라는 찬사를 받았는데, 대표적인 작품이 삼척에 있는 척주동해비이고 그림으로는 〈묵죽도〉가 있다. 척주동해비는 허목이 삼척부사로 재임할 당시 심한 폭풍이 일어 바닷물이 삼척고을까지 들어와 난리가 나자 허목이 동해를 예찬하는 노래를 지어 비를 세웠더니, 물난리가 잠잠해지고 아무리 바닷물이 심술을 부리더라도 비를 세운 지점을 넘지 않았다고 한다. 그래서 조수를 물리치는 영험한 비라는 뜻으로 퇴조비退潮碑라고도 부른다. 허목은 예순이 넘은 나이에 지평이라는 언관 벼슬에 올랐으나 학식과 덕망이 뛰어나 일찍부터 남인의 영수가 되었다. 그러나 뜻하지 않게 효종이 죽자 '살아 있는 효종의 계모인 조대비가 상복을 몇 년간 입어야 하는가'라는 복상기간에 관한 남인과 서인의 예송禮訟 논쟁이 시작되었다.

서인 계열인 송시열 등은 1년상을 주장했고, 남인 계열인 허목 등은 3년상을 주장했다. 둘째 아들로 태어난 효종은 형인 소현세자가 죽자 왕위에 올랐었다. 계모라도 맏아들이 죽으면 3년간 상복을 입어야 하지만 맏아들이 아니니 1년간 상복을 입어야 한다는 것이 서인의 주장이었고, 종통을 이었으니 효종을 맏아들로 여겨서 3년간 상복을 입어야 하다는 것이 남인들의 생각이었다. 결국 송시열의 주장대로 조대비는 1년간 상복을 입었고 허목은 삼척부사로 좌천되었다. 삼척 바다에 풍랑이 일어난 것은

미수 허목공 묘역

연천에는 조선시대 남인의 영수였던 미수 허목이 내려와 살던 은거당이라는 집이 있다.
사진은 미수 허목의 묘.

바로 허목이 좌천되었을 당시다.

허목이 좌천된 후에도 예송 논쟁은 막을 내리지 않았다. 효종의 부인이자 현종의 어머니인 인선왕후가 죽자 또다시 문제가 일어난 것이다. 남인들은 지난번의 경우와 맞지 않는다고 들고 일어났고, 현종은 남인들의 주장을 받아들여 1년상으로 결정했다. 삼척부사로 좌천되어 왔던 허목은 다시 조정에 나가 대사헌과 이조판서에 올랐고 이번에도 송시열이 유배 생활을 시작하게 되는데 이것을 2차 예송 논쟁이라고 한다. 결국 서인은 노론과 소론으로 나뉘고, 남인과 소론은 허목과 송시열이 죽고 난 뒤에도 서로 상종은커녕 적대관계를 이루어오면서 조선 후기까지 이어진 것이 조선의 당쟁이었다.

남인의 영수였던 미수 허목은 숙종 4년(1678) 관직을 사직하고 고향으로 돌아왔다. 그 후 경연관 이항李沆의 진언으로 숙종이 그의 충절과 덕망을 기려 사우祠宇를 하사했다. 허목은 처음에는 사양했으나 뒤에 명예롭게 받아들여 성은을 입은 거소라 하여 은거당이라 이름 지었다. 은거당 터에는 미수 허목의 사당과 무덤이 있다.

연천군에서 이름 높았던 것이 연천콩과 도토리묵, 그리고 꿩만두였다. 예로부터 알이 굵고 빛깔이 좋다고 소문이 자자했던 연천콩을 일제 때에는 종자포까지 만들어두고 관리했었다. 《동국여지승람》에는 연천군의 특산물이 인삼과 파라고 기록되어 있다.

시냇물이 일렁거려 햇볕도 푸른 가평

《신증동국여지승람》에는 조선 초기의 문신 이맹균李孟均이 가평군을 지나며 쓴 글이 실려 있다.

> 일찍이 포천 가는 길에 굴파屈坡를 넘어서 안장을 내리고 잠깐 조종에서 쉬었다. 어지러운 산 깊은 고을 뚫고 가는데, 한 가락 길이 꼬불꼬불 굽이도 많다. 비록 말을 꾸짖으며 걷고 건너기 어려워도, 이 고을에 이르니 마음이 이미 시원하다. 높다란 화악산이 북쪽에 진좌하니, 구멍에는 태곳적 눈이 아직도 쌓였다. 가닥 진 여러 봉우리 온 고을을 감쌌는데, 천 가지 모습, 만 가지 형상이 다 기이하고 절묘하다. 시냇물이 일렁거려 햇볕도 푸르고, 그 속에는 교룡蛟龍 굴 있는가 의심된다.

가평군의 고구려 때 이름은 근평군이었다. 신라 경덕왕 때 지금의 이름으로 고친 가평군은 강원도 화천·춘천·홍천과 맞닿아 있다. 산간 지역에 자리잡은 가평군에는 화악산·음봉·현등산·명지산 등이 솟아 있고 군의 남쪽으로 북한강이 흐르고 있으며, 잣으로 유명하다.

이곳 가평에 있는 화악산에서 나는 소나무는 임금의 수레를 만드는 재목으로 사용되었는데, 그 나무들을 보호하기 위하여 화악산 남서쪽 기슭 60리 둘레까지 백성들의 출입을 금했다.

《세종실록지리지》에 따르면 가평은 "땅이 메마르고 일찍 추워진다"며, 가평의 당시 호수는 288호, 인구는 987명, 군정은 시위군이 96명, 선군이 43명이라고 기록되어 있다.

경기의 금강산으로 불리는 운악산과 경춘선 철도가 지나는 청평면 청평리 일대에 자리잡은 청평유원지는 사람들이 즐겨 찾는 곳이다. 그곳에서 조선 후기의 열신이었던 조병세趙秉世가 태어났고, 청평면 상전리는 대동법을 실시했던 김육이 9년간 유배생활을 했던 곳이며, 상면 태봉리에는 조선 중기의 문장가이자 좌의정을 역임한 월사 이정구李廷龜의 묘가 있다.

조선 후기 북학파 계열의 실학자 유득공柳得恭이 이곳에서 가평군수를 지내며 '가평에서'라는 시를 남겼다.

사람이 소의 소리를 배워 소를 부리니

이내 낀 산중에서 이랴 이랴 외치는 소리

푸른 산자락에 기장을 가득 심었으니

여름 가뭄 가을 서리 걱정 없어라

가평군과 포천시의 경계에 있는 운악산은 경기도의 금강으로 불릴 만큼 경치가 빼어난 곳으로 이 산에 신라 법흥왕 때 창건한 현등사가 있다. 이 절은 인도에서 불법을 전하기 위해 건너온 마라가미摩羅訶彌를 위해 법흥왕이 지어준 것으로 창건 당시 이름은 전해지지 않고 있다.

신라 효공왕 2년(898) 도선道詵이 송악산 아래 약사도량藥師道場으로 있던 사찰을 창건했지만 완공 뒤 지세를 살펴보니 동쪽의 기운이 약했다. 이에 쇠한 기운을 보할 땅을 찾아 동쪽으로 여행하다가 수백 년 동안

현등사

가평 운악산에는 신라 법흥왕 때 처음 지어진 것으로 알려진 현등사가 있다.

폐사로 있던 운악산의 옛 절을 중창했다고 한다.

현등사라는 이름은 고려시대의 승려인 보조국사普照國師가 고려 희종 6년(1210)에 절은 사라지고 주춧돌만 남아 있던 절터의 석등에서 불이 꺼지지 않는 것을 보고 중창하여 붙여진 것이라고 전해진다.

그 뒤의 역사는 전해지지 않다가 다시 조선 태종 11년(1411)에 세간의 눈에 띈다. 삼각산에서 머물던 함허화상涵虛和尙이 오신산으로 가다가 현등사 부근에서 길을 잃었다. 그때 홀연히 흰 사슴 한 마리가 나타나 길을 인도했다. 따라가 보았더니 흰 사슴은 온데간데없고 그곳에 옛 전각지殿閣址가 있어서 절을 크게 중건했다. 현등사는 그 이후로도 여러 차례 불에 타고 한국전쟁으로 대부분의 건물들이 소실되었으나 1961년에 다시 중수하여 현재에 이르고 있다.

현등사에는 문화재로 지정된 두 개의 탑이 있다. 하나는 현등사 삼층석탑(경기도유형문화재 제63호)으로 탑에서 조선 세조 5년(1470) 현등사를 중수한 기록이 새겨진 사리함과 사리가 발견되었으며, 석탑을 구성하는 각부의 양식과 문양 등으로 보아 조선시대 전기에 건립된 석탑으로 추정된다. 또 하나는 현등사 내 언덕 아래에 자리하고 있는 하판리지진탑(문화재자료 제17호)으로 보조국사가 수백 년간 폐허로 있었던 곳에 절을 지으면서 터의 기를 진정시키기 위해 세웠다고 한다. 이로 인해 '지진탑地鎭塔'이 되었으며, 승려의 이름을 따서 '보조국사탑'이라고도 한다.

현등사가 있는 운악산을 두고 백사 이항복은 다음의 시를 남겼다.

운악산은 골짜기 깊기도 한데

현등사를 처음으로 창건하였네

노니는 사람은 성씨도 말하지 않는데

기이한 새는 스스로 이름을 부르누나

뿜는 샘물은 하늘의 띠처럼 장대하고

푸른 산봉우리들은 지축을 기울이네

다정하게 호계虎溪에서 작별을 나누니

노을빛에 해 저문 산이 밝구나

숭명배청론자들의 조종암

가평군 하면 대부리에 있는 조종암朝宗巖(경기도기념물 제28호)은 조선 숙종 10년(1684)에 가평군수를 지낸 이제두李齊杜와 허격, 백해명 등이 바위에 큰 글씨를 새긴 것이다. 이들은 임진왜란 때 명나라가 조선을 위해 베푼 은혜를 잊지 말고, 청나라에게서 당한 굴욕과 수모를 잊어버리지 말고 기억하고 또 기억하자며 '숭명배청崇明排淸' 사상을 펼쳤다. 이곳에 조종암을 세우게 된 이유는 바로 앞에 조종천이 흐르기 때문이다. 조종朝宗이란 여러 강물이 바다에 흘러 모인다는 뜻이자 제후가 천자를 알현한다는 뜻도 포함되어 있다. 이런 이유로 당시 유신들이 이곳에 조종암을 조성한 것이다.

숭명배청론자들의 정신적 지주가 된 조종암에는 허격이 가져온 명나라 마지막 황제 의종의 친필인 '생각에 삿됨이 없다'는 뜻의 '思無邪(사무사)'를 맨 왼쪽 높은 바위에 새기고, 그 아래로 선조의 친필인 '1만 번 꺾여도 반드시 동녘으로 흐르거니 명나라 군대가 왜적을 물리치고 우리 나라를 다시 찾아주었네' 하는 '萬折必東 再造蕃邦(만절필동 재조번방)'과 효종이 송시열에게 내린 '해는 저물고 갈 길은 먼데 지극한 아픔이 마음 속에 있네'라는 뜻을 지닌 '日暮道遠 至痛在心(일모도원 지통재심)'을 송 시열의 서체로 새겼다.

유신들은 이곳 조종암에 대보단을 만들고 명나라 의종이 승하한 3월 19일에 명나라 태조·의종·신종을 위한 보은의 제사를 지냈다고 하며, 마을 이름을 대보리라고 지었다.

8

평화와 통일로 가는 길목

고양 · 파주

'제가 할 일은 하지 않고 남이 할 일을 한다'는 뜻으로 쓰이는 '고양 밥 먹고 양주 일 한다'는 속담이 있다. 이 속담의 연원이 된 고양은 조선 태종 13년(1413) 고봉산 자락의 고봉현과 덕양현을 합쳐 고양현이 되었으며, 이후 여러 차례 조정과 변천을 거쳐 1992년 시로 승격되었다.

《여지도서》에는 고봉에 대해 다음과 같이 실려 있다.

옛 고봉은 지금 관아의 서쪽으로 25리에 있다. '봉峰' 자는 '봉燧' 자로 쓰기도 한다. 김부식의 《삼국사기》에 이르기를, 한씨 미녀가 달을성현達乙省縣 높은 산의 한 봉우리에 봉화를 피워서 안장왕(고구려 제22대 왕)을 맞이했으므로, 그로부터 고봉이라 이름 불렀다.

《증보문헌비고》에 의하면 고양은 조선시대의 큰 도로였던 관서로가 지나는 통로였다. 한양의 전면으로 한강이 흐르고 고양 쪽으로 난 관서로는 조선시대 도로망의 중심이자 9대로 중 하나였다.

　조선시대 관리들은 중국의 북경을 사신으로 오가며 《연행록燕行錄》을 남겼다. 순조 3년(1803) 10월 21일 동지정사 민대혁과 부사 권선 그리고 서장관·서장보 등이 연행길에 올랐는데, 당시 고양 읍사를 바라보며 읊은 필자 미상의 시가 있어 소개한다.

　　역마는 나란히 아전은 줄지어

　　도성을 나선 오늘 고양에 달려왔네

　　산 밑 끊어진 곳에 시내가 통하고

　　나뭇잎 에워싼 가운데 동네가 펼쳤도다

　　비 오려고 찬 소나무 희게 보이고

　　바람 없어 지는 해가 엷은 황색 띠었네

　　관아의 평탄한 길 먹줄 같이 곧은데

　　고각鼓角 부는 앞쪽에선 들학野鶴이 나른다

한양 방문 전 중국 사신이 반드시 묵던 벽제관

　한양에서 의주까지 이어졌던 관서로에는 큰 역관 12개가 있어서 조선과 중국을 오가던 사신들이 머물며 쉬었다. 고양시 덕양구 고양동에 그 터가 남아 있는 벽제관碧蹄館은 관서지방으로 가는 첫 역관이었다. 중국의 사신들은 서울로 들어가기 전에 반드시 이곳에서 하룻밤을 묵고 이튿날 예의를 갖추어 입성하는 것이 정례였다. 사신이 한양에 접어들면 현재 서울 서대문구 독립문 자리에 있던 모화관에서 임금이 몸소 중국의 사신을 접했는데, 벽제관은 모화관에 버금가는 곳이었다. 조선 초기에는 제릉(태조의 부인 신의왕후의 묘)에 친제하러 가는 국왕의 숙소로 이용되기도 했다.

《신증동국여지승람》의 다음 기록에 따르면 벽제관은 조선 세종 때에 대대적으로 개축되었다.

세종 8년(1426) 8월 현감 하부河傅와 감사 심도원沈道源의 노력으로 허물어진 공관을 크게 수리하기 시작했다. 그리하여 세종 10년(1428) 11월에 공사를 마무리하였는데, 당시 벽제관에는 동헌과 서헌, 문묘, 남별관 등의 부속건물이 있었다.

벽제관이 있던 자리에는 벽제원이 있었는데, 이곳 벽제역을 지나던 명나라 사신 예겸倪謙이 시 한 편을 남겼다.

길은 왕경王京으로 들어가는데 밤 기온이 차다
두 행렬에 횃불이 말안장에 번지는구나
청산을 지나온 것이 얼마나 될까
분명히 눈을 들어 보지 못하겠네

조선 성종 때 문신이자 문장가인 최숙정은 성종 6년(1475) 2월 초파일에 사은사 일행에 포함되었다. 다음은 연경으로 가던 길에 벽제역에서의 감회를 피력한 글이다.

밤새도록 역참 관리들 떠들어대고
침상이 기울어 잠이 오지 않는다
봄빛은 가만히 시냇가 풀에 돌아오지만
시름 흔적은 구레나룻에 흰 점을 찍었다
숙취 심하여 머리 아직 무거운데
갈 길 헤아려보면 꿈 또한 힘겨워라
밤이 되자 이별의 정한이 바다처럼 깊구나
등불의 푸른 불꽃은 나그네 옷을 비춘다

1930년대만 해도 벽제관이 남아 있었으나 일제강점기에 일본인들에 의하여 일부가 헐렸고 한국전쟁 때 모두 불에 타고 말았다. 관서지방 사람들이 서울을 지날 때에 꼭 들러야 했던 벽제관지(사적 제144호)에는 1960년 무렵까지 남아 있던 객관의 문마저 무너지고, 지금은 객사의 윤곽과 터, 둥근 형태의 장대석만이 쓸쓸히 남아 있다.

고양시 일산신도시는 옛 시절 서울과 개성을 잇는 중요한 길목이었다. 1905년 경의선이 개통되었으나 일산 토박이들은 그 덕을 보지 못했다. 나라 안에서 실리와 계산이 가장 빠르다고 소문난 개성과 서울 상인들 때문이었다. 그때 '실속 없는 일산 사람'이라는 말이 떠돌았고, 일산 사람들이 두 도시 사람들로부터 받은 시달림으로 인해 말을 잘 듣지 않는 사람을 보면 '저놈을 개성으로 보낼까 서울로 보낼까'라고 했다 한다.

벽제관지

고양시 덕양구 고양동에 터가 남아 있는 벽제관지는 관서지방으로 가는 첫 역관으로
조선과 중국을 오가던 사신들이 머물던 곳이다.

이여송이 왜군과 싸워 크게 진 벽제관전투

고양과 파주의 경계에 있는 우암산 비호봉 서남쪽 산줄기인 혜음령은 임진왜란 때 명나라 장군 이여송李如松이 일본군에 대패한 곳이다. 평양 전투에서 왜적을 격파한 이여송은 밀려나는 왜적의 뒤를 따라 개성으로 들어왔다. 성미가 급했던 이여송은 한양을 한 번에 수복한다는 계획을 세우고 얼음이 풀리는 임진강을 건넜다. 선조 26년(1593) 1월 27일 새벽 일본군 선봉 고바야가와 다카가게小早川陸景는 4만여 명의 병력을 이끌고 혜음령으로 출동했고, 이여송이 이끄는 명나라 군사는 치열한 전투 끝에 크게 패했다.

이여송은 조선을 구원할 의지를 잃고 군사를 후퇴시킨 후 왜적이 한양에서 물러갔다는 소식을 들은 뒤에야 전쟁에 참여했다. 개성에서 멈칫거리고 있던 이여송은 1월 말부터 함경도에서 왜적이 완전히 물러나자 "함흥에 있던 일본군이 평양 공격을 하러 나올 것"이라는 소문을 들은 뒤, "평양을 잃으면 우리 군사의 길이 막힌다. 평양을 구원해야 산다"는 핑계를 대고 평양으로 돌아갔다.

벽제관 전투가 크게 진 싸움이라면, 고양시 덕양구 행주내동의 덕양산 행주산성에서 벌어진 행주대첩은 크게 이긴 싸움이다.

선조 25년(1592) 임진왜란이 일어났을 때 신립申立이 충주에서 패하자 선조와 조정 대신들은 한양을 포기하고 파천播遷했다. 물론 수도방비책이 세워져 한강변을 사수하고 있었으나, 왜군 일부는 남한강을 건너 서울의 동쪽으로 진격해왔고, 한강변에 도착한 다른 왜군 부대도 별 저항

없이 강을 건넜다. 전열을 수습한 조선군은 한강변을 공략하여 왜군의 보급로와 퇴로를 끊고 궁지에 몰아넣었다. 그 대표적인 예가 권율權慄의 행주대첩이다.

선조 26년(1593) 2월 12일 왜장인 고니시 유키나가小西行長·이시다 미츠나리石田三成·마시다 나가모리增田長盛 등이 3만 명의 대군을 이끌고 행주산성을 여러 겹으로 포위한 채 아홉 차례에 걸쳐 맹렬하게 공격했다. 권율 장군은 2300여 명의 군사와 격전을 벌인 끝에 왜군을 격파했다. 이때 권율은 친히 사병들에게 주먹밥과 물을 떠다 주었으며 남녀노소 구별 없이 총력을 다하여 싸웠다. 특히 부녀자들은 한마음으로 합심하여 석포石砲에 쓸 돌을 치마폭에 담아 나름으로써 군민일체의 방위력을 과시했다.

적은 온종일 공격 끝에 1만여 명의 전사자를 내고 패퇴하고 말았다. 다음 날 아침 권율은 왜적이 반드시 복수전을 펼칠 것을 미리 알고 파주로 철군했는데, 이 작전이 적중하여 원군까지 몰고 왔던 적군은 완전히 허탕치고 말았다. 행주대첩은 이순신 장군의 한산도대첩, 김시민 장군의 진주대첩과 더불어 임진왜란 3대첩으로 불린다. 이 전투를 승리로 이끈 요인은 여러 가지가 있겠지만, 한강변에 위치한 천혜의 방어 조건도 일조했을 것이다.

한편 덕양구 대자동의 내자산에는 최영장군묘(경기도기념물 제23호)가 있다. 최영崔瑩 장군은 공민왕과 우왕 때 왜구와 홍건적의 침입을 수차례 물리친 명장이자 충신이었다. 우왕 14년(1388) 요동 정벌을 계획했으나 이성계의 위화도회군으로 뜻을 이루지 못하고, 이성계 등의 신진세력에 의해 참형되던 날 그는 얼굴빛 하나 변하지 않으면서 다음과 같이 말했다고 한다.

내가 평생에 탐욕스런 마음을 가졌다면 무덤 위에 풀이 날 것이요, 그렇지 않았다면 나지 않을 것이다.

그의 말대로 무덤에는 풀이 나지 않았다고 《동국여지승람》에는 실려 있지만 세월이 많이 흐른 탓인지 현재는 무덤에 풀이 무성하게 나 있다. 조선 초기 문신 변계량이 최영 장군을 추모한 시가 남아 전한다.

위엄 떨치면서 나라 구하느라 귀밑머리 하얗게 세니
말 배우는 거리 아이도 그 이름은 죄다 아네
한 조각 장한 마음만은 응당 죽지 않았으니
오랜 세월 길이길이 대자산과 함께 나란하리

고양에 있는 서오릉과 서삼릉

고양시 덕양구 용두동에 서오릉(사적 제198호)이 있다. 서오릉의 총면적은 55만 3616평으로 경기도 구리시에 있는 동구릉 다음으로 큰 조선 왕실의 왕릉군으로, 5개의 능으로 구성되어 있다. 서오릉은 숲이 울창하게 우거져 있어 아침저녁으로 산책하기에 알맞다.

서오릉이 능지로 선택된 것은 세조 3년(1457) 때였다. 세자였던 원자 장暲(뒤에 덕종으로 추존됨)이 사망하자 풍수지리상 좋은 능지를 물색하다가 이곳이 추천되자 아버지인 세조가 직접 답사한 뒤 경릉 터로 정했다.

행주산성

한강변 덕양산에 축성된 행주산성은 이순신 장군의 한산대첩, 김시민 장군의 진주대첩과
더불어 우리나라 3대첩 전승지 중 하나이다.

그 뒤 성종 1년(1470) 덕종의 아우 예종과 계비 안순왕후의 창릉이 들어섰다. 숙종 7년(1681)에는 숙종의 부인 인경왕후의 익릉, 숙종과 계비 인현왕후의 쌍릉, 그리고 제2계비인 인원왕후의 명릉이 들어섰다. 영조 33년(1757)에 영조의 부인 정성왕후의 홍릉이 이곳에 들어서면서 왕릉이 5기가 되어 '서오릉'이라는 이름을 얻게 되었다.

이곳 서오릉에는 명종의 큰아들인 순회세자의 능인 순창원이 있으며, 또한 숙종의 후궁으로 역사 속에 수많은 일화를 남긴 희빈 장씨의 능이 1970년 광주시 오포읍 문형리에서 이곳으로 이장되었고, 사도세자의 어머니인 영빈 이씨의 능이 신촌에서 이곳으로 옮겨졌다.

한편 고양시 덕양구 원당동에는 서삼릉(사적 제200호)이 있다. 서삼릉은 조선 중종의 계비 장경왕후의 희릉이 조성되면서 왕실 묘지가 되었다. 그 뒤 장경왕후의 아들인 인종과 부인 인성왕후의 효릉이 들어섰다.

중종이 승하하고 1544년 11월 20일 인종이 즉위했으나 불과 8개월 만에 경복궁 정침에서 세상을 떠난다. 그의 나이 31세였는데, 죽기 전에 다음과 같이 말했다.

내가 죽거든 반드시 부모님 곁에 묻어주고 장례는 소박하게 치러 백성의 힘을 덜게 하라.

인종의 아버지 중종은 서울 강남구 삼성동에 묻혀 있고, 어머니 장경왕후만 이곳 서삼릉에 묻혀 있으니, 마음속의 바람과 현실 사이에는 얼마나 큰 차이가 있는가.

서삼릉은 고양시 덕양구 원당동에 있는 조선시대 왕실의 묘지 중 하나다.
사진은 중종의 계비 장경왕후의 희릉.

그 후 이곳에 후궁이나 대군, 공주의 무덤이 조성되었으나 철종과 부인 철인왕후의 예릉이 들어서면서 왕릉이 3기가 되어 서삼릉이란 명칭으로 불리게 되었다.

서삼릉의 경내에는 3원과 46묘, 태실 54기가 있다. 3원 중 가장 처음으로 들어선 소경원은 소현세자의 능이고, 의령원은 의소세손의 능이며, 효창원은 문효세자의 능이다. 묘는 46기가 있는데 이 중 연산군의 어머니 윤씨의 묘인 회묘와 경선군묘를 제외하고는 모두 이곳에 있다. 왕릉에 안장할 수 없는 후궁, 왕자, 태실을 모아놓은 것은 무덤 경내를 공동묘지로 변형시켜 왕릉으로서의 존엄과 품격을 낮추고자 한 일제의 의도적인 계획에 의한 것이었다.

옛 자취가 많이 사라졌지만 천천히 걸으면서 그들이 살았던 역사를 반추해보는 재미가 쏠쏠한 것이 서오릉 답사의 묘미다.

영험한 용미리 석불입상

벽제관에서 개성으로 가던 길목인 파주시 광탄면 용미리에 이 고장 최대의 수호신이라고 부를 수 있는 용미리 마애이불입상(보물 제93호)이 세상을 내려다보고 있다.

용미리는 고양에서 해읍령을 넘어 파주 광탄 쪽으로 가는 길에 자리잡고 있다. 백두대간을 타고 내려온 용들이 한양 땅을 만들고 그 꼬리가 머물러 있는 고장을 용미리라고 했다. 예로부터 서울에서 개성을 오가는 길

용미리 석불입상

용미리 석불은 일명 쌍미륵으로 불리면서 아기를 못 갖는 부인들이 공양을 바치고
열심히 기도하는 곳이었다.

목에 위치한 이곳을 사람들은 미륵댕이라 불렀으며 용미리 마애이불입상을 이 지역 사람들은 수호신처럼 떠받들었다. 또한 용미리 일대를 내려다보고 있는 마애이불입상은 일명 쌍미륵으로 불리면서 아기를 못 갖는 부인들이 공양을 바치고 열심히 기도하는 곳이었다.

마애이불입상은 자연석에 균열이 생겨 두 개의 바위가 연하여 있음을 이용해 조성되었으며, 머리 부분은 따로 조각하여 얹었다. 조성 시기는 고려 중엽일 것으로 추정된다. 천연석을 이용했기 때문에 신체 각 부분의 비례가 잘 맞지 않아서 기형의 형태로 보이지만 얼굴에서 아래까지의 길이가 17미터에 얼굴 길이가 2.45미터나 되는 거대한 체구와 당당함이 그러한 아쉬움을 잊어버리게 만든다.

안동의 제비원 석미륵과 조성 양식이 비슷한 이 불상에는 고려 선종과 원신공주의 왕자인 한산漢山 후候의 탄생과 관련된 설화가 있다.

선종이 대를 이을 아들이 없어 고민하던 어느 날 원신공주의 꿈에 두 스님이 나타났다. 스님들은 "우리들은 파주의 장지산에 있다. 식량이 끊어져 곤란하니 그곳에 있는 두 바위에 불상을 조각하라. 그러면 소원을 들어주리라"라고 했다. 기이하게 생각한 원신공주는 그곳에 사람을 보냈다. 꿈속에서 들은 대로 거대한 바위가 있는 게 아닌가. 공주가 서둘러 불상을 조각케 하는데 또다시 꿈속에 두 스님이 나타나 "왼쪽 바위는 미륵불로 오른쪽 바위는 미륵보살로 조성하라"라고 이르고 "모든 중생이 이곳에 와서 공양하고 기도하면 아이를 원하는 자는 득남하고 병이 있는 자는 쾌차하리라"라고 말한 후 사라졌다. 불상이 완성되고 절을 지은 후 원신공주는 태기가 있어 한산 후를 낳았다고 한다.

한편 마애이불입상 중 오른쪽 불상 아랫부분 측면에 명문이 새겨져 있어 고려시대의 불상 양식을 연구하는 데 귀중한 자료로 평가받고 있다.

고령산 자락의 보광사

파주시 광탄면 영장리 고령산 중턱에 세워진 보광사는 신라 진성여왕 8년(894) 임금의 명에 의해 도선국사가 세운 절로 알려져 있다. 고종 2년(1215)에 원진국사가 중창했고 우왕 14년(1388)에 무학대사가 삼창했으나 임진왜란 때 불에 타서 광해군 4년(1612)에 설마와 덕인 두 스님이 법당과 승당을 복원했다.

현종 8년(1667)에 절을 중수했고, 영조가 재위 16년(1740)에 대웅보전과 광음전, 만세루 등을 중수했으며 근처 10여 리 밖에 있던 생모 숙빈 최씨의 묘 소령원의 원찰로 삼으며 왕실의 발길이 잦아졌다고 한다. 그때 절이름도 고령사에서 보광사로 고쳐 부르게 된 것이다. 조선 말기에 쌍세전과 나한전, 수구암, 지장보살상과 산신각을 신축했지만 한국전쟁 때 대웅보전과 만세루를 제외한 대부분의 전각이 불탄 것을 1957년 이후 꾸준히 재건해 오늘에 이르고 있다. 보광사에는 대웅전을 중심으로 어실각·원통전·지장전·만세루·범종각·응진전·산신각 등의 건물이 있다.

《조선사찰사료》에 따르면 보광사 대웅보전(경기도유형문화재 제83호)이 조선시대에 마지막으로 중창된 것은 고종 33년(1896)과 고종 38년(1901) 사이인데 당시 궁중의 여인네들이 불사에 동참했다고 한다. 대웅보전은 정면 3칸, 측면 3칸의 다포계 겹처마 팔작지붕 건물로 높게 쌓인 축대 위에 올라앉아 있는데, 퇴색된 단청이 나그네의 마음을 사로잡는다. 법당 외벽 벽화는 다른 건물과 달리 흙벽이 아닌 목판을 대고 그 위에 그려졌다. 보통 부처님의 전생이나 연화장세계를 담는 다른 벽화와 달리 이 그림에서는 민화풍이 느껴진다. 또한 현재 걸려 있는 대웅보전 편액은 영조가 친필로 쓴 것으로 알려져 있다.

대웅보전 오른편 위쪽으로 사방 1칸짜리 아담한 어실각에는 영조의 생모인 숙빈 최씨의 영정과 신위가 모셔져 있다. 바로 앞에는 영조가 생모를 그리워하며 심었다는 향나무가 있어 영조의 효심을 엿볼 수 있다.

어실각 옆에 관세음보살을 모신 원통전 외벽에는 1980년대의 민중미술에서나 볼 수 있는 삽자루를 잡고 앉아 있는 농민과 아들을 떠나보낸 늙은 어머니가 머리에 노끈을 두르고 앉아 있는 모습이 그려져 있다.

대웅보전과 함께 영조가 보광사를 중수할 당시의 건물인 만세루는 영조가 생모의 명복을 빌기 위해 중수한 것으로, 주로 법당에 들 수 없는 상궁이나 부녀자가 이곳에서 예를 올렸을 것으로 추정된다. 이곳 만세루에서 눈에 띄는 것은 툇마루에 걸려 있는 목어로 몸통은 물고기 모양이지만 눈썹과 둥근 눈, 툭 튀어나온 코, 여의주를 문 입, 그리고 머리에는 뿔까지 있어 영락없는 용의 형상이다.

1973년 건립한 범종각에는 인조 9년(1631)에 만들어진 범종 숭정칠년명동종(경기도유형문화재 제158호)이 걸려 있는데, 이 종은 조선시대 범종 양식을 제대로 보여주며 크지는 않지만 매우 화려하면서도 다부진 느낌을 준다.

보광사 대웅보전

신라 진성여왕 때 세워진 보광사는 여러 차례에 걸쳐 중창되었으나
한국전쟁 때 대웅보전과 만세루를 제외한 대부분의 전각이 불에 타버렸다.

율곡이 오른 화석정

화석정이 자리잡은 파주시 파평면 율곡리는 조선 중기의 큰 학자였던 율곡 이이가 살았던 곳으로 그의 호 율곡도 아버지의 고향인 이곳 지명에서 따왔다. 이이는 어린 시절을 이곳 밤골마을에서 보냈으며, 나이 들어 벼슬길에 오른 뒤에도 황해도 해주의 경치 좋은 석담石潭과 함께 이곳을 즐겨 찾아 생각을 정리했으며, 벼슬에서 물러난 뒤에는 제자들과 학문을 논하고 시를 지었다고 한다.

밤골마을의 북쪽에 있는 깎아지른 듯한 봉우리에 세워진 화석정은 소나무 숲이 울창하고 강 건너로 장단평야가 넓게 펼쳐져 있어서 명나라의 사신이었던 황홍헌黃洪憲·왕경인王敬民을 비롯하여 권람權擥·정철鄭澈·오억령吳億齡 등이 즐겨 찾았다. 화석정은 원래 고려 말의 학자 야은 길재吉再가 살던 곳으로, 이이의 6대조 이명신李明晨이 물려받아 정자를 지은 후 주위에 온갖 괴석과 화초를 심고서 화석정이라 했다고 한다. 다음은 이이가 8세에 화석정에 올라 지은 시다.

숲속 정자에 가을이 이미 늦으니
시인의 시상은 끝이 없구나
멀리 보이는 물은 하늘과 연하여 푸른데
서리 맞은 단풍은 햇볕에 붉구나
산은 외로운 둥근 달을 뱉고
강은 만 리의 바람을 머금었도다

임진나루 바로 위쪽 깎아지른 듯한 봉우리에 세워진 화석정은 강 건너로
장단평야가 넓게 펼쳐져 많은 이들이 즐겨 찾았던 정자이다.

변방의 저 기러기는 어디로 가는가

아득한 울음소리 저녁구름 속으로 끊어지네

이 정자의 난간에 기대어 서서 바라보면 까마득히 펼쳐진 하늘 가운데에 한양의 삼각산(북한산)과 송도의 오관산이 머리카락만큼 조금 드러나는데 그 경치가 그토록 빼어났다고 전해진다.

율곡과 가까웠던 정철이 이곳을 지나며 다음 시를 남겼다.

산이 서로 등졌지만 맥은 본래 한 가지요

물이 따로 흐르지만 근원은 하나로세

화석이라 옛 정자에 사람은 아니 뵈니

석양이라 돌아가는 길 혼이 거듭 녹아나네

이곳에 내려와 병을 치료하고 있던 이이를 찾아왔던 사람이 허균의 형인 허봉이었다. 선조 7년(1574) 5월 13일 중국에 사신으로 가던 길에 이이에게 들렀던 허봉은 그때의 상황을 《조천기朝天記》에 다음과 같이 기록했다.

이른 아침에 파주를 떠나서 율곡에 다다라서 이숙헌李叔獻(율곡의 자)을 방문하였다. 율곡은 파주 서쪽 16~17리쯤에 있는데, 숙헌은 병으로 아직 일어나지 못하였으므로, 조카를 시켜서 나를 맞이하여 서실書室에 들어가 기다리게 했다. 오래 있다가 나왔는데, 그의 안색을 보니 전날과는 약간 달랐고, 매우 피로하여 보였다. 그와 마주 앉아서 먼저 시사時事에 미쳐 한탄을 하였고, 다음으로는 이理와 기氣는 한 근원이라는 것, 인심 人心과 도심 道心 등 여러 가지 이야기를 나눴다. (…) 해가 이미 높아졌으므로 나는 묘소에 참배하기가 박두하여 숙헌과 작별을 고하고 그 뒤 고개를 넘어서 이른바 화석정이라는 데를 올라갔다. 그 집은 새로 지었는데, 아직 칸막이를 하지 않았다. 임진강이 띠같이 내려다보이고 멀리 서쪽 경계로는 여러 산을 손짓하는데, 비록 넓게 트인 것 같으나 형세는 지나치게 높고 가파르기 때문에 오래 있기에는 견디기 어려웠다.

　대체로 숙헌이 이곳에 온 것은 본래 전원田園을 넓게 열고 종족宗族을 모두 모아서 같이 살고자 생각했던 것인데, 일은 뜻과 같지 않았고, 집일〔家業〕이 궁핍하여서 미음죽도 잇지를 못하였으니, 참으로 연민憐憫할 만하였다. 지금 같은 때에 이러한 사람이 있는데도 그에게 궁벽한 산골 속에서 먹는 것조차 가난하게 하였으니, 세도世道는 알 만하였다.

　허봉은 재기발랄했던 사람이자 타고난 풍류객으로서 술을 좋아했다. 그는 동서 양당의 당쟁에 뛰어들어 세상의 시비是非를 받았다. 그러나 그 또한 율곡을 배척했다가 갑산으로 유배를 갔다 이듬해 풀려났으나 정치에 뜻을 버리고 방랑생활을 하다 38세에 금강산에서 죽었다.

　허봉과 이이가 돌이킬 수 없는 관계에 이르게 된 사연은 이렇다. 선조 16년(1583) 북방에 이탕개尼湯介의 사변이 있었는데 이이가 병조판서로 있으면서 사세가 급박하여 임금에게 아뢰지도 않은 채 말을 바치게 하고 신역을 면제시켰으며, 임금의 부름을 받고 대궐에 나갔다가 갑자기 현기증이 생겨 내병조內兵曹에서 지체하는 일이 있었다. 이에 동인 세력인 송응개와 박근원, 허봉이 이이가 제멋대로 하고 주상을 무시한다 하여 탄핵을 했다. 그러나 이이를 신임했던 선조는 송응개·박근원·허봉을 각각 회령·갑산·강계로 유배를 보냈다. 이것을 두고 계미년에 세 사람을 귀양 보냈다는 의미로 '계미삼찬癸未三竄'이라고 한다. 그 결과 동인과 서인으로 갈라진 붕당의 병폐를 지적하고 양쪽 붕당을 화해시키려 했던 이이는 서인의 거두로 인식되게 되었고 당쟁은 더욱 심화되었다.

권력은 형제간에도 나눌 수 없는 것이라 그토록 서로를 경외敬畏했던 사람들도 정치적 이해 속에 갈라설 수밖에 없었던 것이 조선 중기의 정치적 상황이었다.

한편 화석정 아래 임진나루에는 이이와 선조에 대한 재미난 일화가 내려온다. 율곡은 살아 있을 때 틈나는 대로 화석정 기둥에 기름을 발라두게 했다. 율곡이 죽고 8년 뒤 임진왜란이 일어났다. 급하게 서울을 빠져나와 의주로 피난길에 오른 선조는 주위가 한 치 앞도 보이지 않는 임진강가에서 어찌할 바를 모르고 있었다. 그때 느닷없이 강 전체가 대낮처럼 환해졌다. 알고 보니 선조의 피난길을 수행하던 이항복이 기름을 먹인 이 정자에 불을 지른 것이다. 그 불빛의 도움을 받아 선조는 무사히 임진강을 건넜다고 한다.

유교문화의 상징, 자운서원과 파산서원

율곡의 무덤과 그를 모신 서원은 경기도 파주시 법원읍 동문리의 자운

임진강과 북한

문수산은 정상에 오르면 김포평야가 한눈에 내려다보이고
임진강 하류 너머로 북한 땅이 보인다.

산에 있다. 자운산 깊숙이 들어가면 율곡의 부모와 율곡 내외를 비롯한 한 가문의 묘 13기가 집결해 있다. 특이한 점은 율곡 내외의 묘가 맨 위에 앞뒤로 자리잡고 그 앞에 율곡의 만형 부부 합장묘가 있고, 이원수와 신사임당의 합장묘와 율곡 맏아들 부부 합장묘가 세로 일자로 그 앞에 자리잡았고, 좌우에는 누이와 매부 5대손 8대손의 묘가 집결되어 있다. 이처럼 부모의 묘 위에 자식이나 후손의 묘를 조성하는 경우를 역장이라고 하는데 이는 우리나라 묘제상 흔한 일이 아니다.

율곡의 묘 건너편 낮은 산자락에 자운서원이 있다. 자운서원은 광해군 7년(1615) 율곡의 제자였던 김장생이 중심이 되어 설립했고 효종 원년(1650) 사액을 받으면서 본격적으로 발전하여 수많은 선비들을 배출했다. 그러나 고종 5년(1868)에 서원철폐령으로 훼철되었던 자운서원은 1969년 지방 유림의 기금과 국비 보조로 복원되었다.

율곡이 머물면서 후학들을 가르치던 장소에 세워진 자운서원은 기호학파의 본거지로서 서인 측 선비들의 발길이 끊이지 않았다고 한다. 전나무와 우람한 느티나무, 향나무와 은행나무들이 촘촘히 자리잡은 자운서원의 서원 앞에 세워진 묘정비는 숙종 9년(1683) 당대의 명필이었던 김수증金壽增이 예서체로 썼고 자운서원 맞은편에는 현재 경기도교육청의 관할인 율곡교원연수원이 있다.

율곡은 문묘에 종향되었고, 이곳 자운서원과 강릉의 송담서원 등 20여 개의 서원에 배향되었으며, 시호는 문성이다.

자운서원에서 멀지 않은 파평면 눌로리에는 조선 중기 학자인 성수침成守琛과 그의 아들 성혼成渾, 유학자 백인걸白仁傑 등의 위패를 모시

자운서원·신사임당 묘

경기도 파주시 법원읍 동문리에 있는 자운산에는 율곡 이이를 모신 자운서원이 있다.
자운서원의 좌우 능선에는 이이와 그의 부모인 이원수, 신사임당의 묘소가 있다.

고 제사를 지내는 파산서원(문화재자료 제10호)이 있다. 이 서원은 선조 원년(1568)에 율곡 이이 등 파주 지역 유생들에 의해 세워졌다. 임진왜란때 불타 없어진 것을 광해군 3년(1611)에 복구했으며, 효종 원년(1650)에는 나라에서 현판을 내려 사액서원이 되었다. 조선 말기 흥선대원군이 실시한 서원철폐령에도 없어지지 않은 47개 서원 가운데 하나였던 파산서원은 한국전쟁 때 다시 불탔고, 1966년 서원의 사당만 복원하게 되었다.

사당 주위에는 담장이 둘러져 있고, 정면 가운데에 솟을삼문을 두었다. 건물은 정면 3칸, 측면 2칸 규모이며, 지붕은 옆면에서 볼 때 사람 인 人 자 모양인 맞배지붕이다. 이 건물의 주춧돌과 기단석 등은 세울 당시의 것으로 추정되며 앞면은 툇마루로 개방해놓았다.

생활은 넉넉치 못하나 교통의 요지이던 파주

파주의 옛 이름은 파해평사현이었으나, 신라 경덕왕이 파평이라 고쳤다. 여러 차례의 변천 과정을 거쳐 세조 6년(1460)에 왕비의 고장이라는것 때문에 목으로 승격했다가 연산군 때 파주가 사라졌는데, 그때의 상황이 《여지도서》에 다음과 같이 실려 있다.

연산군 갑자년(연산군 10, 1504)에 파주를 없애고, 그 지역을 비워서 임금이 노니는 곳으로 만들고 나머지 지역은 나누어 이웃 고을에 소속시켰다. 중종 초에 다시 파주를 설치했다.

파산서원

선조 원년 율곡 이이 등에 의해 세워진 파산서원은 조선 말기 서원철폐령에도
없어지지 않았다가 한국전쟁 때 소실되어 1966년 서원의 사당만 복원되었다.

《택리지》를 지은 이중환이 "땅이 메마르고 백성이 가난하여 살 만한 곳이 못 된다"고 했던 것처럼 파주는 황폐한 땅이었으며, 《동국여지승람》에 "광탄원은 두 곳 서울 사이에 있다. 양쪽으로 거리가 비슷하므로 나그네가 여기에 많이 유숙한다. 그런데 원은 담이 무너지고 주추가 깨어져 마땅히 쉬어갈 곳이 없었다"라고 기록되어 있는 것으로 보아 파주는 교통의 요지였으나 살림살이가 넉넉하지 않았음을 알 수 있다. 그러나 옛글에 남아 있는 광탄원이 어디에 있었는지 그 자취를 찾을 길이 없다.

조선 초기의 문신 권근은 고려의 수도 개성과 조선의 수도 서울 사이에 위치한 파주를 "두 서울 중간에 유숙하는 곳, 3도에 모여오는 길"이라 했고, 그 시대를 살았던 남재南在 역시 "작은 고을 관아를 요긴한 길목에다 지었는데, 서울 서쪽이고, 옛 서울 동쪽"이라고 했다.

서거정은 현재 파주에 속한 적성현을 "적성도 작은 고을이나 예전 명칭은 내소이고, 고려 적에 여러 번이나 개성·양주 양부의 속읍으로 되었다가 다시 현으로 되었는데, 관아는 본디 산성 남쪽에 있었다. 토지가 기름지지 못하고 백성들이 가진 재물이 넉넉하지 못하여 요역徭役을 능히 바치지 못하니, 수령된 자가 죄다 걱정했다"라고 평했다.

또한 조선 초기의 문신으로 《고려사》를 지었던 권제權踶는 그의 시에서 "산이 높으니 구름이 멧부리에서 나오고, 들이 끝난 곳이 물가로 되었다"라고 했다.

이 지역의 풍속이 《여지도서》에 재미있게 실려 있다.

산골에 자리잡아 지세가 좁고 토지가 몹시 메마르나, 서울에 매우 가까워 백성들이 땔나무와 숯으로 생업을 삼는다. 농사짓기나 누에치기에 게으르고 장사꾼도 오지 않으니, 생활이 변변치 못하며, 민호들의 재산이 매우 적다.

두메산골의 풍습이라 가장 어리석으니, 거문고 타고 시를 읽을 줄을 모른다. 선비는 활쏘기나 말타기를 할 줄 모르고 아전들은 행정실무에 서투르니, 풍습에 어둡기가 멀리 오랑캐들보다 더 심하다.

파주시 적성면의 고구려 때 이름은 칠중현이었다. 신라 경덕왕 때 중성으로 개칭하여 지금의 양주인 내소군의 속현으로 삼았으며, 고려 초기에 적성으로 고쳤다. 문종 17년(1063)에 개성부에 예속시켰고, 예종이 비로소 감무를 두었고, 조선 태종 13년(1413)에 현을 두었다. 그 뒤 고종 32년(1895)에 군으로 승격하여 한성부에 속하게 했고, 1914년에 연천군 적성면이 되었다가 1945년에 파주군에 병합되었다.

삼국시대에 이곳은 임진강을 끼고 있는 국경지대 요충지로 토탄성·아미성·육계성·수철성 등의 많은 성들이 있었는데, 이곳 칠종성에서 당연합군과 고구려군과의 격전이 있었으며, 파주·장단·마전·연천·삭녕 등지를 연결하는 교통의 요지였다.

《신증동국여지승람》에는 "서울에서 동북쪽으로 설마현을 넘어 수십리 지점에 적성현이 있는데, 동쪽으로 감악 높은 산을 기댔고, 서쪽으로 장단부 큰 강을 눌렀다. 지역이 가장 궁벽하고 좁아서 백성의 삶이 빈잔貧殘하다"라고 기록되어 있다.

설인귀가 신이 되어 나라를 지킨다는 감악산

파주 적성면의 감악산은 예부터 바위 사이로 검은빛과 푸른빛이 동시에 흘러나온다 해서 감악紺岳이란 이름이 붙었으며, 이 산의 서쪽 정상에는 용지龍池라는 연못이 있다고 알려져 있다. 이 연못은 아무리 날이 가물거나 장마가 져도 물이 불거나 줄지 않았고, 비가 오지 않아 기우제를 지내면 비가 내렸기 때문에 이곳에서 굿판을 벌이는 무당이 많았다.

감악산에는 감악사라는 사당이 있는데, 조선 중기 문신 허목의 기행문에 이 사당에 얽힌 이야기가 등장한다.

9월 29일(1666년)에 감악산 유람을 떠났다. 저녁엔 견불사에서 밤을 새고 이른 새벽에 깎아지른 벼랑 정상에 올라 신정神井 (우물 이름)에서 물을 마셨다. 그 위가 감악사다. 돌로 쌓은 단이 세 길인데, 단 위에는 산비山碑가 있으니, 오래되어 글자가 없어졌다. 옆에는 설인귀 사당이 있는데 왕신사라고도 하는 음사淫祠 (삿된 귀신을 제사하는 사당)인데, 그 신이 요망하게 화복禍福을 내릴 수 있다 해서 제사를 받고 있다.

이 지역에는 오래전부터 '신라 때부터 당나라 장수 설인귀薛仁貴를 이 산의 산신으로 삼았다'는 말이 전해오는데, 그 전말은 이렇다. 설인귀는 파주 적성면 주월리에서 나서 감악산에서 말을 달려 훈련을 했는데 당나라에서 장수가 되어 모국인 고구려를 친 죄를 자책하여, 죽은 뒤 감악산의 산신이 되어 이 나라를 도왔다는 것이다.

설인귀 동상

감악산에는 당나라 장수 설인귀를 산신으로 삼아 모시는 사당이 있다.
사진은 설인귀의 동상.

한편 감악산 정상에는 언제, 누가 세웠는지 확실하지 않은 비석 하나가 자리를 지키고 있다. 이 비석은 감악산비라고 불리며, 비뚤대왕비, 설인귀비, 몰자비沒字碑(글자가 새겨져 있지 않은 비석)로도 불린다. 비석의 글자가 모두 마모되어 비의 내용을 알 수 없다 보니 비석의 모양과 전설에 따라 이름이 붙여진 것이다. 학계에서는 이 비를 또 하나의 진흥왕순수비로 추정하기도 하지만 어디까지나 추정일 뿐 비문의 내용이 가는 세월 속에 지워져 풀리지 않는 수수께끼로 남아 있다.

적성면 구읍리의 읍내 동쪽에는 고려 목종의 능인 공릉이 있었다. 목종은 그의 나이 18세에 왕위에 올랐으나 나이가 어려 천추태후가 섭정을 했다. 천추태후는 그의 친척인 김치양金致陽과 간통하여 낳은 아들을 다음 임금으로 삼기 위해 후계자인 목종의 당숙인 대량군(현종)을 중으로 만들어 절로 보내고 몰래 죽이려는 음모를 꾸몄다. 이를 알아차린 목종이 서경 도순검사 강조康兆에게 그 호위를 명했는데, 강조는 임금이 사망하여 태후의 일파가 꾸민 일로 믿고, 군사 5000여 명을 이끌고 개성으로 가다가 임금이 살아 있다는 사실을 알고 낙담했지만 내친걸음이라 그대로 밀고 나아가자는 권유를 받아 궁궐로 들어가 대량군을 임금으로 추대하고, 목종을 폐위시키고 말았다.

김치양 일파를 죽인 강조는 목종을 충주로 내쫓아 목종과 태후가 그곳으로 가는 길에 그래도 마음이 놓이지 않아 그들이 적성고을에 이르렀을 때 사람을 시켜서 목종을 죽이게 하고, 우선 문짝으로 관을 만들어 적성 관청에 두었다가 다음 달에 화장하여 이곳에 묻고서 공릉恭陵이라 했다. 이후 목종의 능은 고려 현종 3년(1012)에 개성으로 옮겼다고 전해진다.

적성면에는 삼국시대에 쌓은 성이 여러 개가 있는데 그중 하나가 칠중성이다. 백제 때의 이름은 난은별이었고 고구려의 이름이 낭벽성이던 것을 신라에서는 칠중성이라고 고쳤다. 이 지역은 임진강 중류의 남쪽 연안에 있어 삼국시대에 많은 전투가 벌어졌던 곳이다. 백제 온조왕 18년(기원전 1) 겨울에 "말갈이 몰래 쳐들어오므로 왕이 친히 군사를 이끌고 칠중하에 나아가 싸워 추장 소모를 사로잡아 마한으로 압송하고 그 나머지 적병은 모두 땅에 묻었다"라고 기록되어 있다. 신라가 이 지역을 점령하고 있던 선덕여왕 때에도 고구려군이 쳐들어오자 주민들이 산속으로 피난을 했고, 왕이 알천閼川을 보내 칠중성 밖에서 싸워 적군을 물리쳤다는 기록도 보인다. 무열왕 때는 고구려군이 쳐들어와 군사 필부가 전사했고, 문무왕 때 나당 연합군이 고구려를 칠 때 신라군이 칠중성을 쳐서 진격로를 확보했던 곳이다.

파평 윤씨의 고향 파주

파주시 파평면은 파평 윤씨의 고향으로, 이곳 파평면 눌노리에 있는 파평산에는 파평 윤씨의 시조에 얽힌 이야기가 전해져 온다.

신라 말에 한 노인이 파평산 기슭에 있는 용연龍淵에서 빨래를 하고 있는데 이상한 빛이 한줄기 비치면서 궤짝이 나타났다. 노인이 그 궤를 가져다 열어 보니 옥동자가 들어 있었다고 한다. 그 노인이 아이를 데려다 키웠는데, 그가 고려의 개국공신이자 정일품 벼슬인 태사를 지낸 파평 윤씨의 시조 윤신달尹莘達이었다고 한다.

윤신달은 파평에 살면서 임진강을 건너 개경으로 벼슬살이를 하러 다녔는데, 그가 신령스런 말을 타고 아침에 나루터에 도착하면 물이 양쪽으로 갈라져 뭍으로 되었다가 건너면 다시 물이 차고, 저녁에 돌아오면 다시 물이 말라버렸다. 그가 건넌 나루를 여음如飮 또는 음진飮津이라 했는데, 나루터의 물을 말이 한 번에 죄다 마셔버린 듯하다는 뜻에서 붙여진 이름이라고 한다.

파주 지역에서 신격화된 윤신달의 5대손이 윤관尹瓘이었다. 그는 여진족을 물리쳐 고려 영토 확장에 기여했으며, 그의 아들 윤언이尹彦頤는 김부식, 정지상鄭知常과 함께 문장으로 이름을 떨쳤다.

윤언이에 대한 일화가 《신증동국여지승람》에 다음과 같이 실려 있다.

인종 조에 과거에 올라 벼슬이 정당 문학에 이르고, 문장을 잘하여 일찍이 〈역해易解〉를 지었는데, 세상에 전해온다. 파평에 살면서 중 관승寬乘과 공문도우空門道友가 되었다.

관승이 부들로 암자를 만들었는데, 간신히 한 사람 정도 들어가 앉을 만하였다. 먼저 죽는 사람이 여기에 앉아서 죽기로 약속하였다.

하루는 윤언이가 소를 타고 관승에게 가서 고별을 하고, 바로 들어왔다. 관승이 사람을 시켜 암자로 보내자 윤언이가 웃으면서 말했다.

"선사禪師가 약속을 저버리지 않았구나."

윤언이가 벽에다 다음과 같은 글을 썼다.

봄이 다시 가을 되니, 꽃이 피었다가 잎이 진다. 동에 가나, 서에 가나, 마음을 잘 기른다. 오늘 도중에서 이 몸을 돌이켜 보니, 긴 하늘 말리에 한 조각, 구름이다.

이 글을 쓰고 윤언이는 세상을 하직했다.

파평 윤씨 중 조선시대에 이름을 날린 인물로는 성종의 장인으로 우의정에까지 오른 윤호尹壕, 영의정에 오른 윤필상尹弼商과 명종 때 을사사화를 일으킨 윤임尹任과 윤원형尹元珩이 있다.

청백리 황희 정승이 만년을 보낸 반구정

임진강은 나라 안에서 일곱 번째로 긴 강이다. 이 강은 함경남도 덕원군 풍상면 용포리 마식령 산맥에서 발원하여 황해북도 판문군과 파주시 탄현면 성동리 사이에서 한강에 합류한다. 옛날에는 더덜나루(다달나루)라고 하였고, 한자로 표기하면서 임진강臨津江이 되었다.

임진강의 임臨은 '더덜', 즉 '다닫다'라는 뜻이고, 진津은 '나루'라는 뜻이며, 또 다른 이름은 이진매, 풀어 말해서 '더딜매', 곧 '언덕 밑으로 흐르는 강'이라는 뜻을 담고 있다.

임진강은 물줄기가 워낙 꾸불꾸불 돌면서 흘러 표주박 같다는 의미로 호로하瓠瀘河 또는 일곱 번 휘감아 돈다는 의미로 칠중하七重河라고도 불렀다. 칠중하는 이 강물이 칠중성七重城(현 파주시 적성면) 앞을 흐르기 때문에 붙여진 이름으로 물살이 어느 강보다 빠르고 그 강가에 톱날처럼 깎인 바위가 늘어서 있어 경치가 유달리 아름답다. 당고唐皐라는 옛 시인은 "뱃놀이는 다만 임진에만 알맞다"라고도 했는데, 그래서인지 이 강가에서 삶을 마무리한 사대부들이 많이 있다.

조선 500년 동안 가장 어질고 슬기로우며 청렴결백했던 세종 때 정승 황희黃喜는 임진강가 파주시 문산읍의 반구정伴鷗亭에서 생을 마무리했다. 성종 때 편찬된 시문집 《동문선東文選》〈송와잡설松窩雜說〉에 조선 정승의 모범인 황희에 얽힌 이야기가 다음과 같이 실려 있다.

황희 정승이 세종임금의 영을 받아 예법을 마련하고 악樂을 지으며, 큰일을 논하고 큰 논의를 결단하였다. 날마다 임금을 돕는 것만 생각하니, 집안의 대소사는 염두에 둘 수가 없었다. 하루는 계집종들이 서로 싸워서 집안이 떠들썩하였다. 그러다가 한 계집종이 황희 정승 앞에 와서 "아무 계집이 나와 서로 다투어 잘못한 것이 이와 같으니 나쁘기가 이와 같사옵니다" 하고 아뢰자, "네 말이 옳다" 하였다. 조금 있다가 다른 계집종이 찾아와서 자리를 두드리며 다시 하소연을 하였다. 그 말을 들은 황희 정승은 "네 말이 옳다" 하였다. 그때 옆에서 듣고 있던 조카가 화를 내면서 하는 말이 "아저씨는 너무 흐리멍텅하십니다. 아무는 저렇고 아무는 이와 같으니, 이것은 옳고 저것은 그르다 해주어야 하지 않습니까?" 하자, 황희는 다시, "너의 말도 옳다" 하면서 글 읽기를 그치지 않아 끝내 옳고 그름을 판가름해주지 않았다.

혹이 아니면 백이 너무도 분명해서 말도 많고 탈도 많은 이 시대에 중

반구정·황희 유적

조선 500년 동안 가장 어질고 슬기로우며 청렴결백했던 명정승 황희는
임진강가의 반구정에서 삶을 마무리했다.

용의 도를 실천한 황희 정승과 같은 사람이 그리워지는 것은 나만의 생각은 아닐 것이다.

그는 기쁨이나 노여움을 얼굴에 나타내지 않고, 종들을 은혜로 대우하여 매를 대지 않았다. (…) 이석형李石亨이 황희를 뵈러 갔다. 그가 《강목綱目》과 《통감通鑑》을 주면서 책표지를 쓰게 하였다. 얼마 후 추하게 생긴 여종 한 사람이 약간의 안주를 가지고 들어와 그에게 물었다.

"곧 술을 들일까요?"

그러자 황희가 조용히 말했다.

"조금 있다가 들이게."

여종이 한참을 기다리다가 "어찌 그리 꾸물거립니까?" 하고 고함을 질렀다.

그러자 황희는 웃으면서 "그럼 들여 오너라" 하고 대답하였다.

술상을 들여오자마자 남루한 옷차림을 한 맨발의 아이들이 죽 들어와서 어느 놈은 그의 수염을 잡아당겼고, 또 어떤 놈은 그의 옷을 밟으며 안주를 모두 움켜서 먹고 또 그를 때리기도 하였다. 황희는 다만 이렇게 말할 뿐이었다.

"아프다. 아파."

아이들은 모두 노비들의 아이들이었다.

이육李陸이 지은 《청파극담靑坡劇談》에 실린 글이다.

황희 정승은 "노복도 하늘이 내린 백성이거늘, 혹사해서야 되겠느냐" 하고 말했다. 노비들도 똑같은 백성으로 대우했던 것이다. 관직에서 물러난 황희 정승이 이곳에서 갈매기를 벗하여 만년의 여생을 보냈는데, 임진강변의 어부들 중 아무도 그가 황희 정승임을 몰랐다고 한다.

임진강변의 임진나루

임진나루는 경기도 파주시 문산읍 임진강변에 자리하고 있는 나루터로 《택리지》에는 다음과 같이 실려 있다.

벽제령에서 서쪽으로 40여 리를 가면 임진도臨津渡가 있는데, 즉 한양 동쪽 강의 하류다. 강기슭 남쪽은 마치 천연으로 된 성 모양 같다. 또 서쪽 길의 요새가 되고, 강에 임하여 험하고 절벽이 되어서 참으로 가히 지킬 만한 땅이며, 성을 두지 않을 수 없는 곳이다. 그러나 이제까지 성을 쌓지 않았으니 그 얼마나 한스러운 일인가.

서울에서 의주 거쳐 북경으로 가는 의주대로가 지나는 곳이자 임진강의 큰 나루였던 임진나루터가 《신증동국여지승람》에는 "장단도호부 소속으로 부의 남쪽 37리 지점에 위치한다"라고 실려 있고, 《여지도서》에는 다음과 같이 실려 있다.

관아의 북쪽 17리에 있다. 다만 별장만 있다. 영조 31년(1755)에 성문을 쌓고 현판을 임벽루臨碧樓라고 했으니, 임진진의 서문이다. 아병과 군량을 두고 진을 설치해 막아 지켰다고 실려 있는 임진 나루터는 서울에서 개성으로 가는 길목에 위치한 중요한 나루터였다. 그런 연유로 나라에선 이곳에 임진진을 두었다. 임진왜란 때는 방어사 신할申硈이 아장 유극량柳克良의 권고를 물리친 채 이 나루를 건너 왜적과 싸우다가 두 사람 모두 죽어 조선군이 참패를 당하기도 했다. 한편 병자호란 때에는 소현세자와 봉림대군이 이 강을 건너 함께 청나라에 볼모로 끌려가기도 하였다.

이곳을 지나던 고려 때의 정치가이자 역사가인 김부식이 '임진강에서' 라는 시를 남겼다.

> 가을바람 살랑살랑 강물은 넘실넘실
> 오던 길 돌아보니 임 생각이 아득해라
> 슬프다. 우리 임은 천 리를 격했는데
> 강변의 꽃다운 풀 누굴 위해 향기롭나

남북 분단의 상징, 판문점과 임진각

화석정에서 멀지 않은 파주시 문산읍 마정리에 자유의 다리라고 불리는 임진각이 있다. 한국전쟁 때 파괴된 다리를 휴전 후 교환포로들을 통과시키기 위해 다시 만든 다리로, 당시 북쪽에 포로로 잡혀 있던 1만 2773명이 돌아오면서 자유의 다리라고 명명된 그 다리를 건너 7킬로미터를 가면 판문점板門店에 이른다. 파주시 진서면의 판문점은 한국전쟁

파주시 문산읍 마정리에는 임진각이 있다. 한국전쟁 때 파괴된 다리를
휴전 후 교환포로들을 통과시키기 위해 다시 만들어 자유의 다리라고 불린다.

때 1951년 10월부터 1953년 7월까지 유엔군과 공산군 간에 휴전회담이 열렸던 곳이다. 최초의 휴전회담 장소는 도로변에 초가집 몇 채만 있던 널문리라는 고장이었으며, 이곳에서 천막을 치고 휴전회담을 했다. 판문점은 바로 이 널문이라는 지명에서 비롯된 것으로, 널문을 한자로 쓰면 '판문板門'인데 구멍가게를 의미하는 '점店' 자를 넣어 판문점이 된 것이다. 1953년 7월 27일 휴전협정이 체결되면서 판문점은 유엔 측과 북한 측의 '공동경비구역JSA'으로 결정되었다. 공동경비구역 안에는 군사정전위원회 본회의장을 비롯하여 유엔 측의 '자유의 집' 등 10여 채의 건물이 들어서 있다.

판문점 구역은 군사분계선을 넘어 남북한을 내왕할 수 있는 육상통로의 관문이다. 오늘에 이르기까지 세계 역사상 가장 긴 휴전을 관리하는 장소인 판문점 너머에 개성공단이 만들어지고, 남북화해정책에 따라 열렸다 닫혔다 하며 오늘로 이어지고 있다.

이곳에서 멀지 않은 곳에 서울과 신의주를 잇는 경의선 철도의 최북단역인 도라산역이 있다. 파주시 군내면 도라산리 민간인출입통제구역 내에 있으며, 그 부근에 있는 도라산에서 역 이름을 따왔다. 민간인이 도라산역에 가려면 임진강역에서 출입 수속을 거쳐야 한다. 통일 염원을 상징하는 도라산역 내 광고판에는 "남쪽의 마지막 역이 아니라 북으로 가는 첫번째 역입니다"라고 쓰여 있다.

도라산역에서 임진강을 건너면 임진각이 나온다. 휴전선에서 남쪽으로 불과 7킬로미터 떨어져 있는 임진각은 통일로의 최북단이며 민간인 출입 북쪽 한계선이다. 임진각 옆에는 서울에서 장단을 거쳐 신의주까지 이어졌던 경의선 열차가 '철마는 달리고 싶다'라고 외치며 멈춰 서 있다.

통일 수도의 적지 교하

백두대간에서 비롯한 추가령 근처 백봉에서 시작하여 한북정맥이라는 이름을 얻은 백암산·법수령을 지나 휴전선 근처 대성산을 지나고 백운산·운악산을 지나 포천에서 의정부길을 여는 축석고개를 넘어서고, 우리나라의 수도를 품에 안은 도봉산을 지나 삼각산이라고도 불리는 북한산을 지난 뒤 노고산·고봉산을 지나 임진강과 한강의 합류 지점인 파주시 교하읍의 장명산에서 한강으로 접어든다. 파주시 교하읍이 '교하'라는 지명을 얻게 된 것은 서쪽에서 흐르는 한강과 북동쪽에서 흐르는 임진강이 서쪽에서 합류하여 황해로 들어가는 데에서 기인한 것이다.

이곳 파주시 교하읍이 400여 년 전 광해군 때 천도 물망에 올랐다. 《파주군사坡州郡史》에 기록된 바에 의하면 광해군 4년(1612) 9월 2일에 지리학을 공부하는 이의신李懿信이라는 사람이 상소를 올려 천도하기를 청했다. 임진왜란이 일어났고, 역적들의 변란이 잇달아 꼬리를 물었으며, 조정의 신하들은 당을 가르고, 사방의 산들이 벌겋게 벗겨진 것은 한양의 지기가 쇠했기 때문이므로 교하로 옮겨야 한다는 것이었다. 이때 광해군의 마음이 움직였지만 대신들의 반대로 실현되지 않았다.

근래에는 풍수지리학자 최창조崔昌祚 씨가 통일 수도의 적지로 교하를 지명하면서 "교하의 주산인 장명산의 맥에 자리잡은 옛 교하중학교

자리(지금은 다율방과후학교)는 대통령 관저를 비롯해 주요 정부종합청사가 들어설 최적의 입지"로 꼽기도 했다.

교하읍 다율리 근처 뒷산에는 아름다운 사랑 이야기의 주인공인 최경창崔慶昌과 홍랑洪娘의 묘가 있다. 홍랑의 본명이나 어느 때 태어났고 죽었는지는 알려져 있지 않지만 함경도 출신으로 시문에 능했다고 하며, 시조와 한시 몇 편을 남겼다. 홍랑은 관기의 신분이었으나 지조가 곧고 불타오르는 정열을 지녔었다고 한다. 최경창이 북도평사로 함경도에 있을 때 홍랑과 막중에 머물며 정이 들었다. 최경창이 서울로 귀환하게 되자 함관령(함경도의 옛 고개 이름)까지 따라와 작별을 고하고 돌아가다가 쌍성에 이르러 날이 저물었다. 마침 봄비는 하염없이 내리고 있었다. 치밀어 오르는 사모의 정을 참을 길 없던 홍랑은 시조 한 수를 읊었다.

묏버들 가려 꺾어 보내노라 님의 손에
자시는 창밖에 심어두고 보소서
밤비에 새잎 곧 나거든 나인가도 여기소서

이 시조를 버들가지와 함께 인편에 보내니, 이 편지를 받은 최경창은 곧바로 자신의 애모하는 마음을 이렇게 적어 띄웠다고 한다.

만력 계유(1573) 가을, 나 북도평사로 부임했을 때 홍랑 그대도 나의 막중에 같이 있었소. 다음해 내가 서울로 올라올 때, 홍랑이 따라와 쌍성에서 이별했었소. 헤어지기 전 함관령에 이를 적에 날이 어둡고 비가 캄캄하였소. 을해년

(1575)에 내가 병을 앓아 봄부터 겨울까지 자리를 뜨지 못했을 때, 그대 홍랑은 이를 듣고 일곱 밤낮을 걸어 서울로 올라오지 않았소. 그때는 함경도 사람들은 서울에 들어오지 못하도록 금지령이 내려 있었고 많은 사람들이 우리 둘의 얘기를 하는 바람에 나는 면직이 되고, 그래서 홍랑은 고향으로 내려가지 않았소….

한양으로 돌아온 최경창이 병으로 앓아누웠다는 소식을 들은 홍랑은 국법까지 어기고 한양으로 병문안을 왔다. 이 일이 빌미가 되어 최경창은 사헌부의 탄핵을 받고 관직에서 파면을 당했으며, 결국 45세의 나이로 객지에서 암살을 당했다.

홍랑은 교하에 있는 해주 최씨의 선산으로 가서 최경창의 묘 앞에 움막을 짓고서 행여 다른 남자가 자신을 넘볼까 스스로 얼굴을 훼손하고 씻지도 꾸미지도 않고 3년 동안 시묘를 했다. 홍랑은 임진왜란이 일어나자 최경창의 작품을 안전한 곳으로 옮겨서 후세에 남도록 했다. 홍랑의 최경창에 대한 눈물겨운 사랑에 감동한 최씨 문중에서 선산의 최경창의 묘 아래에 홍랑을 묻어주었다.

한편 금촌읍(지금의 금촌동)의 고자새말은 조선시대에 내시들이 살았던 곳이라고 한다. 우리 민간에서 성불구인 남자를 '고자'라고 부른다. 고자라는 말은 원래 인도의 이슬람교도들이 성적 불구자를 가리키는 '고쟈'에서 유래되었다. 명나라를 건국한 명 태조는 환관의 폐단을 없애기 위하여 민간에서 사사로이 거세하여 환관을 만드는 것을 금지시켰고, 환관을 화자火者라고 불렀다. 그 뒤 우리나라에서 말로 할 때에는 고자라고 했고 글로 쓸 때에는 중국식으로 화자라고 했는데 내시가 가장 많이 살았던 곳은 경복궁이 가까운 효자동이었다. 그들이 나이가 들면 서울에서 가까운 경기도 북부 파주 고자새말에 자리를 잡아 말년을 지낸 것으로 보인다.

한편 고자새말 북쪽 양동리로 넘어가는 고개와 다리 이름에 얽힌 사연이 재미있다. 고자새말에서 내시가 권세를 부리면서 행인들을 괴롭혔는데 이 마을 고개를 넘어 그 집 앞을 지날 것을 생각하면 가슴이 답답해오므로 그 고개를 답답고개라고 하고 무사히 다리를 건너게 되면 그때부터는 마음 놓고 소리치면서 갔다고 하여 다리 이름을 소리치다리라고 했다고 한다.

교하에서 임진강을 건너면 장단에 이르고 장단에서 개성은 지척이다.

역사 속에 경기도였던 개성을 지나 사리원에 이르고, 평야의 대동강을 건너 의주를 거쳐서 압록강을 넘어 광활한 대륙으로 이어지는 길, 의주로를 언제쯤 자유롭게 걸어서 가게 될까.